◎ 新工科+创新创业系列教材 ◎

特别感谢项目支持：
首都经济贸易大学 教务处 学术专著与教材出版资助
北京市哲学社会科学基金 基地项目（16JDYJB028）
首都经济贸易大学 学术骨干培养计划（00791754840263）

创新创业思维与MVC.net互联网+实现

——“互联网+”“新工科”创新创业教育改革与实践研究

刘经纬 ◎ 著

特别感谢编审团队：
张宇豪 赵梦璇 陶欣雨 李妙钰 吴凯钰 袁丁逸含
陈佳明 李嘉欣 谢方圆 徐梦琳 黎丹萌 欧阳昆雨
冯康岷 张瑞政 刘博涵 吴佳航 陈迎港 冀昊悦
方 雨 王永生 李 嘉 杨建栋 赵 辉 李 祺
徐 晶

首都经济贸易大学出版社
Capital University of Economics and Business Press
·北 京·

图书在版编目(CIP)数据

创新创业思维与 MVC.net 互联网+实现:“互联网+”“新工科”创新创业教育改革与实践研究/刘经纬著.--北京:首都经济贸易大学出版社,2019.7

ISBN 978-7-5638-2129-7

Ⅰ.①创… Ⅱ.①刘… Ⅲ.①互联网络—应用—创造教育—教育改革—研究 Ⅳ.①G40-012

中国版本图书馆 CIP 数据核字(2018)第 302163 号

创新创业思维与 MVC.net 互联网+实现

——“互联网+”“新工科”创新创业教育改革与实践研究

刘经纬 著

责任编辑 刘 娟 晓 地

封面设计 砚祥志远·激光照排 TEL: 010-65976003

出版发行 首都经济贸易大学出版社

地　　址 北京市朝阳区红庙(邮编 100026)

电　　话 (010)65976483 65065761 65071505(传真)

网　　址 http://www.sjmcb.com

E-mail publish@cueb.edu.cn

经　　销 全国新华书店

照　　排 北京砚祥志远激光照排技术有限公司

印　　刷 人民日报印刷厂

开　　本 710 毫米×1000 毫米 1/16

字　　数 286 千字

印　　张 16.25

版　　次 2019 年 7 月第 1 版 2019 年 7 月第 1 次印刷

书　　号 ISBN 978-7-5638-2129-7/G·431

定　　价 49.00 元

前　言

本书对“互联网+”“新工科”创新创业教育中“思维与实现”教学展开研究，是“互联网+”“新工科”“教育范式”研究项目的重要成果。“思维与实现”与“教育范式”两者之间的相互关系表现在：

1. “思维与实现”是“教育范式”的落地目标和结果。“教育范式”的理想落地结果是学生能够使用“思维”实现优质的科技创新和成功创业，使绝大多数学生能够兴趣十足地受“教育”并可以利用“新工科”技术实现“互联网+X”。

2. “教育范式”是“思维与实现”的世界观和方法论。“教育范式”是“互联网+”“新工科”创新创业的“教育观”；“教育观”决定了教师的“教育行为”；“教育行为”决定了学生最终获得的“思维与实现”能力。

一、本书主要内容

本书分为两个部分，其创作目的和创新性在于：

1. 第一部分（第一章）：详细讲解“互联网+”“新工科”教育范式研究项目的研究思路，即对“教育范式”（“教育观”“方法论”）的研究情况进行详细讲解。本章的读者是教育者，创作的目的和创新点在于：

（1）提出了在“互联网+”“新工科”时代科技创新与创业教育的思维方式，即教学改革理念（“教育观”“世界观”）。

（2）提出了“互联网+”“新工科”教育方法（“方法论”），例如，如何实现“100%学生在100%上课时间里专心且兴趣十足地学习”“如何实现100%学生不掉队，100%不耽误好学生”“如何降低教师50%教学工作量”“如何解决经典慕课范式100%遇到的学生不学”等当前教育过程中遇到的痛点问题。

2. 第二部分（第二章以后各章）：详细讲解“创新创业思维与‘互联网+’‘新工科’技术实现”。这部分的读者是受教育者，创作的目的和创新点在于：

（1）提出了“创新创业教育的最小教学路径”并给出了具体教学案例，即如何在实现“教师零工作量”的情况下使“学生零创新创业基础”能成功找到创新创业题目，并可以深入分析项目，使其具有可行性和可持续性。这部分的重点是“思维”。

（2）提出了“互联网+”“新工科”实现“创新创业想法”的最小教学路径并给出了具体教学案例，即如何实现让“学生零技术基础”却能采用“互联网+”“新工科”实现创新创业想法。这部分的重点是“实现”。

上述两个学习重点——“思维”和“实现”：“思维”的具体教学案例（内容）是：科技创新项目或创业项目如何思考选题、如何分析内容、如何用文字表述、如何设计 PPT 并进行讲解、如何制作 1 分钟视频用来展示“思维结果”等；“实现”的具体教学案例（内容）是：如何让技术“零基础”的非“理工科”“新工科”学生能够通过技术实现由科技创新和创业“思维”产生的“项目”，即让不懂技术的人也可以完成科技创新和创业项目的技术实现，完成科技创新和创业项目的演示系统，实现展示与应用。

二、本书的创新性

1. 将高等教育、实践教育、职业教育三种教育范式的优点融为一体。

（1）高等教育最大的优势在于知识体系完整，基础教育扎实；但最大的弊端在于教育的过程枯燥，学生很容易产生厌学情绪并陷入脱离实践的纯理论学习误区。

（2）实践教育最大的优势在于提高学生动手能力，引导他们很快掌握知识；但最大的弊端在于学习的知识支离破碎。学生由于基础知识不完整，经常会陷入无法解决很多非常见问题的困惑中。

（3）职业教育介于高等教育与实践教育之间，与实践教育更为类似，实践教育的形式主要是实习等，而职业教育有理论学习环节。职业教育对于实践中常用的知识会花大量时间讲解，而对于不常用的知识则忽略不讲。换一种表述，职业教育将实践中的项目分解为子项目，将子项目作为任务进行教学，项目用到了什么知识就讲解什么知识，没用到的知识轻描淡写。这种教育模式最大的优势在于学生有非常强烈的成就感、收获感，学习的功利心理被非常好地满足；最大的弊端也同样在于知识体系不完整，导致学生后劲不足。

本书采用的“教育范式”是保留上述三种教育的优点，克服上述三种教育范式的弊端。具体的做法是：①知识体系（章节整体）设计采用“高等教育”的完备特征，不遗漏知识点；②采用“实践教育”的内容设计每个章节，每个章节都非常明确地要完成“实际项目”，不做“模拟项目”，摒弃“例题”“练习题”范式；③采用职业教育的“任务导向”和“手把手”“海量毕设”模式，实施每个章节的教学。

2. 多个实践与理论教与学项目。

（1）教师企业修炼和教学磨炼环节。作者具有 10 年以上政府、企业大型项目的实践经验，可以识别最适合学生学习的、具有极高学习性价比的、具有长远价值的技术，并能熟练地运用这些技术。此外，作者经历了 3 个以上班级的教学实验，指导过 2 届毕业生的毕业设计。

（2）慕课制作。作者将上述教学内容（科技创新和创业）制作成为慕课内容，将视频发放给学生进行实验，从而验证视频是否能让学生（零基础和好学生）完成教学目标。

（3）带领学生利用慕课视频编写初稿。作者制作了本书每个章节使用的标准模板，要求学生观看慕课视频对应的章节，实践3遍以上，之后根据学生学习需要设计、补充本书体系与内容。该方法解决了教师只从教的角度，忽略学生学习中遇到的常见问题编写教材的弊病。

（4）出版前在课堂再实践验证。作者将本书初稿打印，供学生上课和毕业设计使用；对发现书中问题的学生实施奖励，在实践中验证本书的适用性。

（5）未来通过不断再版和网课进行 PDCA 持续改进，争取将本教材打造成为精品教材。

三、感谢

本书的打造和成功出版离不开以下机构和人的帮助，在此特别感谢。

（1）感谢首都经济贸易大学教务处长期以来的资助和鼓励，其中创新创业教研室为本书的出版提供了坚实的实践积累，其教学改革项目、微课项目、专著教材出版资助项目、实培项目为本书的出版奠定了坚实的物质基础。**本书由首都经济贸易大学教务处资助出版。**

（2）感谢本书的编委团队。正是因为编审团队大量的辛勤劳动，才使得本书完成了上述复杂的创新打磨过程。编审团队的成员是：张宇豪、赵梦璇、陶欣雨、李妙钰、吴凯钰、袁丁逸含、陈佳明、李嘉欣、谢方圆、徐梦琳、黎丹萌、欧阳昆雨、冯康岷、张瑞政、刘博涵、吴佳航、陈迎港、冀昊悦。特别感谢方雨、王永生、李嘉、杨建栋等企业高管的专业技术指导。特别感谢清华大学信息技术研究院赵辉博士后的学术研究指导，以及慧科教育集团李祺、徐晶等老师的教学研究指导。

（3）感谢北京市社会科学基金基地项目（16JDYJB028）、首都经济贸易大学学术骨干培养计划（00791754840263）、首都经济贸易大学科研处、研究生院对科学研究与教学改革项目的支持和资助。

本书配套有视频教学资源、教学网站，欢迎您访问 www.cueb.vip 或 www.liujingwei.cn，您也可以发送邮件联络作者，作者的邮箱为：liujingwei@cueb.edu.cn 或 liujingwei@cueb.vip 或 mail@liujingwei.cn，您也可以通过扫描下面的二维码来访问教学资源并联系本书作者。

目 录

Contents

第一部分

创新创业教育理论与实现

1 “互联网+”“新工科”创新创业教育范式研究

1.1 本章工作任务

理解本书的创作背景、目的和创新所在；掌握“互联网+”“新工科”创新创业教育思维。

1.2 本章技能目标

- 掌握“互联网+”“新工科”创新创业教育思维。
- 掌握“互联网+”“新工科”创新创业教育方法。
- 理解“互联网+”“新工科”创新创业思维与方法（本书逻辑）。

1.3 本章内容

本书重点对“互联网+”“新工科”创新创业教育中“思维与实现”教学展开研究，是“互联网+”“新工科”“教育范式”研究项目的重要成果。

本章详细讲解“‘互联网+’‘新工科’‘教育范式’研究”项目的研究思路，即对“教育范式”（“教育观”“方法论”）的研究情况进行详细讲解，后续大部分章节将对“思维”和“实现”的具体教学案例（内容）进行详细讲解。

1.3.1 研究背景

时代背景：2017 年 1 月，习近平总书记指出：“我们对高等教育的需要比以往任何时候都更加迫切，对科学知识和卓越人才的渴求比以往任何时候都更加强烈。”2017 年，教育部先后发布了《关于开展新工科研究与实践的通知》《关于推进新工科研究与实践项目的通知》等。近年来教育部发布了《关于加强高等学校在线开放课程建设应用与管理的意见》，在全国大力推广“慕课”“翻转课堂”“互联网+教育”等新型教学模式，在战略和战术层面全力推进“新工科”教育改革与国家战略实施。

问题提出：项目负责人担任“新工科”教学、教学改革、高校与教育企业合作工作，在全国 30 多所高校开展实践调研，发现了普遍存在的“凸显问题”：在“慕课”“翻转课堂”实施过程中，学生偷懒、不学习、期末成绩差、教师自学备课困难、实施成本高等，导致“慕课”“新工科”课程建设缓慢，甚至教学改革失败，退回到传统模式，“新工科”教育被迫外聘教师或者以讲座的形式开展。

研究摘要：实践中发现，“互联网+”“新工科”“慕课”等新型教育范式的成功实施需要专业的“运营方式”才可以避免“凸显问题”。因此本研究从国际项目管理协会（PMI）与国际标准组织（ISO）的角度，运用大量经过世界500强企业验证过的项目管理（特别是质量管理）理论，结合“新工科教育”与“互联网+教育”的时代特色，在理论和实践教学中分别提出创新改革方案并落地实施。

前期实践成效：2017年11月，《人民日报》发表文章《比技术更重要的是教育理念》，报道并肯定了项目负责人前期教学实践情况，并通过首都经济贸易大学校园网头版头条、中国社会科学网、人民网等媒体进行了后续报道。项目负责人所在首都经济贸易大学联合慧科教育集团，在全国30余所高职院校进行了针对不同层次、不同专业学生的教学实践实验，在“新工科”课程教学实践中取得了明显效果。

1.3.1.1 本研究的理论价值

（1）提出“高质量教育项目管理范式与标准”（理论模型）：从PMI与ISO的角度，基于国际认可的、专业的项目管理理论（特别是质量管理理论）在教育领域的实例化，提出的理论模型可以为教学（特别是教学质量）管理提供具备经典的专业理论支撑的理论基础。

（2）提出“互联网+”“新工科”教育范式（理论模型）：从“新工科”与“互联网+”时代的角度，结合项目负责人讲授的新工科课程教学实践和中国某知名教育企业“互联网+教育”实践经验，将“互联网+”技术与运营模型总结为“互联网+新工科教育”范式，指导“新工科”课程的建设，提供经过企业实践验证的理论基础。

（3）提出解决“慕课时代”凸显问题的“互联网+”“新工科”教学系统架构（模型）：采用上文提出的理论模型，通过对备课、授课、实践、考试环节施加专业的项目管理和质量管理的过程监控手段，配套“互联网+X课程”教学系统，实现对课程质量的有效保障。研究过程中，特别针对“新工科”专业特点，进行教学方法论研究。

1.3.1.2 本研究的实际应用价值

（1）显著改善学生的学习状态，提高学习效率和效果：实现“99%的学生在99%的课堂时间全神贯注学习”“学生课后泡机房反复做题刷分”“学生只能自己亲自完成线上作业”“线上超前自学和复习解惑”等“互联网+”教学模式，提升学生的课堂学习效率；通过对学生过程管理的监控机制和鼓励机制提升学生的课后学习动力，对不同基础的学生实现因材施教，解决“慕课”模式的“凸显问题”。

（2）构建国际认可的专业管理体系，保证学生学习质量。教育管理过程参照“PMI”“ISO”管理体系，实现专业的目标管理、过程管理、质量管理，使学生的学习质量成为可以监控的绩效指标，学习结果可以被量化考核，教学风险可以被及时发现并采取相应的策略处置。

（3）使“互联网+”“新工科”模式为教师大幅减负减压，提高教学质量。“互联网+”“新工科”教学模式和平台，为“人工智能”“大数据”“云计算”“虚拟现实”“智能制造”等新兴工程技术课程提供具有过程监控功能的“慕课”、备课、上课、实践、考核系统，视频课程体系的建设可以大幅减轻教师的备课负担。“跟随式教学系统”实现“实时互动”教学模式，使教师上课时工作量大幅度减少，学生上课注意力集中的时间占比大幅度提升，上机课由系统带领学生完成实验；系统还可以对作业进行作者语音验证，对测验和考试进行自动签到、判分等教学辅助工作。

1.3.1.3 国内外研究现状

近年来“新工科”“互联网+”“慕课”“翻转课堂”成为教育领域的焦点与教改新热点。针对“慕课”和“翻转课堂”这两个新兴的教学方式，国家社会科学基金极为重视其相关研究，从 2013 年开始就有相关资助，其中 2016 年资助 34 项，2017 年资助 42 项，从这一侧面可以看出国家对课堂改革的关注度越来越高。受资助的项目在对课堂改革新方向的研究、实施方式研究、课堂改革后资源配置方式研究等方面，做出了突出且有价值的贡献。

在“新工科”与“互联网+”时代背景下，对“慕课”等新兴教学方式进行深入研究，诸如此类教学方式与传统课堂教学在教学效果上具体有多大成效差异？这种教学方式的优点和弊端有哪些？解决这些弊端的有效途径有哪些？这些问题尚无人系统地、确切地回答。而这些问题也是“慕课时代”背景下的关键所在。可见，课堂改革机制研究，是解决“慕课时代”的凸显问题的关键因素之一，这也正是目前国家社会科学基金资助相关研究较少的领域，因此本选题有重要意义。下面从文献统计角度梳理国内外关于“慕课时代”下课堂改革的研究现状。

从科研成果角度看，研究成果较多的依次为北京大学的李晓明 11 篇、北京大学汪琼 10 篇、同济大学许涛 11 篇、华东师范大学田爱丽 15 篇、华东师范大学陈玉琨 11 篇、上海大学李梁 6 篇、南京师范大学张舒予 6 篇、第二军医大学叶玲 6 篇、上海交通大学黄震 5 篇、南开大学张立彬 5 篇。

从文献来源机构的关注度看，以中国信息技术教育 118 篇居首，中国教育报 112 篇次之。从文献的研究机构看，以华中师范大学 154 篇、华东师范大学 105 篇、北京大学 72 篇，居于前三。接下来依次为清华大学、北京师范大学、南京邮电大学、武汉大学、南京师范大学、辽宁师范大学等。

按主要观点，国内学术研究可以划分为以下3个学术流派。

（1）慕课时代下的冷静派。该学术流派的学术观点是：在“慕课”热的背景下保持冷静思考；慕课虽存在问题，但却开辟了一条新的道路。

（2）慕课时代下的狂热派。该学术流派的学术观点是：对“慕课”十分追捧，认为学生可以通过这种方式获得更优质的课程，降低成本、不断优化、与国际先进水平接轨。

（3）慕课时代下的消极派。该学术流派的学术观点是：对于“慕课”的发展态度十分消极，认为这种教学方式弊端大，局限性大。

国际学术研究成果的情况是：慕课的文献早在2010年就在美国、欧洲等教育发达国家大量涌现。以美国斯坦福大学为代表的全球知名学府在经济、文化、技术、艺术等领域广泛开展了慕课教育。通过对国际学术界上百篇文献的分析，同样存在类似上述3类学术观点，但从国际论文的观点分布看，持积极乐观态度的文献数量占比较高。

文献研究评述：①“慕课时代”的教学改革在全球广泛开展，势头猛烈，积极的成效显著；②“慕课时代”存在“问题凸显”，而且集中在学习缺乏自觉性，受惰性影响大，教学过程失控，学习效果差异大；③“慕课”与“互联网+”模式具有强烈的相关性，“慕课”模式“凸显问题”很有可能被“互联网+”的特长解决；④“新工科”特别需要并且适合以“慕课”与“互联网+”的方式进行教学；⑤“新工科”是专业和课程名称，“互联网+”是手段，“慕课”是内容，三者一脉相承，并且均为当前中国教育界关注的研究焦点和热点，具备合并研究“1+1+1>3”的研究潜力。

1.3.2 研究方法

本研究针对“慕课时代”“新工科”专业教学和人才培养中的3类“凸显问题”展开研究，设立3个研究目标解决上述3个凸显问题，与之对应分别是3个研究内容和3个研究重点与难点，研究框架如图1-1所示。

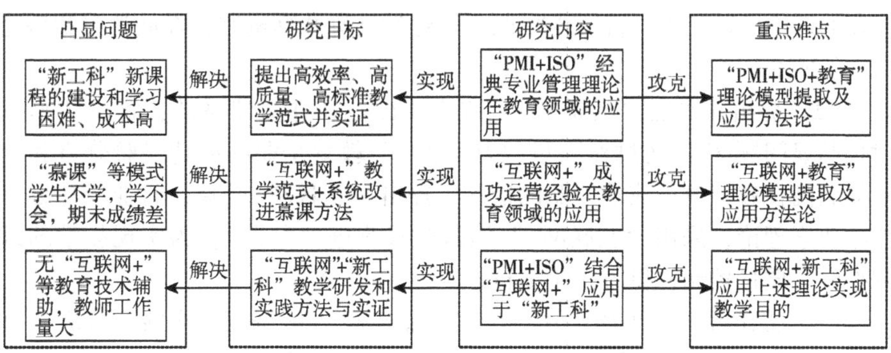

图1-1 研究问题、目标、内容、重点难点框架图

1. 3. 2. 1 凸显问题

(1)“新工科”新课程的建设和学习困难、成本高。现有各“慕课”平台在“新工科”领域教学资源极度缺乏，教师的学习、备课负担极大。“人工智能”“云计算”“大数据”等“新工科”专业的硬件环境成本巨大。例如：XX 大学阿里大数据学院历时多年、花费了 2 000 万元人民币，单个教育机构采购该教育资源的成本高达 40 万元人民币以上，因此对于没有相关资源的高校和教师，开设相关课程非常困难。

(2)“慕课”“翻转课堂”等新模式缺乏过程控制，导致学习效果差。研究团队发现，全国 30 多所院校实施“慕课”“翻转课堂”时，大量学生出现下课不学、让其他人代学，甚至优秀的班级采取这种没有监管的新型教学方式后，期末整体成绩没有普通班学生好的情况，很多院校为了保证教学质量，“被迫”“退回到慕课前时代”，采用传统的“填鸭”式教学范式开展教学。

(3) 无“互联网+”等现代教育技术支撑，教师的工作量、工作压力过大。教师同时要承担教学、纵向科研、横向项目“三个行业”的工作，很多教师每年几乎没有休息，每天工作到深夜，由于“三个行业”分散精力，带来投入到教学的精力不足，必然导致教学质量问题。很多教师迫于“评职称”“考核”等压力，万般无奈下只能疲惫应对教育者的初心和良心。因此需要建立具有大范围、高效率、低成本（降低机械重复工作量）特点的“互联网+”辅助教学机制。

1. 3. 2. 2 研究目标

(1) 提出并实证高效率、高质量、高标准教学范式（理论模型），解决“慕课时代凸显问题 1”：通过大量优秀教师和知名教育企业的成功案例，结合“PMI”和“ISO”经典的项目管理和质量控制理论，总结出一套教学模型和最佳实践范例，提供给广大教育工作从业机构和人员采纳，从而让每一个教师都可以具有成长为优秀教师的理论；让每一个教育机构开展工作都具有专业的理论指导；让“新工科”课程的建设具有共享机制，降低学习和搭建系统的成本。

(2) 提出并实证“互联网+”改进慕课范式并搭建系统，解决“慕课时代凸显问题 2”：通过对大量“互联网+”教育企业的成功经验分析和全国知名高校教育改革成功经验的借鉴，提出“互联网+教育”行业成功运营核心要素理论，采用“互联网+”运营模式改进“慕课”，为实现教学的过程控制、质量控制提供方法论支撑。

(3) 提出并实证采用上述理论的“新工科”课程教学实践，解决“慕课时代凸显问题 3”：采用上述专业的项目管理、质量管理、过程控制在教育领域应用的理论，特别针对“新工科”专业和课程体系建设，与国内知名教育机构合作，搭建“互联网+”“新工科”教学系统（包括改进后的慕课系统），解决上述“慕课时代”的“凸显问题”，加速“新工科”专业和课程的建设。

1.3.2.3 研究内容

（1）基于“PMI+ISO”经典理论，研究高效率、高质量、高标准教学范式（理论模型）。PMI是国际公认的项目管理理论与实践研究机构，ISO是国际公认的标准研究与实践机构，它们提供了大量的关于目标管理、过程管理、质量管理等的理论、最佳实践方案和标准体系。世界500强企业几乎无一例外地采用上述机构的理论和方法指导工作，通过对上述理论的研究，将其应用到教育理论中，形成专业的教育教学的目标管理、过程管理、质量管理理论和方法。对科学的管理理念和方法进行深度研究，可以找到保障教学产品和对象的输出质量的理论支撑。

（2）基于“互联网+X”各行业成功运营经验，研究“互联网+”运营模型和教学系统。从大量“互联网+X”企业、教育机构的成功实践经历入手，研究成功的互联网运营经验，提取“互联网+”成功运营模型（关键要素），例如，“需求与问题导向”“教学（产品）设计精简”“裂变式推广传播（慕课）”“PDCA闭环管理”“客户满意”等原则，并将上述原则形成理论模型，进而为应用到教学中奠定理论基础。

（3）将上述理论应用在“新工科”专业课程教学实践中。将上述“PMI+ISO”“互联网+X”理论应用到“新工科”专业与课程建设中，搭建“互联网+”“新工科”教学系统，针对市场用人需求设计专业课程体系，为教师提供“新技术”视频等“可直接模仿”的备课资源和参考案例，对“慕课”过程引入“写作业同步录音”等过程监控机制，对平时签到、小测验、期末考试等实现自动化处置、判分等。

1.3.2.4 拟突破的重点和难点

（1）如何提取“PMI+ISO”管理范式构成教育范式。如何将“PMI”和“ISO”经典的项目管理、目标管理、过程管理、质量管理理论应用到经典的教育教学理论中，科学地提出保证“高质量”“高效率”“标准化”的教学效果的教学范式。实现教学质量不再依赖教师个人的水平，而是通过科学的管理方法加以保证。

（2）如何提取“互联网+”成功案例运营模型。如何将“互联网+X”行业的成功企业、教育机构的运营模型（要素）进行提取，科学地提出“互联网+教育”运营模型（要素）理论，从而实现诸如“满足需求”“满足社会”“满足服务对象”“高品质输出”“传播迅速”的教学效果。

（3）如何在“新工科”课程中应用上述模型搭建系统并实践。如何将上述结合了“PMI”和“ISO”先进管理理念的教学理论和“互联网+教育”

模型应用到以“新工科”为代表的专业与课程建设、工程人才培养领域中，搭建“互联网+”“新工科”高效率运行的教学系统，并通过教学实践进行充分的实证。

1.3.3 研究思路

研究思路和研究方法。

本研究的理论基础是“PMI”与“ISO”项目与质量管理理论，实践研究基础是大量“互联网+”企业、教育机构、“新工科”教育经验，研究划分为4个阶段，研究思路和研究方法如图1-2所示。

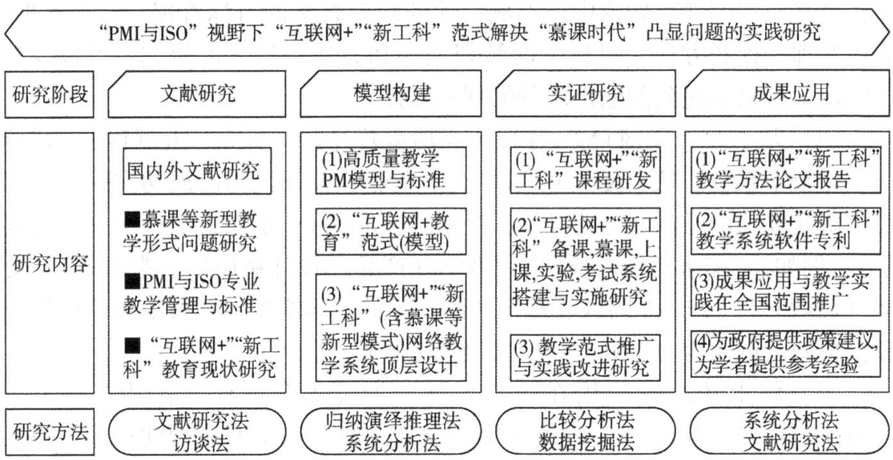

图1-2 研究思路和研究方法规划图

（1）文献研究阶段：通过和本行业学术权威、高校教学名师、知名教育企业明星教师的座谈以及对其发表的学术成果进行研究，对“凸显问题”进行准确定位和原因分析，探索潜在的解决方案。

（2）模型构建阶段：根据“PMI”“ISO”专业管理理论推导出教学教育领域的项目管理（PM）模型，根据“互联网+”成功运营案例推导出“互联网+”教育模型，将上述两个模型应用在“新工科”专业和课程建设中，形成基于专业项目管理模型的“互联网+”“新工科”教学范式。

（3）实证研究阶段：搭建“互联网+”“新工科”模式和教学系统，采用本研究提出的高质量课程建设范式进行对“新工科”教学研发，并将研究结果和教学系统在实践中进行持续改进。

（4）成果应用阶段：将研究成果发表，向政府、高校、教育企业进行分享和推广实践。

第二部分
创新创业思维与实现

2 创新创业项目选题要点

2.1 本章工作任务

创新创业项目选题须拥有良好的发展潜力和现实价值，具备核心竞争优势，充分迎合市场需求，并长远发展切实可行，从而为之后项目的推进打下良好基础。

2.2 本章技能目标

- 掌握抓住痛点问题、赋予项目现实价值的方法。
- 掌握捕捉市场需求的方法。
- 掌握打造产品核心竞争优势的方法。
- 掌握保证项目可实施性的方法。
- 掌握实现项目可持续发展的方法。

2.3 本章简介

选题对于创新创业项目而言至关重要，题目的选择直接关系着项目的成败，恰当的选题是实现项目成功的关键要素。因此在决定题目时，创业者必须审慎考虑。

选题的要点分为五个：①解决痛点问题；②市场需求；③产品的核心竞争力；④项目可行性；⑤项目的可持续性。

本章将重点讲解如何有针对性地确定创新创业项目的选题。

2.4 理论讲解部分

2.4.1 任务描述

本研究将从项目发展前景、市场需求、社会价值、可行性和可持续性五个方面入手，分析“滴滴出行”和“支付宝”这两个商业案例取得成功的原因所在，利用其选题方式完成对“牵寻——防走失定位系统”的选题描述，学会为创新创业项目选择恰当的题目。

2.4.2 知识详解

2.4.2.1 解决痛点问题

选择所要解决的痛点问题，探寻项目的价值所在。痛点是某些人急切想要解决而尚未解决的难题。对于产品而言，痛点多数时候指尚未被满足的，而又被广泛渴望的需求。痛点必然带来需求，产品的目的则是解决深深困扰用户的痛点，迎合市场需求，从而为社会创造价值。

以“滴滴出行”为例，“滴滴”巧妙地利用移动互联网，将乘客与司机紧密相连，解决了下雨天打车困难、部分出租车司机强行加价拒载、有车一族想要当司机赚外快却没有合适的渠道等一系列社会痛点问题，满足了人们对便利、快捷打车服务的需求，创造了大量就业岗位，切实改善了城市出行和拥堵难题，为用户和社会创造了价值。

以“支付宝”为例，在这个第三方支付平台产生之前，层出不穷的网购诈骗、买方与卖方之间严重的信任缺失，成为亟待解决的痛点问题。而“支付宝”作为担保中介，以“信任”作为产品和服务的核心，致力于实现“简单、安全、快速”的在线支付。它在买方和卖方之间构建起资金互通的桥梁，“收货满意后，卖家才能拿到钱”，保障了交易安全，解决了网购的后顾之忧，打造了诚信、安全的网络支付环境。

2.4.2.2 市场需求

项目必须有针对性的客户群体和广阔的市场需求。站在创业者即卖方的角度，“市场”可以等同于买方的需求。购买者、购买力和购买欲望决定着市场的规模。同时，市场是企业发展的基础。对于成功的项目而言，足够大的原始市场和可开拓的新增市场都必不可少。产品要有非常大的市场容量，才能给企业创造更多的利润空间，有助于企业实现规模经济。

以“滴滴出行”为例，传统的打车服务中乘客与司机匹配效率低，乘客路边打车难而司机拒载现象多，同时传统的出租车无法满足商务用户出行的高端需求，一般乘客出行需求和中高端市场差异化需求都亟待满足。全国人口约 14 亿，存在广泛的用车需求，潜在用户群体巨大。

以“支付宝”为例，随着电子商务的兴起，网上购物深刻改变了上亿中国人的消费方式，人们对于网络交易安全的需求愈加迫切，由此催生了支付宝的诞生。之后，支付宝又广泛拓展多项服务，如账户余额增值服务“余额宝”等多个领域，用户数飞跃式增长。自 2014 年第二季度开始，支付宝成为当前全球最大的移动支付厂商，截至 2018 年 3 月 31 日，支付宝与其全球合资伙伴一起在全球为约 8.7 亿年活跃用户提供服务，市场需求广阔。

即使针对单个用户产品利润微薄，但通过庞大客户群体的累加，创业者仍然有很大的机会从中获利。反之，如果项目只为少数的特殊群体服务，那么项目的长远发展就有待考量。

2.4.2.3 产品的核心竞争力

项目要掌握关键性资源，具备独特的比较优势。核心竞争力是指能够为企业带来比较竞争优势的资源及其利用方式。凭借着核心竞争力的支持，企业才有可能在激烈的市场竞争中脱颖而出。因此，创业者必须能够获得创业所需的关键资源，并对其有效组合利用，实现较低的成本，从而具备其他竞争者难以模仿和复制的比较优势，打造企业自身的核心竞争力。

以“滴滴出行”为例，滴滴首席发展官李建华强调，滴滴的核心竞争力在于数据和算法。作为全世界最大的出行平台，滴滴每天完成的订单大概 2 500 万份，而实际每天在滴滴平台上操作的用户人数高达四五千万。要给乘客和司机带来良好的使用体验，实现智慧交通，其后必须有大数据和精密的算法做支撑，而滴滴也正在不断地打造自身的核心竞争力。

以“支付宝”为例，马云在创建支付宝之前，曾创立了 B2B 商业网站中国黄页、提供电子商务在线交易平台的阿里巴巴集团和网购零售平台淘宝网等。电子商务运营经验的充分积累和对关键资源和渠道的有力掌握，为马云创造国内最大的第三方支付平台——支付宝提供了无可替代的优势。同时，支付宝也一直以支付能力作为核心功能进行打造，进而形成了自身的核心竞争力。

因此，项目发起者必须保证在所选题目上有独到的优势，例如做手环这个项目，技术积累深厚的高科技公司远比身处校园的学生更具有竞争力，因此这个题目不建议采纳。

2.4.2.4 项目可行性

项目的美好构想能够被付诸实践。可行性是指企业要确保在现有的资源和条件下以及一定的时间范围内，项目计划能够逐步推行，项目目标能够顺利实现，包含经济可行、政策可行、技术可行、道德可行、环境可行等多个方面。为保证项目的成功落地，企业需要对项目进行可行性分析，即对项目的主要内容和配套条件，如市场需求、资源供应、环境影响、资金筹措等，从经济、技术等方面开展调查研究，并对建成以后可能取得的经济效益或社会环境影响等进行预测，从而决定该项目是否值得着手去做以及如何进行建设。

以“滴滴出行”为例，滴滴有强大的服务平台支持，利用互联网的优势，只要求用户安装软件客户端并注册认证即可使用，服务方便快捷，用户满意度高，有利于产品的稳步推广和规模市场的开拓，项目可行性强。

以“支付宝”为例，由最初应用于淘宝，满足用户在淘宝网购物时的快捷支付需求，发展至覆盖互联网，再由线上深入线下，支付宝始终以支付功能吸引用户；再迎合用户更丰富的支付场景，进而以更多的场景吸引更多的用户，形成良性循环，得到用户的支持，项目切实可行。

例如，在写字楼中放置制作和售卖水果沙拉的机器，研究该项目的可行性，首先考虑制作机器的技术条件是否具备，之后考虑能否将机器放置在写字楼中、如何满足机器的电力供应要求等，这一系列的问题在项目落实前必须妥善解决。

2.4.2.5 项目可持续性

项目能够长期可持续发展，拒绝短期盈利而长期难以为继的项目。项目的可持续性指项目建成投入运营后，项目的既定目标是否还能按计划实现，项目能否可持续地发展下去，项目发起人是否有意愿依靠自身能力继续支持项目的发展，能否在未来用同样的方式打造同类的项目。项目既要具备技术、人才、环境、市场竞争力等内部可持续发展条件，又要被政策、文化、社会环境、经济情况等外部因素所允许，这样的项目才能实现可持续发展。

以“滴滴出行”为例，滴滴通过对大数据的深度挖掘和应用不断提高出行效率，真正让老百姓感受到科技的力量。滴滴已为未来交通的发展提出了一套智慧解决方案，通过以人工智能为基础的技术变革，用新技术、新业态来改进传统行业，建设智能交通和智慧城市，助力解决交通拥堵和安全问题。滴滴的新能源战略围绕共享经济，2020 年之前，在滴滴平台上将有超过 100 万辆的新能源汽车，并且滴滴将为新能源汽车时代的到来提前投入，建设新能源汽车的充换电体系。除此之外，滴滴坚持以合作为导向，向世界输出技术、资本和经验，推动滴滴的国际化，有利于将中国企业在互联网科技上的能力和经验进一步推广到国际市场。滴滴的长远发展情况乐观，企业可持续发展能力强。

以“支付宝”为例，支付宝提出的“建立信任，化繁为简，以技术的创新带动信用体系完善”的理念深得人心。同时，它创新的产品技术、独特的理念及庞大的用户群吸引越来越多的互联网商家主动选择支付宝作为其在线支付体系。支付宝以稳健的作风、先进的技术、敏锐的市场预见能力以及极大的社会责任感，赢得了银行等合作伙伴的认同，彼此之间建立了深入的战略合作。由此看来，支付宝的长期可持续性发展势头良好，前景广阔。

例如，将学校食堂的饭菜卖给周边写字楼工作人员的项目，虽然在短期内可以运行，但是它违背了国家补贴高校食堂、为学生谋福利的初衷。因此，该类项目的长期商业化运作违背政策规定，无法推进。

2.4.3 实现步骤

项目名称：牵寻——防走失定位系统。

步骤 1：描述痛点问题和项目价值。据统计，全国每年约有 70 万老人、儿童走失，20 万走失儿童找回率只有 0.1%。尤其是在机场、大型超市、展览会等大型室内建筑中，儿童走失现象频发。由于人员的流动性、人口的密集性以及场地布局的复杂性，寻找工作异常困难，对走失人员的人身安全构成极大威胁，每次走失都会给一个家庭带来难以愈合的伤痛。目前，家人能做的只是报案、网络发文、张贴启事等工作，效果微乎其微。虽然我国政府已非常重视并全力完善相关制度措施，但因对象的庞杂性和各级政府的联动处理错综复杂，健全相关机制任重而道远。据理论分析，老人、儿童走失的近十分钟里是最好的寻找时机，但目前市场并没有一款针对远离报警、室内寻找及时准确且成本较低的工具。

“牵寻——防走失定位系统”是公司针对人员走失、生命安全等社会问题，面向大众和社会公共安全的需求研发的一款室内外定位引导系统，为用户提供简单高效的定位引导服务和有关室内外定位的安全解决方案，从而保障人们的生命安全，实现生活的便捷高效。

步骤 2：分析市场规模和需求大小。随着现代通信技术和无线网络的蓬勃发展，人们对无线定位的需求与日俱增，无线定位的领域已由最初的 GPS 导航逐渐深入到人们的日常生活，并作为一项服务被人们接受。人们不仅希望通过无线网络随时随地获得话音、数据及多媒体业务服务，还希望移动通信能带给他们更多诸如车载导航、紧急救援定位等服务。室内定位技术起步较晚，是一个崭新的领域，但同时也是一个相当重要的领域。室内定位将广泛应用于日常生活、安全、交通等各个领域，市场需求增长强劲，用户需求急迫，市场广阔。

据国家统计局数据，我国现有 2~6 岁儿童约八千万人以上，记忆力衰退的老人约八百万人左右，潜在市场规模很大。目前，越来越多的新闻报道了老人与孩子走失的情况。针对这一问题，我们除了加强自身的安全意识外，也需要借助现代科技工具，利用远离报警的功能从源头上防止走失的发生。对于走失的老人和孩子，我们首先要做的是通过实时定位确定他们的位置，从而最高效地找到目标。

步骤 3：阐述产品的核心竞争力。一是技术和专利优势。防走失定位系统实现了低成本、高精度、广覆盖、跨平台的室内定位技术，零升级成本，配置简单，可实施性强。项目拥有国家专利和多项公安联合专利，专利保护范围宽广，技术积累深厚。二是合作优势。团队与公安部门深度合作，彼此建立了良好的信任关系，项目在场地、设施、经费等方面得到公安部门的大力支持。

步骤 4：展示项目的可行性。“牵寻——防走失定位系统”已经在我校周边的社区进行免费的手环发放、设备使用指导等一系列完整的部署工作，建设完成 APP 运行系统，基本实现自动定位、目标搜索、路线导航、绑定设置和突发情况报警等基本安全服务功能。

同时，公司目前正积极争取国家对高校发展助老相关项目的资金支持以及周围社区街道居委会的合作。目前公司已完成所在高校周边社区的试点运营，处于发展阶段。

步骤5：评价项目的可持续发展能力。外部环境支持项目的发展。国家对高新技术产业在人才、税收、财政、土地等方面都相应出台了很多鼓励政策，这些利好政策为团队室内定位项目的孵化提供了极为有利的条件。此外，随着二孩政策的全面开放以及人口老龄化的加重，中国当前儿童丢失情况以及老人走失情况频发，安全防范成为当前大众关注的重要问题。并且随着人民生活水平的提高和社会节奏的加快，大众对生活质量和办事效率也有了更高的要求，另外，随着现代通信技术和无线网络的蓬勃发展，人们对无线定位的需求与日俱增。

团队为项目制定了清晰的发展规划。1~3年内团队会不断更新产品已有版本，完善并丰富其功能；不断扩大现有的客户群体，增加市场份额；不断进行线上线下宣传，提升客户关注度。在4~7年公司步入平稳发展期后，以一定的客户数量为基础，重点提高利润率，并强调以"手机端"为核心竞争力进行产品深度推广，开始拓展业务范围和类型，逐步扩大公司规模。在经历了7年的平稳发展后，利用所积累的经验，打造具有一定商业价值、知名度和影响力的品牌，充分挖掘后台所积累的数据，分析预测用户行为，为大型商场卖家提供精准化营销所需要的大数据支持。

2.5 本章总结

本章实现的工作：分析了"滴滴出行"、"支付宝"和"牵寻——防走失定位系统"的案例，以此指导创业者选择发展前景广阔、满足市场需要、能够创造社会价值、具备良好的可行性和可持续性的创新创业项目。

本章掌握的技能：掌握创新创业项目选题的关键所在，包括解决痛点问题、市场需求、产品的核心竞争力、项目可行性、项目的可持续性，并能够利用要点分析项目。

2.6 本章作业

➢ 制作一份选题要点提纲，分析本章"滴滴出行"和"支付宝"的案例。

➢ 使用五个要点，从各个角度分析"拼多多"的选题。

➢ 尝试提出三个或以上可供参赛或实际创业的创新创业项目。

3　使用商业画布分析创新创业项目

3.1　本章工作任务

学会使用商业画布分析法从价值分析、内部分析、外部分析和收支分析四个维度分析项目的可行性、可持续性和合理性。

3.2　本章技能目标

- 学会使用商业画布分析法对创新创业项目进行价值分析。
- 学会使用商业画布分析法对创新创业项目进行内部分析。
- 学会使用商业画布分析法对创新创业项目进行外部分析。
- 学会使用商业画布分析法对创新创业项目进行收支分析。

3.3　本章简介

商业画布是描述、分析、设计商业模式的有力分析工具，一方面帮助企业提供更多可行的计划，使之更容易满足用户的需求；另一方面将商业模式中的元素标准化，强调元素间的相互作用。学会制作商业画布可以使项目更具有可行性、落地性和可操作性。

商业画布包括九个要点：①价值主张；②客户细分；③分销渠道；④客户关系；⑤关键活动；⑥关键资源；⑦伙伴网络；⑧成本结构；⑨收益来源。将这九个模块按照一定的内在逻辑科学地融入一张图表中，就形成一张商业模式“画布”。它可以清晰描述出企业创造价值、传递价值和获取价值的基本原理，如图 3-1 所示。

本章的重点是掌握商业画布的分析方法。

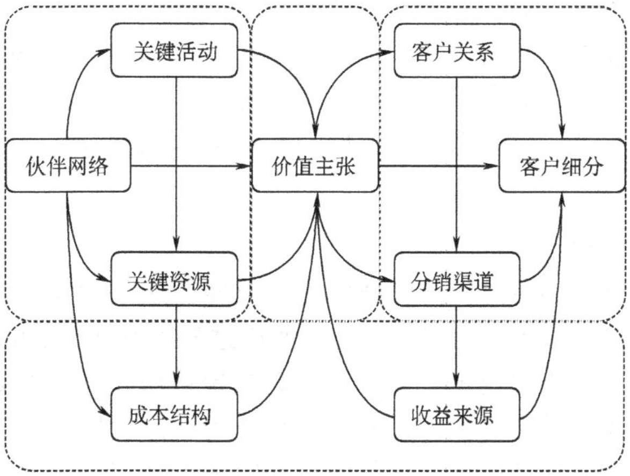

图 3-1　商业画布

3.4 理论讲解部分

3.4.1 任务描述

商业模式画布的内在逻辑关系分析。其存在价值分析、内部分析、外部分析和收支分析这四个维度。滴滴、Uber 的商业画布图参见图 3-2。

<table>
<tr><td colspan="6">滴滴、Uber的商业模式</td></tr>
<tr><td rowspan="2">主要合作伙伴：

司机与他们的汽车的支付装置

地图API提供
投资人</td><td>主要活动：

产品开发与管理
市场营销和客户获取
雇用司机
司机支出管理
顾客支持</td><td rowspan="2">价值命题：

顾客：
等待时间要短
比出租车便宜
有保障无现金支付
安全（行程跟踪）
可以看到地图信息

司机：
额外收入
灵活的工作时间
简单交易流程
在线支付</td><td>客户关系：

社交媒体
客户支持
评审、评定反馈系统</td><td rowspan="2" colspan="2">客户细分：

用户：
没有车的人
聚会不想开车的人
喜欢享受VIP待遇的人
想要高效率打车的人

司机：
自己有车想赚钱的人
喜欢驾驶的人
希望被称作合作伙伴而不是司机的人</td></tr>
<tr><td>主要资源：

技术平台
熟练驾驶司机</td><td>渠道：

网站
微信
APP</td></tr>
<tr><td colspan="3">成本结构：

技术基础设施
永久雇员的薪金
活动推出和营销支出</td><td colspan="3">输入来源：

每公里的基础费用、动态加价
专车、快车、出租车、顺风车、定制公交车、自驾租车</td></tr>
</table>

图 3-2　滴滴、Uber 的商业画布

(1) 价值分析。价值分析层是价值主张的体现。

(2) 内部分析。内部分析层包括关键活动、关键资源和伙伴网络。

(3) 外部分析。外部分析层包括客户细分、分销渠道和客户关系。

(4) 收支分析。收支分析层包括成本结构和收益来源。

3.4.2 知识详解

3.4.2.1 价值分析

确定价值分析的目的。价值分析是企业经营成败的关键，核心价值的功能在于使企业沿着正确的方向前进，即通过分析所处行业的布局及发展，找到市场机遇，提出自身的价值主张，并决定该做什么以及如何去做。其核心在于价值主张的合理性，主要解决企业为客户提供产品或服务传递什么样价值的问题。外部问题、内部问题和财务表现层的其他要素都必须围绕正确的价值主张发挥各自功能，提高核心竞争能力与外部环境适应能力。

价值分析的要点。价值分析在于价值主张，即企业的核心卖点，价值主张描述企业面向特定目标客户创造价值的产品或服务载体，用于解决客户难题和满足客户需求。

3.4.2.2 内部分析

确定内部分析的目的。内部分析即分析企业内部要解决的问题。企业通过合作整合关键资源来构建关键活动，打造伙伴网络，这个过程需要企业投入成本。

内部分析的要点。内部分析主要在于关键活动、关键资源和伙伴网络三个要素。关键活动是企业确保项目实施必须做的最重要的事情。关键资源是在不同的商业模式下所需要的核心资源。伙伴网络是让商业模式有效运作所需的供应商与合作伙伴的网络。

3.4.2.3 外部分析

确定外部分析的目的。外部分析即分析企业外部要解决的问题。企业通过客户细分确定目标客户，并通过分销渠道形成并维护良好的客户关系，为企业最终获取收入创造积极条件。

外部分析的要点。外部分析主要在于客户细分、分销渠道和客户关系三个要素。客户细分是企业想要接触和服务的不同人群或组织。分销渠道是企业沟通、接触客户细分而传递其价值主张的渠道。客户关系是企业与特定客户细分群体建立的关系类型。

3.4.2.4 收支分析

确定收支分析的目的。收支分析主要关注的是最终的收入与成本的配比形成的盈利能力。企业为开展与拓展业务就必须投入成本与资源，同时会获取相应的收入，当设计精良的商业模式得到有效的执行就可能为企业创造价值；反之，可能会损毁企业的价值。

收支分析的要点。收支分析主要在于收益来源和成本结构。收益来源是企业从每个客户群体中获得的现金收入。成本结构是运营一个商业模式所引发的所有成本。

图 3-3 为商业画布的四个维度。

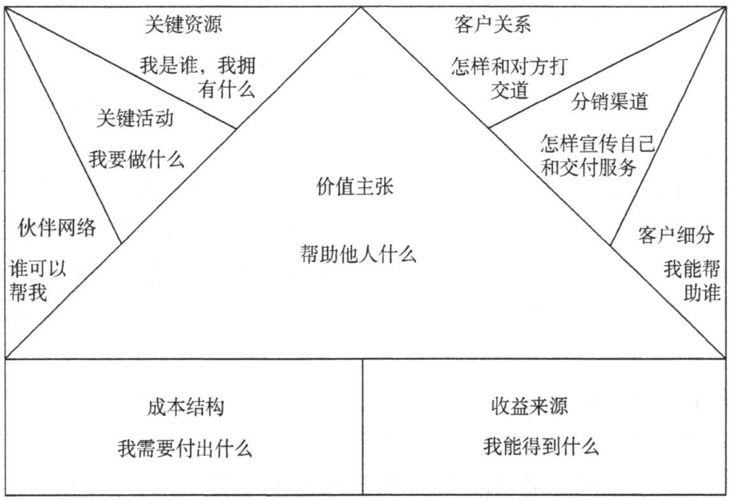

图 3-3　商业画布的四个维度

3.4.3　实现步骤

在本章我们将以“滴滴”“Uber”打车为例介绍使用商业画布分析法分析项目的步骤。

步骤 1：价值分析。明确价值分析的目的。核心价值是客户买单的源动力，只有客户具有强烈需求的价值主张才会带来大的商业机会，才能具有长远的商业价值。

滴滴、Uber 打车的价值分析如图 3-4 所示。价值主张分为两部分，一方面对客户而言，等待的时间短、车费比出租车便宜、支持无现金支付方式、在司机服务不周到时支持车费退还、可以看到汽车走过的路线及起始和终点的位置、司机随时都可以被卫星定位具有安全性等。另一方面，对司机而言，可以获得更多的收入、拥有灵活的工作时间、没有现金的找出过程从而避免司机收钱后找不开钱、享受在线支付带来的便利等。由此可见，滴滴、Uber 公司的价值体系对司

价值命题

顾客：
等待时间短
比出租车便宜
无现金有保障支付
安全（行程跟踪）
可以看到地图信息

司机：
额外收入
灵活的工作时间
简单交易流程
在线支付

图 3-4　滴滴、Uber 的价值分析

机和顾客都有利。

步骤 2：内部分析。明确内部分析的目的。由伙伴网络可确认谁可以帮我。一方面，合作伙伴对项目有潜在的风险，业务对合作伙伴的依赖程度越大，合作伙伴对项目的风险越大。另一方面，由于有部分工作是合作伙伴完成的，可以确认未来的工作量。关键活动可以确认我要做什么，确认为达到价值主张主目标要做的事，可以集中精力做好最核心的业务。关键资源可以确认我是谁、我拥有什么，把握自己的比较优势和竞争力是长期生存的关键。

滴滴、Uber 打车的内部分析如图 3-5 所示，滴滴公司内部的主要活动是研发产品、市场营销、客户获取、雇佣司机、司机的支出管理和客服工作。滴滴、Uber 的主要资源是技术平台和熟练驾驶的司机。滴滴、Uber 最大的合作伙伴是司机、汽车上的支付方式、提供地图 API 的合作伙伴。

步骤 3：外部分析。明确外部分析的目的。客户关系可以确认怎样和对方打交道，可以为交易提供方便，节约交易成本，为企业深入理解客户的需求和双方交流信息提供机会、建立信任以达成合作。客户细分可以确认我能帮助谁，根据顾客需求的异质性使企业在有限资源的基础上进行有效的市场竞争，只有这样企业才能根据客户的不同特点进行有针对性的营销，使销售百发百中，吸引和培养较大的客户群。分销渠道就是确认怎样宣传自己和交付服务，以达到快速卖出产品的目的。

滴滴、Uber 打车的具体外部分析如图 3-6 所示，滴滴、Uber 的客户可以细分为没有车的人，聚会的时候不想开自己车的人，想享受 VIP 待遇、出门就有专人为他服务的人，想要高效率、少花钱打车的人。滴滴、Uber 的司机可以细分为有车并且想赚钱的人，平时就喜欢驾驶的人和希望被称为合作伙伴而不是司机的人。滴滴、Uber 司机主要面对的是社交媒体和客户的支持。因此，客户关系维系主要是靠项目的评审反馈。滴滴公司的主要分销渠道是 APP 和微信推广。

<table>
<tr><td rowspan="2">主要合作伙伴

司机与他们的汽车
的支付装置

地图API提供
投资人</td><td>主要活动

产品开发与管理
市场营销和客户获取
雇佣司机
司机支出管理
顾客支持</td></tr>
<tr><td>主要资源

技术平台
熟练驾驶的司机</td></tr>
</table>

图 3-5　滴滴、Uber 的内部分析

<table>
<tr><td>客户关系

社交媒体
客户支持
评审、评定反馈系统</td><td rowspan="2">客户细分

用户：
没有车的人
聚会不想开车的人
喜欢享受VIP待遇的人
想要高效率打车的人

司机：
自己有车想赚钱的人
喜欢驾驶的人
希望被称作合作伙伴
而不是司机的人</td></tr>
<tr><td>渠道

网站
微信
APP</td></tr>
</table>

图 3-6　滴滴、Uber 的外部分析

步骤 4：收支分析。明确收支分析的目的。成本结构就是确认我要付出什么。一方面，某种生产因素成本占企业总成本比重高，该生产因素便成为企业的主要风险，知道产品的生产特点即可控制风险。另一方面，确认我要付出什么可使项目具有持续性。收益来源是确认我能得到什么，也就是做这件事是否可持续及投资人继续投资。

滴滴、Uber 打车的具体收支分析如图 3-7 所示，确认滴滴、Uber 的财务表现即成本结构和主要收入。滴滴、Uber 的成本为技术平台建设费用、员工工资和推广营销活动的费用。滴滴、Uber 的收入为每公里的基础费用、汽车使用过程中的动态加价。滴滴、Uber 主要收入来源有专车、快车、出租车、顺风车、定制化公交车以及共享式自驾租车。

成本结构	收益来源
技术基础设施 永久雇员的薪金 活动推出和营销支出	每公里的基础费用、动态加价 专车、快车、出租车、顺风车、 定制公交车、自驾租车

图 3-7　滴滴、Uber 的收支分析

3.5　本章总结

本章实现的工作：用商业画布分析法对滴滴、Uber 的商业模式进行分析。

本章掌握的技能：掌握九个要素、四个维度的具体内容并学会用商业画布分析法分析创新创业项目，使项目可落地、可执行和可实施。

3.6　本章作业

- 用商业画布分析法对滴滴、Uber 的商业模式进行分析。
- 用商业画布分析法对“拼多多”的商业模式进行分析。
- 用商业画布分析法对自选创新创业项目的商业模式进行分析。

4 商业计划书与 PPT 编制

4.1 本章工作任务

为创新创业项目编写商业计划书，向投资人提供项目的详细介绍，展现项目的潜力和价值，说服投资人对项目进行投资；制作清晰简约的路演 PPT，用于在公共场所进行演说、演示产品和宣传推广，力求引起目标人群的关注，让他们对项目产生兴趣。

4.2 本章技能目标

- 掌握描述痛点问题的方法。
- 掌握有效分析市场的方法。
- 掌握说明项目运作情况与竞争优势的方法。
- 掌握展示项目融资计划的方法。
- 掌握分析项目收益来源的方法。
- 掌握有说服力地介绍团队的方法。
- 掌握展现项目情怀的方法。

4.3 本章简介

商业计划书是一份全方位的项目计划，一方面帮助创业者勾画项目发展的蓝图，安排企业有序运作；另一方面向投资者全面展示项目的当前状况和未来发展前景，以便投资者对项目进行评估和投资。路演 PPT 简明扼要地展示项目的精华所在，力求在几分钟内迅速吸引投资人的目光，激发其投资兴趣。作为创业者与投资人沟通的桥梁，商业计划书和 PPT 对于项目尤为关键。

商业计划书与 PPT 编写要点：①要解决的问题；②市场分析；③解决方案与比较优势；④资金支持；⑤收益来源；⑥团队介绍；⑦展现情怀。

本章将重点讲解如何制作商业计划书和路演 PPT。

4.4 理论讲解部分

4.4.1 任务描述

编写“滴滴出行”、“ofo 共享单车”和“牵寻——防走失定位系统”三个项目的商业计划书和 PPT，学会如何利用商业计划书和 PPT 展示项目的核心优势与现实价值，从而获得投资人的支持，完成融资目标。

4.4.2 知识详解

4.4.2.1 要解决的问题

抛出敏感的痛点问题，吸引投资人的兴趣。

以滴滴出行为例，针对当前打车困难、部分出租车司机服务态度差且漫天要价、私家车司机无法通过合法正规的渠道做兼职等一系列亟待解决的社会痛点问题，滴滴打车应运而生，最大限度优化乘客打车体验，同时节省了司乘双方的资源与时间，对“打车难”问题提出了行之有效的解决方案。诸如此类发展前景广阔、能够有效解决问题且具有价值的项目会立刻吸引投资人的注意。

以 ofo 共享单车为例，对于通勤上下班的上班族来说，每天需要去往就近的公交站、地铁站或在公交站和地铁站之间换乘，这个距离并不长，通常也就一公里左右，而这个“最后一公里”一直是难以解决的伤痛：步行太慢、打车太贵、等公交太麻烦。被称为中国“新四大发明”之一的共享单车的问世，巧妙地解决了这一痛点问题。

4.4.2.2 市场分析

充分分析市场状况，精准定位目标客户，衡量市场需求大小。

以滴滴出行为例，目前滴滴打车共有八条业务线，分为快车业务、出租车业务、专车业务、顺风车业务、公交业务、代驾业务、试驾业务、租车业务。其中，经济型的快车业务面向对价格敏感的打车群体；普通型的出租车业务适用于有一定经济收入群体的因公外出；高舒适度的专车业务提供小型企业商务用车，针对日常出行不想开私家车的中高端人士。截至 2017 年，滴滴连接了超过 2 100 万车主和 4.5 亿用户，覆盖城市超过 400 个，日订单已达到 2 500 万份。创业者要用实际数据证明项目的市场需求和巨大价值，从而有力地说服投资人。

以 ofo 共享单车为例，单车租赁目标用户主要是收入中等到低等的年轻人，他们对价格敏感，会将骑车作为出行方式，出行追求高效省时。在用户租赁单车的过程中，用户的需求主要体现在方便、快捷、亲民上，即找车快、停车方便、租车流程便利。作为全球共享单车的领跑者，自 2015 年 6 月启动以来，ofo 已在全球连接了超过 1 000 万辆共享单车，日订单量超

3 200 万份，为全球 21 个国家 250 座城市 2 亿用户提供了超 40 亿次高效便捷、绿色低碳的出行服务。

4.4.2.3 解决方案与比较优势

向投资者说明项目运作的细节、团队完成项目的排他性优势和核心竞争力。项目的可行性和可持续性是决定成败的关键。商业计划要让创业者和投资人看到项目未来发展的轨迹，有利于创业者抓住推动企业飞速发展的重要时机，使投资人清楚公司的想法及目标，增强投资人对项目的信心。创业团队要拥有利用特定创业机会所需的技术、信息、资本等关键资源，形成其他竞争者所不具有的独特优势，才能保证企业在竞争中时刻处于领先位置。

以“滴滴出行”为例，它的投资亮点：一是强劲的市场需求。随着城市化进程的加快，全球人口和汽车保有量不断增长，交通需求愈加旺盛。其中，中国的城市人口及交通需求居世界之首。二是创新的商业模式。传统交通工具存在巨大市场空白，急需舒适、经济的交通工具，催生出互联网交通应用平台及新型商业模式。三是领先的竞争优势。中国最大的一站式交通服务平台，其中，出租车市场占有率为 99%，专车市场占有率为 78%，在互联网这个“强者恒强、赢家通吃”的市场中具有绝对的竞争优势。四是巨大的增长空间。公司依托 O2O（Online To Offline 线上到线下，是指将线下的商务机会与互联网结合，让互联网成为线下交易的平台）以及大数据等方面的优势，打造一个综合的生活服务平台，未来增长空间巨大。五是强大的股东支持。强大的战略股东为公司提供业务拓展、营销渠道、科技、人才、资金等全方位支持，公司与战略股东形成长期而稳定的合作关系，有利于公司迅速抢占市场份额，从竞争中脱颖而出。六是顶尖的管理团队。公司的管理团队年轻有活力、充满创业激情，同时在互联网、交通、金融等领域积累了丰富的经验。

以 ofo 共享单车为例，它是全球领先的无桩共享单车平台。用户可通过手机解锁自行车，享受随时随地有车骑的共享出行服务。更好骑的共享单车，领先的移动联网智能锁，全球领先的人工智能大数据平台“奇点”系统使得 ofo 建立起从用户舒适骑行到以物联网为载体、人工智能为核心的科技闭环。ofo 坚持共享经济的商业模式，通过平台路线，连接全球各个自行车生产商和用户共享的自行车，带动国内的自行车行业企业共同发展。ofo 的投资亮点为：一是共享经济成为新潮流；二是共享出行方式为大众所接受；三是 ofo 最早进入共享单车领域，品牌优势强；四是 ofo 单车造价低，软件下载量大；五是区别定价、单双号限行等运营优势。

4.4.2.4 资金支持

展示项目的融资计划，包括企业商业模式、产品和服务模式、资金需求、融资方式、资本结构、投资者权益、财务分析、资金安全保证、风险分析等投资决策者所关心的内容，重点在于说明项目目前所处的阶段、项目估值、出让的股份数、需要的资金量和如何使用资金。提升项目的可信度，令投资人信服，从而获得必要的资金支持。

例如滴滴，成立六年，已完成十八轮融资，估值已上千亿元。以滴滴 2015 年某轮融资方案为例：

标的公司：公司拥有中国绝对领先的交通出行互联网应用平台，出租车市场占有率超过 99%，专车市场占有率超过 78%。2014 年总成交金额（GMV）达 119.3 亿元人民币，2020 年超过万亿元。作为全国最大的一站式交通出行服务平台，业务将迅速拓展至顺风车（拼车）、巴士、企业用车等领域，公司的战略目标是依托大数据和 O2O 等优势，发展成为综合性的生活服务平台。

本轮融资：公司拟通过新股发行融资 15~20 亿美元，占融资后总股本的 10%~13%，融资用途主要是满足日常运营资金需求及支持新业务的发展。

公司估值：融资前估值为 130 亿美元，融资后估值为 145~150 亿美元。

投资方式：作为基金的有限合伙人认购基金份额。

投资期限：3+2（3 年收益期，2 年退出期），若到期未能上市，经 50% 的有限合伙人同意，则可延期。

分红：每年 8%且不可累计（如董事会宣布分红）。

退出计划：预计公司未来 3~4 年内将启动上市程序，投资者可通过公司上市实现退出，可通过现金结算，或将股票分配给有限合伙人。

以 ofo 2017 年 D 轮融资为例：

融资方式、金额及结果：出让 10%股权融资 2 亿美元，融资后估值达到 20 亿美元。

资金用途：一是产品优化升级，让产品更耐用、更轻便、更安全。二是防盗与维护，包括密码锁升级成本和运营维护人员费用。三是市场拓展，向二、三线城市和海外市场拓展。

潜在内外部风险分析：内部风险包括车辆损耗大、资金链断裂和供应链不完善。外部风险有市场竞争激烈、政策走向未知和替代品种类多样等。

4.4.2.5 收益来源

基于合理的统计和预测，提出让投资者满意的投资回报和投资条件，激发其投资意愿。

以滴滴出行为例，在资本的助力下，滴滴已覆盖全国 400 多座城市，合并 Uber 中国后，其市场占有率保持在 90%以上，2017 年滴滴的交易总额达到 250 亿~270 亿美元，同比增幅 70%，预计 2018 年其主营业务将实现盈利，净利润有希望接近 10 亿美元。通过对数据的总结预测，滴滴能够向投资人提出具有吸引力的预期回报方案，进而鼓励其投资。

以 ofo 共享单车为例，ofo 在各大平台的下载量、用户量、用户增速、单车数量、日订单量、每辆车日均使用次数等各项指标均占据市场领先位置。互联网共享单车的盈利模式有望多元化，在租金和押金的基础上，增加广告和大数据收入。

4.4.2.6　团队介绍

简要具体地介绍项目团队的结构、能力和优势，重在凸显团队有关项目的核心优势和专业技能，杜绝毫无亮点的罗列，用实际成就增强投资者的信心。

例如，滴滴出行创始人兼 CEO 程维曾在阿里巴巴集团任职 8 年，其间成为阿里巴巴最年轻的地区经理，后担任支付宝 B2C 事业部副总经理，在区域运营和支付宝 B2C 业务上取得成功的管理经验。2012 年，程维创立了小桔科技，公司的创业项目是做智能出行的打车软件，应用于滴滴打车。2017 年 5 月，程维与滴滴总裁柳青一起上榜《时代周刊》中“科技领域最有影响的 20 人”，成为该榜单中仅有的两位中国企业家。

ofo 创始人兼 CEO 戴威毕业于北京大学光华管理学院，是一名重度骑行爱好者。2014 年戴威与 4 名合伙人创立 ofo 共享单车，提出了“以共享经济+智能硬件，解决最后一公里出行问题”的理念，创立了国内首家以平台共享方式运营校园自行车业务的新型互联网科技公司。他仅用两年时间就让小黄车占据了过半的市场份额，同时成为《36 计 · 胡润百富榜 2017》上第一个上榜的白手起家“90 后”。

同学们的创业团队中某市场营销专业的同学，具有良好的创新思维和创业能力，已有五年的电子商务运营经验，在淘宝上开网店月平均盈利上万元。

该类有针对性的团队成员介绍可以为商业计划书和 PPT 增光添彩。

4.4.2.7　展现情怀

用鲜明的情怀和价值主张充实项目，打造团队向心力，赢得投资人的认可。创业者的情怀在于实现人们对于美好生活的向往，满足人们迫切需求的创业项目必定会得到广泛的支持和认可，为社会创造更大价值的项目取得成功的概率高。

例如，滴滴出行改变了传统的打车方式，将线上与线下相融合，紧密联系乘客和司机。从解决“出行难”到解决城市交通综合问题，移动互联网时代下的现代化出行方式让社会与民众受惠，符合滴滴“让出行更美好”的不懈追求，践行了滴滴的社会责任。

例如，ofo 的愿景是“让世界没有陌生的角落”。在未来，ofo 希望不生产自行车，只连接自行车，让人们在全世界的每一个角落都可以通过 ofo 解锁自行车，满足短途代步的需求。ofo 倡导绿色出行理念，通过整合自行车产能及供应链，在全球推广共享单车的出行理念，为各大城市提供便捷高效的绿色出行服务，满足用户的美好生活需要，同时推动自行车行业转型升级、打造城市绿色交通体系、提升城市出行效率，助力信用城市、智慧城市建设。

4.4.3　实现步骤

项目名称：牵寻——防走失定位系统。

项目简介：为解决孩子走失和被拐骗以及老人因为记忆力衰退而走失的社会问题，通过定位技术开发出防走失系统。如图 4-1 所示。

图 4-1　项目标题

步骤 1：如图 4-2 所示，抛出痛点问题。在当今世界，几乎每十分钟就会发生小孩和老人走失事件，但是找回的概率只有千分之一，每当一个孩子或者老人走失，都会给整个家庭带来巨大的伤痛。而在老人或者小孩刚刚走失的 5~8 分钟，是找寻的最佳时机。

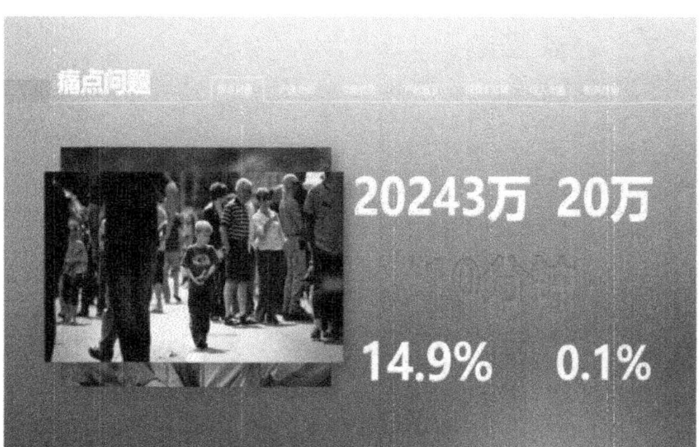

图 4-2　痛点问题

将这一社会问题摆出之后，与投资人产生共鸣，而后再向投资人说明自己就这一问题的解决方案，就能获得投资人的关注，调动他们对此项目的兴趣。

步骤 2：如图 4-3 所示，展示项目的市场调查结果。向投资人展现这一项目是符合市场需求的，许多消费者对类似产品有需求。此项目让投资人意识到：每个父母都有担心孩子走失的忧患。如果孩子遗失，将会对整个家庭产生毁灭性地打击，许多家庭都希望通过这个产品解决这一问题。因此，全国乃至世界对于防走失系统的需求是巨大的。

图 4-3　市场调查结果

步骤 3：如图 4-4，进行产品展示。介绍防走失系统所具有的实时定位、远离报警、紧急救援等功能，并展示系统如何操作和实现这些功能，以此让投资人认同这一解决方案是可行的。

图 4-4　产品展示

步骤 4：如图 4-5 所示，竞争优势，写出产品的核心竞争优势。展现这一项目只有自己可实现而别人无法替代的原因。例如，防走失系统的技术支持来自清华大学信息技术研究院，该院在卫星精准定位领域的成果在国内遥遥领先。项目拥有多项专利，与公安部门展开了深度合作。这样，核心竞争力就可以完美展现出来。

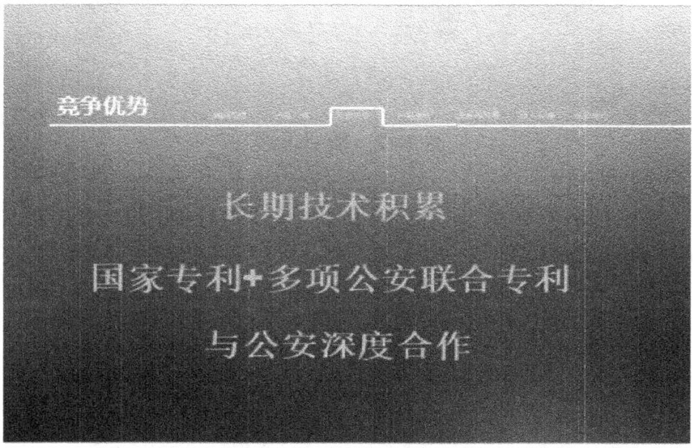

图 4-5　竞争优势

步骤 5：如图 4-6 所示，进行产品演示。这一部分的核心目的是要让投资人认为项目处于成熟阶段，而不是创意阶段。投资人所投的资金不是用于研发，而是促进公司的快速成长。

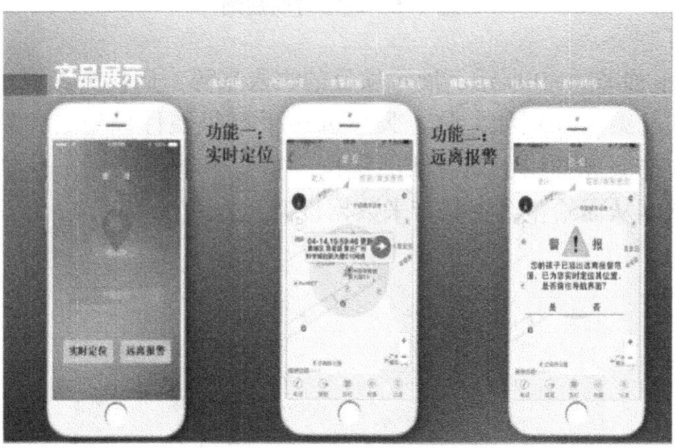

图 4-6　产品演示

步骤 6：如图 4-7 所示，通过试行和免费发放向投资人证实，本项目目前不仅仅处于想法阶段，而是已经付诸实践的成熟项目。

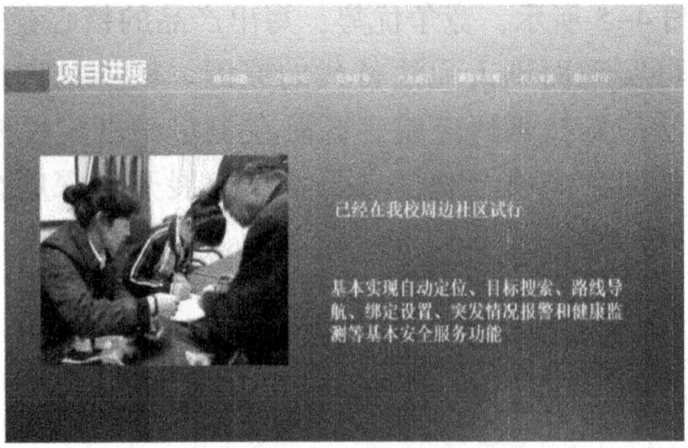

图 4-7　项目进展

步骤 7：如图 4-8 所示，展现团队对于本项目的战略时间规划，包括需要多少经费支持项目发展。

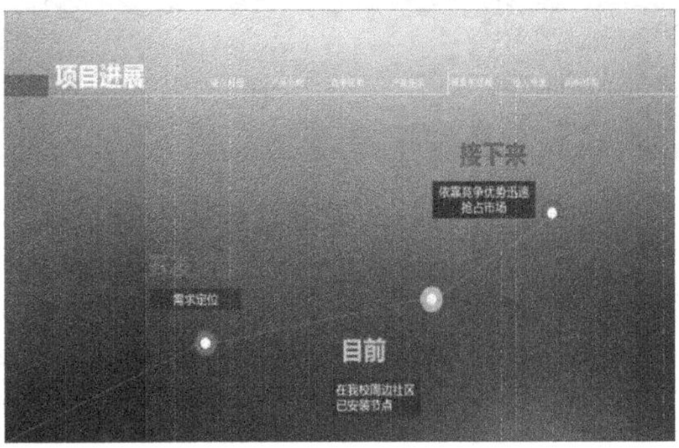

图 4-8　战略时间规划

步骤 8：如图 4-9 所示，展示项目的收入来源，向投资人展示通过该项目获得收入的渠道。例如，防走失系统的手环等硬件设施是免费的，但是会收取相应的服务费用，如：辅助定位、紧急查找等费用。采集手环使用者的大量数据从而给整个项目带来数据价值。

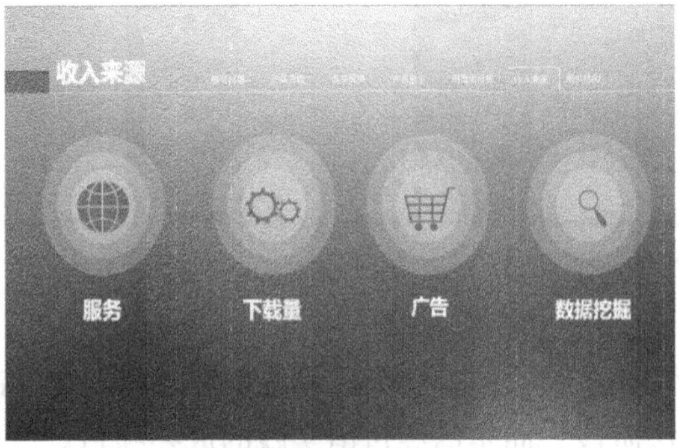

图 4-9　收入来源

步骤 9：展示组织结构。首先写出团队成员的亮点和能力特征，给予投资人团队成员能力极强的观感，同时要注重团队成员的岗位设置和成员能力之间的匹配度。投资人在投资时除了注重项目的质量之外，也注重人的能力。如果团队实力出类拔萃，依照惯性思维，该项目也是值得投资的。例如，团队指导教师任多家企业的 CEO、COO 和 CTO，团队 CEO 曾参加过互联网+、创青春、挑战杯等创新创业大赛并斩获多个奖项，团队 CTO 是多项国家专利的著作人等。

步骤 10：如图 4-10 所示，最后展现情怀。愿天下再无走失！

图 4-10　项目情怀

4.5　本章总结

本章实现的工作：根据本章所讲解的七大要点，为“滴滴出行”、“ofo 共享单车”和“牵寻——防走失定位系统”编写了完善的商业计划书要点，并在此基础上制作了清晰简约的路演 PPT。

本章掌握的技能：掌握商业计划书与 PPT 编写的七大要点，分别包括要解决的问题、市场分析、解决方案与比较优势、资金支持、收益来源、团队介绍和展现情怀。

4.6　本章作业

- 以本章的“滴滴出行”、“ofo 共享单车”和“牵寻——防走失定位系统”项目为参考，编写商业计划书和 PPT。
- 使用七大要点，为“拼多多”制作商业计划书和 PPT。
- 自选一个创新创业题目，完成相应的商业计划书和 PPT 的制作。

5　创新创业项目展示视频制作

5.1　本章工作任务

设计一分钟的视频，在限定时间内向投资人展现项目的精髓，其中包括：项目的标题、痛点问题和解决方法、项目优势、团队优势以及项目情怀，最大限度地引起投资人的兴趣，使其认识到项目的商业价值。

5.2　本章技能目标

- 掌握视频中片头部分的制作方法。
- 掌握视频中描述痛点问题的方法。
- 掌握视频中描述解决痛点问题的方法。
- 掌握视频中描述项目优势的方法。
- 掌握视频中描述团队优势的方法。
- 掌握视频中团队情怀的展示方法。

5.3　本章简介

项目展示视频是向投资人展现该项目商业价值的非常重要的工具。绝大多数情况下，视频的内容好坏，关乎投资人是否能产生深入了解项目的意愿。在仅有的一分钟内，需要让投资人产生极大的兴趣，愿意为项目投入资金，支撑项目发展。因此，如何录制短片，如何分配短片内容的时间，对于一个项目来说十分重要。

制作视频的要点：①富有吸引力的标题；②强烈的痛点；③如何解决问题；④项目的优势（对比）；⑤团队优势；⑥展示情怀。

本章将重点讲解如何设计一个一分钟的项目展示视频。

5.4　理论讲解部分

5.4.1　任务描述

制作出一个时长为一分钟的项目展示视频，其内容包括：

（1）展示出项目的标题（5秒以内）。

（2）明确地阐释出痛点问题（10秒以内）。

（3）展示出本项目是如何解决痛点问题的，展现项目产品的预览效果（20秒以内）。

（4）介绍项目的比较优势，重点突出项目的核心竞争力（10秒以内）。

（5）介绍项目的团队优势，重点突出团队成员的杰出业绩和独特经历（10秒以内）。

（6）抒发本项目的情怀，同时展现本项目的社会意义和价值（5~10秒）。

5.4.2 知识详解

5.4.2.1 设计视频片头的原则

项目展示视频的片头首先应清晰地展现出富有吸引力的项目标题："我们是干什么的，我是谁"，让投资人清晰地理解该项目要解决的问题是什么；其次，展示出公司的LOGO，这一部分的时间控制在5秒之内。

5.4.2.2 阐述痛点问题

在片头部分之后的10秒钟之内，视频需要展示项目解决的痛点问题。所谓痛点问题，是指某些人亟待被满足而未被满足的具有极高的紧迫性的需求。

以滴滴打车公司为例，从需求方的角度来说，许多乘客在早晚高峰的时候都会遇到这样的问题：站在街道上，难以打到出租车。千辛万苦找到了出租车后，却又可能遇到出租车司机拒载的情况。同时，出租车司机可能出现失信问题，由于乘客对于城市道路不熟悉，出租车司机因此可能绕行更远距离以获取更多利益。

而对供给方而言，对于很多驾驶人员，载人乘车是他们获得收入、支撑家庭需要的经济来源，而在当时的法律规定之下，这种在交通运输管理部门没有办理任何相关手续、没有领取营运牌证而以有偿服务实施运营的行为，一经发现，将会遭到有关部分严厉的惩罚。

这些非常真实的现实，通过视频呈现出来，体现出本项目的迫切性和实行的必要性，抓住投资者的注意力。

5.4.2.3 解决问题的方法和解决效果展示

视频需要展示本项目是如何解决这些问题的，时间为20秒。解决问题的方法是指通过某种商业模式解决痛点问题的方法，其最佳展示方式是通过举出事实，显示出痛点问题被项目解决的过程，让投资人在观看视频之后，认识到此项目的解决方案有极高的可行性，实施起来阻力和障碍很小。同时，这段视频也可以将产品带来的有益效果展现出来。

继续以滴滴打车为例，从需求方的角度来看，曾经在用车高峰时期打不到车的乘客们，可以通过滴滴打车的 APP，仅仅通过在手机上的几步简单的操作，就可以实现在几分钟之内找到出租车乘坐，无须担心自己打不到出租车，从而实现资源的有效利用。而从供给方的角度来看，曾经是作为非法运营车辆的驾驶员，如今因为滴滴打车将私家车载人合法化，从此可以光明正大的运营，无须担心罚款，获得稳定的收入来源，支撑家庭生活。

5.4.2.4 展示项目的比较优势

向投资人介绍这个项目的比较优势，此部分长度控制在 10 秒。项目的比较优势要体现出项目的核心竞争力，即项目所具备的能够从激烈的外部竞争中脱颖而出，并且取胜和压制竞争对手的优势。

仍以滴滴公司为例，想要吸引投资人，滴滴公司可以展示自身的比较优势，即在行业中的长期积累。如果滴滴公司的前身是一家出租车公司，那么该项目对于投资人来说则会更具吸引力，因为这代表着滴滴公司拥有足够的前期积累。

5.4.2.5 展示项目团队的优势

展示项目的比较优势之后，紧接着需要介绍团队的优势，即团队具有的不可被其他团队所替代的优势。在视频中占用 5~10 秒。此部分重点在于突出团队成员深受行业内认可，通过他们丰富的经历和杰出的业绩，彰显成员的行业背景、资源、能力，从而使整个团队脱颖而出。

例如，对一个心理咨询项目的团队成员的介绍，相比描述他为“一位资深的心理咨询师”，使用确切的数字或者案例更有说服力，如“该心理咨询师曾治愈抑郁症患者 100 人”等。相较于前者比较模糊的形容词，后者明确的实例能更有力地辅助展现团队的独特优势，更易获得投资人赏识。

5.4.2.6 展示项目的情怀

最后的 5~10 秒，展示项目和团队的情怀。项目的情怀要包含人们对生活的向往或人们迫切的生活需求。对于美好生活的无限向往是世界发展的根本动力，项目团队具有实现人们对未来无限憧憬的能力，这个项目才能获得社会的认同。

此部分的目的是展现项目的意义，体现出项目具有伟大的价值。就像滴滴打车所产生的影响一样，它让许多每天在灰色地带，无法获得合法收入来养家糊口的驾驶人员，可以拥有正式的工作。对于乘客来说，滴滴打车省去了他们等车的时间，手指轻松一点就可以解决之前困扰他们的问题。

优秀的项目也应该具备这样的效果：它不仅值得整个团队为它而骄傲，同时可以造福民众，具有一定的社会价值，推动社会向人们所期望的那样迈进。

5.4.3　实现步骤

步骤 1：展示痛点问题，如图 5-1 所示。本示例以如下方式叙述：据统计，中国每年丢失儿童数高达 20 万人，而能被找回的只有 0.1%。据理论分析 10 分钟内是寻找丢失儿童的最佳时机，而现有的方式：报警、上网、发传单，都会使家长错过寻找的最佳时机。

详解：视频一开始立刻抛出痛点问题，利用电影的镜头，展现出孩子走失之后对于整个家庭异常惨痛的冲击，严重可以导致整个家庭就此破裂。由于寻找不得法，时间逐渐流逝，许多孩子很难被找回。而一旦拥有防走失系统，则将大大改善这种状况。将近 90% 的孩子因为这个系统被找回，90% 的家庭也因此会被拯救。这就是本项目的痛点所在、价值和情怀所在。

(a)

(b)

(c)

(d)

(e)

图 5-1　痛点问题

步骤 2：展示解决问题的方法和效果预览。本示例以如下方式（如图 5-2）叙述：现在，牵寻网络科技有限公司研发的“牵寻 APP”，是一款可以穿戴设备搭配，集实时定位、路径规划、远离报警于一身的防走失定位系统。

详解：接着立刻展现产品的使用效果预览，通过操作和演示产品的功能摆明事实，以此让投资人看到“牵寻 APP”是如何解决问题的，这样更具有说服力。

步骤 3：展示项目的比较优

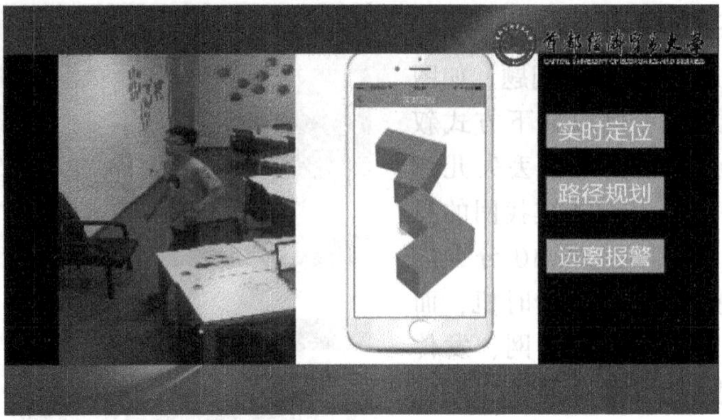

图 5-2　如何解决问题和效果预览

势。本示例以如下方式叙述（图 5-3）：我们的核心竞争力主要体现在一方面已经获得公安部门和政府的支持；另一方面，已经有大量的技术积累。

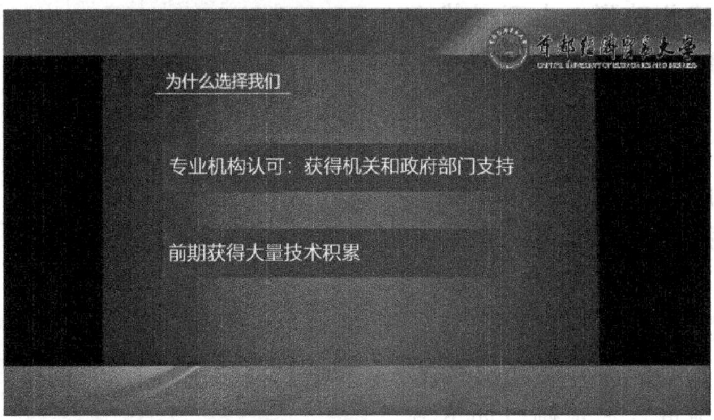

图 5-3　项目的核心竞争力

详解：这一段视频所展现的是该产品的核心竞争力，更加优化的方案则需要表现产品技术的壁垒性，或者将公司在行业中长期的积累展示出来，由此体现出团队的不可替代性。

步骤 4：展示项目的可行性。本示例以如下方式叙述（图 5-4）：目前，团队已在学校周边社区进行手环免费发放以及设备使用指导等一系列工作，也已经获得公安机关和政府部门的认可。

详解：此段视频意在向投资人展示：本项目不是仅仅停留在创意阶段的想法，而是已经付诸实践，是正在被团队运营的一个成熟的项目；同时项目已经对社会产生了一定的有益效果。这就以一种实例的形式，证明了该项目的可行性。

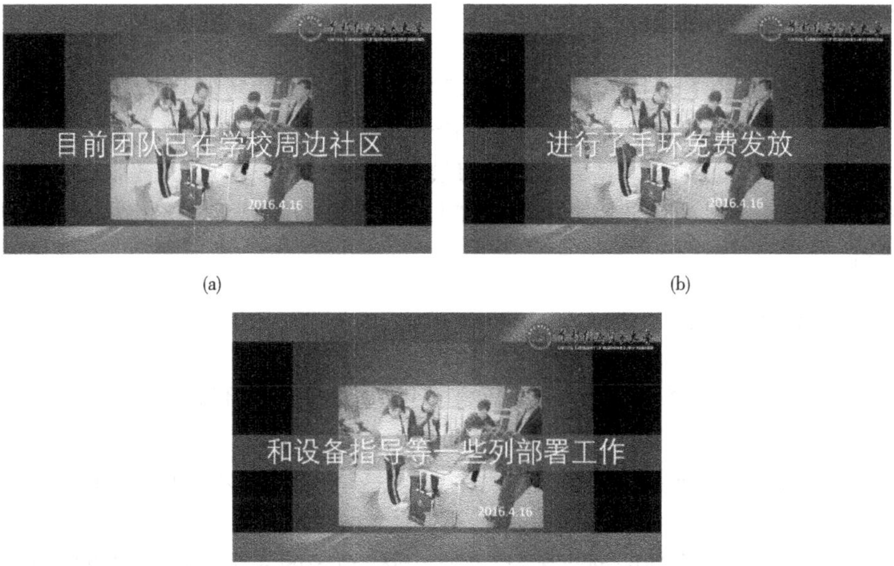

(a) (b) (c)

图 5-4 项目实例

步骤 5：展示情怀。牵寻，愿天下再无走失（图 5-5）。

图 5-5 展示情怀

详解：最后展现本项目的情怀“愿天下再无走失”，即希望社会上的走失现象可以通过团队的技术和努力，逐渐减少甚至消失。这也能让具有极大群体性的潜在客户认识到本项目解决了他们的刚需，同时使投资人认同本商业模式，认可本项目的前景和商业价值，愿意为本项目投入资金以支撑它的发展。

5.5 本章总结

本章实现的工作：以“滴滴打车”和“牵寻”为实例，介绍项目展示视频制作要点，以充分展示出项目的价值，吸引投资人的兴趣。

本章掌握的技能：掌握制作项目展示视频的六个要点，分别包括：醒目的标题、强烈的痛点、如何解决问题、项目的优势、团队优势和展示情怀。

5.6 本章作业

- 以本章“牵寻”和“滴滴打车”项目为题，制作一个项目展示视频。
- 结合制作项目展示视频的六个要点，为“拼多多”制作一个项目展示视频。
- 选择一个合适的创业题目，结合制作视频的六个要点，完成项目视频制作。

第三部分

创新创业技术与实现

6 创新创业项目网页内容实现（HTML）

6.1 本章工作任务

使用 HTML 技术制作个人主页，在主页中包含文本、图像、链接、列表、表格、表单等内容。

6.2 本章技能目标

- 掌握超文本标记语言常用标签：文本、图像、链接、列表、表格、表单。
- 掌握使用超文本标记语言的经典代码结构来编写网页。

6.3 本章简介

超文本标记语言（Hyper Text Markup Language，HTML），是用来描述网页的一种语言，决定网页中有什么内容，例如，文本、图像、链接、表格等。而下一章将要讲到的 CSS，是用来决定网页内容样式，即网页中内容的颜色、大小、位置、布局等的程序。

通常使用 HTML 标签制作网页中的内容。例如，若在网页中添加一张图片，则与之相对应的 HTML 代码为<img src =" picture. jpg" >，使用<img>标签向网页中添加图片，src 属性用于设置图片的来源地址。HTML 文档由 HTML 元素组成，任何一个网页元素都有一个与之相对应的标签。

本章重点讲解 HTML 的常用标签：文本、图像、链接、列表、表格和表单。

6.4 理论讲解部分

6.4.1 任务描述

需求描述如图 6-1 所示。

尚需效果（需求）描述如下：

(1) 在网页中显示不同大小的标题。

（2）在网页中显示段落内容。

（3）点击文字内容，即可跳转到网站 www. baidu. com。

（4）在网页中显示一张图片。

（5）在网页中显示无序列表及有序列表。

（6）在网页中显示一个 2×2 的表格。

（7）在网页中显示一个用户注册表单。

6.4.1 知识详解

网页文档由 HTML 元素组成，HTML 元素指的是从开始标签到结束标签的所有代码。而 HTML 标签是由尖括号包围的关键词，例如
构成。HTML 标签通常成对出现，例如，<p>和</p>；也有一些单标签，例如，
。标签对中第一个标签称为开始标签，第二个标签称为结束标签，开始标签与结束标签之间的称为元素内容。HTML 元素有四种形式，如图 6-2 所示。

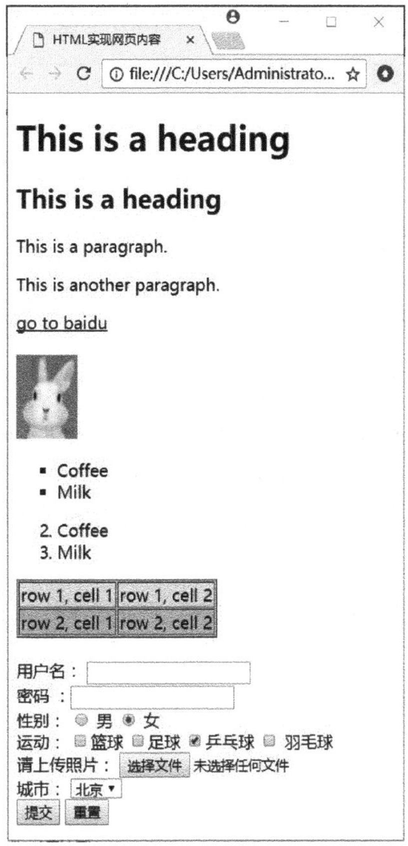

图 6-1 使用 HTML 标签实现网页内容

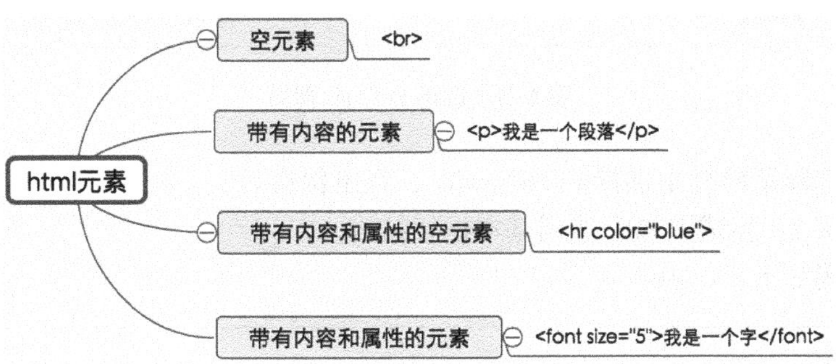

图 6-2 HTML 元素的形式

HTML 标签构成了 HTML 框架，最经典的 HTML 代码框架结构如下：

```
<html>
    <head>
        <title> </title>
    </head>
    <body>
    </body>
</html>
```

其中，开始标签<html>与结束标签</html>标志了 HTML 文档的范围；开始标签<head>与结束标签</head>包含了文档的头部信息，用于描述文档的各种属性和信息；开始标签<body>与结束标签</body>用来设置文档的内容部分；开始标签<title>与结束标签</title>用来定义文档的标题。

6.4.3 实现步骤

步骤 1：创建 HTML 网页文件，如图 6-3 所示。

图 6-3 创建 HTML 网页

在选择菜单栏中选择 File>Newfile，点击保存。

步骤 2：生成 HTML 代码基本框架结构。

代码如下：

```
<! DOCTYPE html>
<html>
    <head>
```

```
        <title> </title>
    </head>
    <body>
    </body>
</html>
```

在编辑器中输入 html 字母后，按下 tab 键，自动生成 HTML 基本框架结构。

步骤 3：添加网页文档标题，如图 6-4 所示。

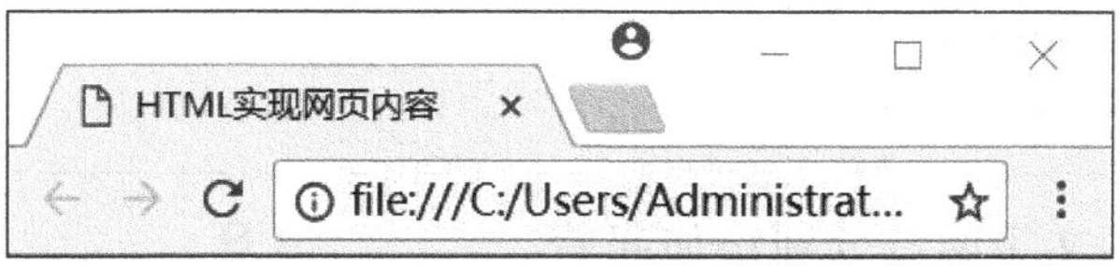

图 6-4　添加网页文档标题

代码如下：

```
<head>
<meta charset="utf-8">
    <title>HTML 实现网页内容</title>
</head>
```

在<head></head>头部文件中，使用<meta charset="utf-8">声明编码，并在<title> </title>标签中输入文档标题“HTML 实现网页内容”。

步骤 4：在网页中添加标题，如图 6-5 所示。

代码如下：

图 6-5　在网页中添加标题

```
<h1>This is a heading</h1>
<h2>This is a heading</h2>
```

HTML 中的标题有六个级别，分别通过<h1>—<h6>标签进行定义，<h1></h1>定义最大的标题，<h6></h6>定义最小的标题。使用<h1></h1>与

<h2></h2>分别实现大小不同的标题。

步骤 5：在网页中添加段落，如图 6-6 所示。

代码如下：

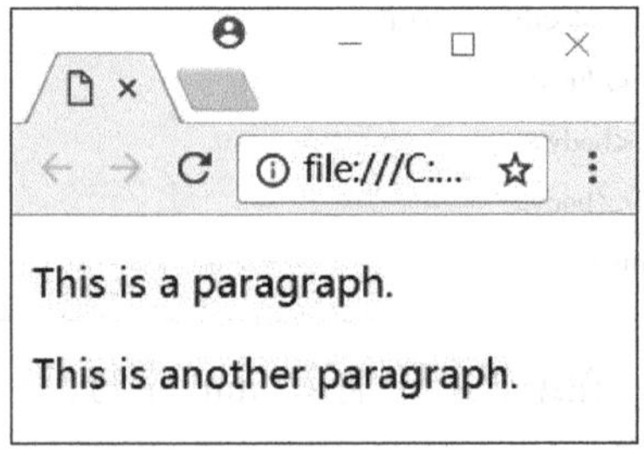

图 6-6　在网页中添加段落内容

```
<p>This is a paragraph. </p>
<p>This is another paragraph. </p>
```

在成段的文字两端分别添加起始标签<p>和结束标签</p>就构成了 HTML 中所指的段落。

步骤 6：在网页中添加超链接，如图 6-7 所示。

代码如下：

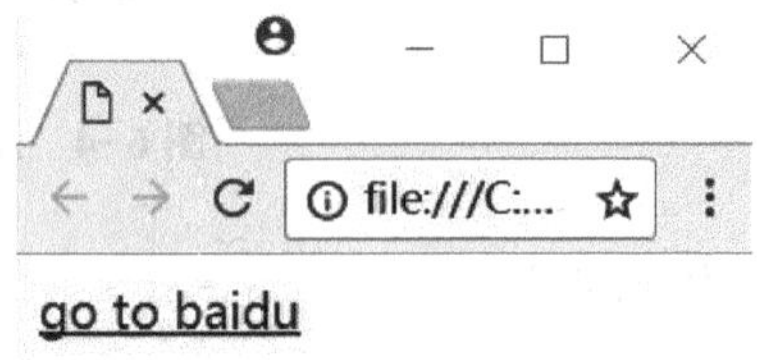

图 6-7　在网页中添加超链接

```
<a href="http://www. baidu. com" >go to baidu</a>
```

使用<a></a>标签建立超链接，href 属性指定要链接的页面。点击位于起始标签<a>和结束标签</a>之间的任何内容，即可跳转到指定的页面。本例中，点击文字“go to baidu”，即可跳转到百度主页。

步骤 7：在网页中添加图像，如图 6-8 所示。

代码如下：

图 6-8　在网页中添加图像

```
<img src="picture.jpg" width="60px" height="80px" >
```

使用<img>标签在网页中添加图像，src 属性用于指定图片的来源地址，height 属性用于指定图像的高度，width 属性用于指定图像的宽度。

步骤 8：在网页中添加列表，如图 6-9 所示。

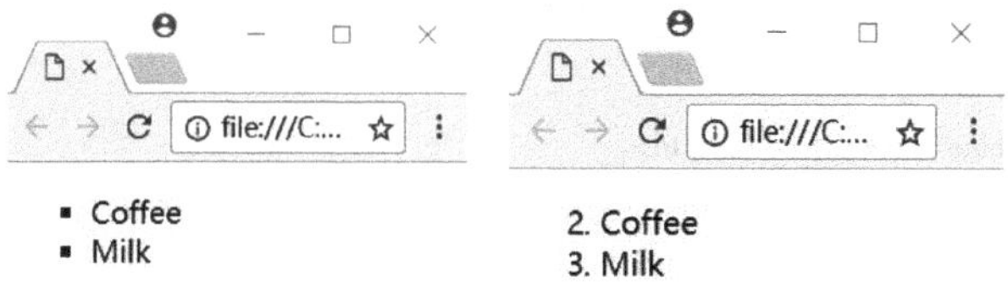

(a)无序列表　　(b)有序列表

图 6-9　在网页中添加列表

代码如下：

```
<ul type="square">
<li>Coffee</li>
<li>Milk</li>
</ul>
<ol type="1" start="2">
<li>Coffee</li>
<li>Milk</li>
</ol>
```

使用<ul></ul>标签创建无序列表，使用<ol></ol>标签创建有序列表，使用<li></li>标签创建列表项目。<ul>标签和<ol>标签中都有 type 属性。区别在于在<ul>标签中 type 属性用于指定无序列表的符号类型。例如：小圆点（disc）、方块（square）、空心圆（circle），默认为小圆点。而在<ol>标签中 type 属性用于定义有序列表的编号类型。例如，数字（1）、小写字母（a）、大写字母（A）、罗马数字（I），默认为数字。<ol>标签中的 start 属性用于定义编号开始的数字，例如，start=2 则编号从 2 开始，如果从 1 开始则可以省略。

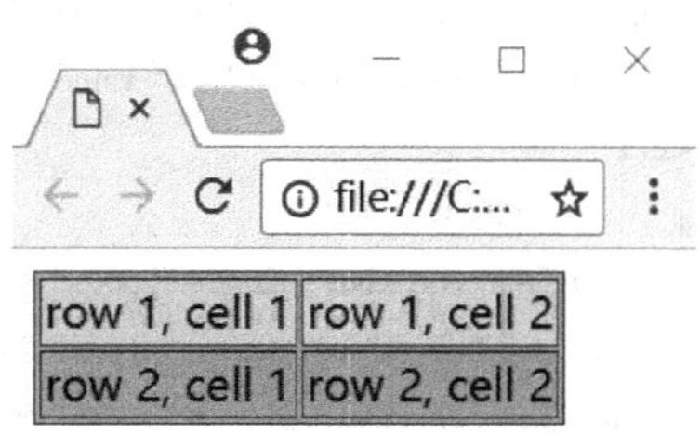

图 6-10　在网页中添加表格

步骤 9：在网页中添加表格，如图 6-10 所示。

代码如下：

```
<table border="1" bgcolor="pink">
<tr bgcolor="yellow">
<td>row 1, cell 1</td>
<td>row 1, cell 2</td>
</tr>
```

```
<tr>
<td>row 2, cell 1</td>
<td bgcolor="lightblue">row 2, cell 2</td>
</tr>
</table>
```

使用<table></table>标签创建表格，起始标签<tr>表示每行的开始，结束标签</tr>表示每行的结束。<tr>标签之后是一个或多个<td>标签，起始标签<td>表示每列的开始，结束标签</td>表示每列的结束。<table>标签中的 border 属性用于指定边框宽度，bgcolor 属性可以添加在<table><tr><td>标签中，用于为整个表格或是单独的单元格指定背景颜色。

步骤 10：在网页中添加表单，如图 6-11 所示。

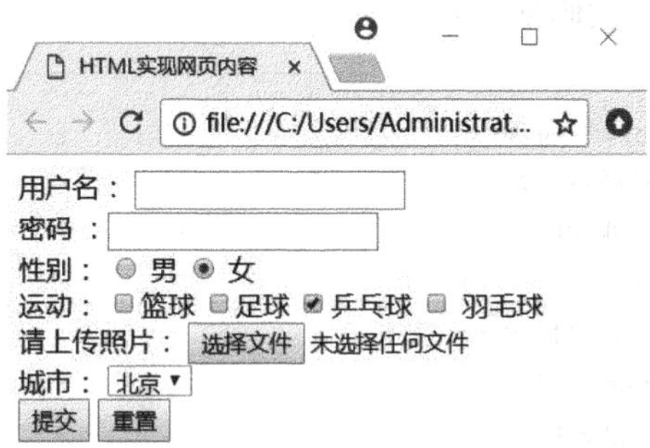

图 6-11 在网页中添加表单

代码如下：

```
<form>
用户名:<input type="text" name="username" > <br>
密码:<input type="password" name="pwd" > <br>
性别:
    <input type="radio" name="sex" value="male" >男
    <input type="radio" name="sex" value="female" checked="checked">女
    <br>
运动:
    <input type="checkbox" name="sports" value="basketball" >篮球
    <input type="checkbox" name="sports" value="football">足球
    <input type="checkbox" name="sports" value="table
    tennis" checked="checked">乒乓球
    <input type="checkbox" name="sports" value="badminton">羽毛球<br>
请上传照片: <input type="file" name="photo"> <br>
城市:
<select name="city">
        <option value="1">天津</option>
        <option value="2">上海</option>
        <option value="3" selected="selected">北京</option>
        <option value="4">广州</option>
        <option value="5">深圳</option>
```

```
        <option value="6">厦门</option>
</select> <br>
    <input type="submit" name="b2" value="提交">
    <input type="reset" name="b3" value="重置">
</form>
```

使用<form></form>标签创建表单。<input>标签用于创建多种不同的表单控件。type 属性用于指定控件类型；name 属性用于指定控件名称，特别注意，一组单选按钮的 name 属性值应该相同，一组复选框的所有 name 属性值也应该相同；value 属性用于指定控件提交到服务器的值；checked 属性用于确定页面加载时的默认的选项，若为默认选项，则在该选项的属性中写明 checked="checked"。例如，本例中的默认性别为女，该属性用于单选按钮与复选框中，并且同一组单选按钮中只能有一个使用此属性。

<select></select>标签用于创建下拉菜单框，它包含两个或两个以上的<option></option>标签。该标签用于指定用户可以选择的选项，<option>标签使用 value 属性来指定选项的值，selected 属性用于指定当页面加载时被选中的选项，若某选项为默认选项，则该选项的 selected 属性值为 selected。

表 6-1 总结了不同类型控件的标签属性及显示效果。

表 6-1 不同类型控件的标签属性及显示效果

控件类型	标签属性	显示效果
文本框	<input type="text">	用户名：
密码框	<input type="password">	密码：
单选按钮	<input type="radio">	性别： ○ 男 ◉ 女
复选框	<input type="checkbox">	运动： ☐ 篮球 ☐ 足球 ☑ 乒乓球 ☐ 羽毛球
文件上传	<input type="file">	请上传照片： 选择文件 未选择任何文件
提交按钮	<input type="submit">	提交
重置按钮	<input type="reset">	重置
下拉菜单	<select > <option> </option> </select>	城市： 北京

6.5 本章总结

本章实现的工作：采用 HTML 标签，在网页中添加大小不同的标题、段落内容、图像、链接、列表、表格、表单。

本章掌握的技能：①使用如下 HTML 常用标签：文本、图像、链接、列表、表格、表单，在网页中添加文本、图像、链接、列表、表格、表单等内容。②使用 HTML 的经典代码结构编写网页，在网页中包含文本、图像、链接、列表、表格、表单等内容。

6.6 本章作业

➢ 实现本章的案例，即使用 HTML 常用标签在网页中添加文本、图像、链接、列表、表格、表单。

➢ 使用 HTML 标签制作个人主页，在主页中包含文本、图像、链接、列表、表格、表单等内容。

7　创新创业项目网页内容修饰（CSS）

7.1　本章工作任务

设计一个网页，该网页分为标题、导航、正文、页脚四个区域，在各区域中放置文字、图片等内容，通过设定内容的颜色、大小、位置、布局等样式，实现对网页内容的修饰。

7.2　本章技能目标

- 掌握 CSS 基础语法以及在 HTML 中使用 CSS 的方法。
- 掌握 CSS 选择器的使用方法。
- 掌握使用 CSS 常用属性设定网页元素的颜色、大小、位置、布局等样式的方法。
- 掌握使用 CSS 盒子模型设置网页元素的相对位置关系以及实现相对布局的方法。

7.3　本章简介

CSS（Cascading Style Sheet）指层叠样式表，用于实现网页内容的修饰。在上一节中使用 HTML 在网页中添加了内容，CSS 则通过对 HTML 元素进行修饰，进而控制每个元素在网页中的颜色、大小、位置、布局等样式。

例如：若希望在网页中显示“Hello world”红色文字，其 HTML 代码为<p id="section">Hello world</p>，与之对应的 CSS 代码为#section {color: red;}。#section 为 CSS 选择器，用于选中 id 为 section 的<p>标签中的内容；color 为 CSS 属性，用于设置文字颜色；red 为属性值，表明文字颜色为红色。

本章的重点是如何使用 CSS 样式实现对网页内容进行修饰。

7.4　理论讲解部分

7.4.1　任务描述

需求描述如图 7-1 所示。

图 7-1　使用 CSS 样式实现网页内容修饰

尚需效果（需求）描述如下：

(1) 如图 7-1 所示，创建一个网页，包含标题、导航、正文、页脚四部分区域，在区域中放置文字、图片等内容。

(2) 设置标题样式，背景颜色为黑色，字体颜色为白色，文本居中。

(3) 设置导航样式，高度为 300 像素，宽度为 100 像素，背景颜色为浅灰色，字体颜色为绿色，大小为 20 像素，内边距为 10 像素。

(4) 设置正文样式，在正文中添加标题、图片、段落文字，设置内边距为 10 像素，文本颜色为红色。

(5) 设置页脚样式，背景颜色为黑色，字体颜色为黄色，文本居中。

7.4.2　知识详解

7.4.2.1　CSS 基本原理

理解 CSS 工作原理的关键在于能够设想每个 HTML 元素的周围都有一个看不见的盒子。CSS 在处理 HTML 元素时都假设它们各自位于一个无形的盒子中，默认情况下，一个盒子的大小恰好可以容纳其中的内容，并根据其中内容的变化而变化。如果需要自定义盒子的大小，则需要用到 width 和 height 属性，采用像素值来对盒子大小加以精确地控制。

块级元素的特点是每个元素独占一行。例如：<h1>-<h6><p><div>元素等。行内元素的特点是元素在一行中顺序排列，不会自动换行。例如：<img><span><i>，<a>等。

如图 7-2，在下面的示例中，块级元素以实线边框显示，行内元素以虚线边框显示。<body>元素创建第一个盒子，然后以<h1><p><i>分别创建各自的盒子。可以利用 CSS 在任何盒子周围添加边框，指定宽度、高度，设定背景颜色，还可以控制盒子内部的文本样式，例如，颜色、大小、字体等。

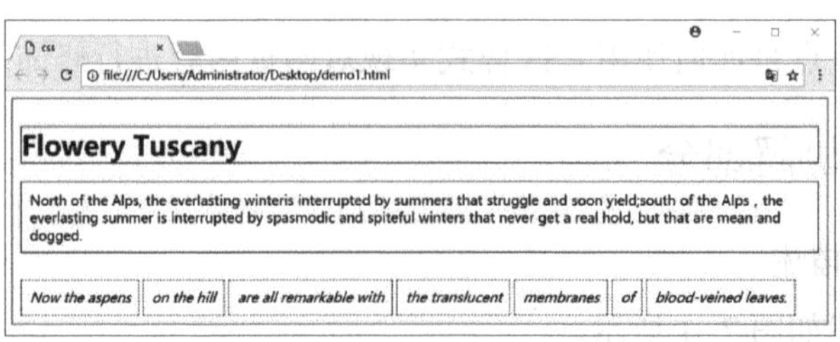

图 7-2　理解 CSS

7.4.2.2 CSS 基础语法

在 HTML 网页中添加 CSS 样式，需要将 CSS 代码置于<style> </style>内，<style>元素通常位于页面的<head>元素中，<style>元素使用 type 属性表明这些样式是在 CSS 中指定的，该属性的值为 text/css。

CSS 通过样式来指定元素的外观，CSS 样式是由选择器（用于表明样式应用的对象）和声明（用于指定元素的外观）组成的。不同类型的选择器将 CSS 样式应用于各种不同元素，每条声明由两部分组成：所要改变的元素属性以及这些属性的值，其中，每个属性有一个值，属性和值被冒号分开。

例如：将网页中的一段内容添加如下样式：背景为黑色，字体为微软雅黑、一致颜色为白色大小为 20 像素，效果如图 7-3 所示。在这个例子中，#section 为选择器，指定将样式应用于 section。花括号内包含 4 条声明，分别为：background - color：black；color：white；font - size：20px；font - family：微软雅黑。其中，background-color，color，font-size，font-family 是属性；black，white，20px，微软雅黑是属性值。

代码如下：

```
<! DOCTYPE html>
<meta charset="utf-8">
<html>
  <head>
    <title>网页内容修饰</title>
    <style type="text/css">
      #section
      {
        background-color：black；
        color：white；
        font-size：20px；
        font-family：微软雅黑；
      }
    </style>
  </head>
  <body>
    <div id="section">
      <p>内容要求：背景为黑色，字体为白色、20 像素、微软雅黑。</p>
    </div>
  </body>
</html>
```

图 7-3　CSS 基础语法代码结构示例

7.4.2.3　CSS 选择器

CSS 选择器有多种，通常情况下，我们使用 id 选择器和 class 选择器。

id 选择器可以为标有特定 id 的 HTML 元素指定特定的样式，HTML 元素以 id 属性来设置 id 选择器，CSS 中 id 选择器以"#" 来定义。

例如，将以下的样式规则应用于元素属性 id="header"：

```
#header
{
    background-color: black;
    color: white;
}
```

class 选择器用于描述一组元素的样式，有别于 id 选择器的是，class 选择器可以在多个元素中使用。class 选择器在 HTML 中以 class 属性表示，在 CSS 中，class 选择器以一个点" ." 号显示。

例如，将所有拥有 center 类的 HTML 元素居中：

```
. center
    {
      text-align:center;
    }
```

7.4.2.4　常用 CSS 属性

表 7-1 列举了一些常用 CSS 属性示例及作用描述。

表 7-1　常用 CSS 属性示例

属性示例	作用描述
p{background-color:yellow;}	设置元素背景颜色为黄色
body{background-image:url(image/1.jpg);}	设置背景图片，图片地址为 image/1.jpg
body{background-repeat:repeat-x;}	设置图片在水平方向上重复
p{color:black;}	设置文本颜色为黑色

续表

属性示例	作用描述
p{line-height:20px;}	设置行间距为 20 像素
h1{letter-spacing:2px;}	设置 h1 字母间距 2 像素
h1{text-align:center;}	设置 h1 文本居中
img{vertical-align:middle;}	设置图片垂直居中对齐
p{font-size:12px;}	设置字体大小为 12 像素
p{font-family:微软雅黑;}	设置字体外观为微软雅黑
p{font-weight:bold;}	设置字体加粗
p{font-style:italic;}	设置字体为斜体字
div{width:200px;}	设置 div 宽度为 200 像素
div{height:300px;}	设置 div 高度为 300 像素

7.4.2.5 CSS 盒子模型

盒子模型（Box Model）常用于做网页布局。它规定了元素内（element）、内边距（padding）、边框（border）和外边距（margin）的样式，并通过调节这些样式来控制盒子的外观。

每个盒子都有边框，边框（border）用于将一个盒子的边缘与另一个盒子隔开；内边距（padding）是指盒子边框与盒子所包含内容之间的空隙；外边距（margin）位于边框的边缘之外，可以通过设置外边距的宽度在两个盒子的边框之间创建空隙。如果为一个盒子指定了宽度，那么盒子的边框、外边距、内边距会增加到它的宽度和高度上。

图 7-4 为 Box Model 的图示。

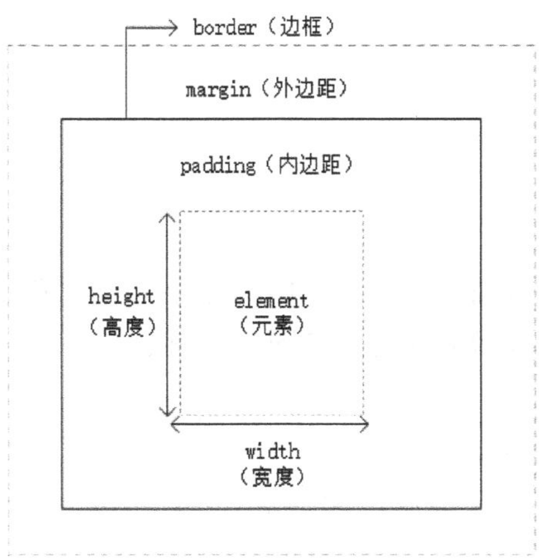

图 7-4 CSS 盒子模型图示

7.4.3 实现步骤

步骤 1：创建 HTML 网页文件，如图 7-5 所示。

图 7-5 创建 HTML 网页

在菜单栏中，选择 file>Newfile，保存。

步骤 2：生成 HTML 代码基本框架结构。

代码如下：

```
<! DOCTYPE html>
<html>
  <head>
    <title>
    </title>
  </head>

  <body>

  </body>
</html>
```

在编辑器中输入 html 字母后，按下 Tab 键，自动生成 HTML 基本框架结构。

步骤 3：添加网页文档标题，如图 7-6 所示。

图 7-6 添加网页标题

代码如下：

```
<head>
    <meta charset="utf-8">
    <title>CSS 实现网页内容修饰</title>
</head>
```

在<head>头部文件中，使用<meta charset="utf-8">声明编码，并在<title>标签中输入文档标题“CSS 实现网页内容修饰”。

步骤 4：设置标题样式，如图 7-7 所示。

(a)添加标题内容　(b)添加标题样式的背景颜色与字体颜色

(c)调整标题样式的div高度　(d)调整标题样式的文字水平方向上居中　(e)调整标题样式的文字垂直方向上居中

图 7-7　设置标题样式

HTML 代码如下：

```
<div id="header">
  <h1>标题位置</h1>
</div>
```

CSS 代码如下：

```
<style type="text/css">
  #header
  {
    background-color: black;
    color: white;
    height: 100px;
```

```
    text-align: center;
    line-height: 100px;
  }
</style>
```

<div>元素可定义文档中的分区或节，用于将一组元素集中到一个块级元素内，在浏览器中，<div>元素的内容会另起一行显示。在<div>元素中使用 id 属性或 class 属性，则可以通过创建 CSS 样式来指定<div>元素在屏幕上占据多少空间，还可以改变其内部所有元素的外观。

首先在<body>内创建一个<div>元素来包含网站头部标题的所有元素，指定 id="header"，使用<h1>标签添加标题内容，如图 7-7（a）所示。在<head>中，使用<style>元素添加 CSS 样式，通过 id 选择器以“#”来选取“header”，background-color 属性设置背景颜色为黑色，color 属性设置字体颜色为白色，如图 7-7（b）所示。height 属性设置标题所在<div>的高度为 100 像素，如图 7-7（c）所示。text-align 属性用于控制文本的对齐方式，center 属性将文本居中显示，如图 7-7（d）所示。line-height 属性用于设置文本行的整个高度，增加 line-height 会使文本行在垂直方向上的空隙增大，设置 100 像素，如图 7-7（e）所示。

步骤 5：设置导航样式，如图 7-8 所示。

HTML 代码如下：

```
<div id="nav">
  导航 1 <br>
  导航 2 <br>
  导航 3 <br>
</div>
```

CSS 代码如下：

```
#nav
{
  background-color: lightgrey;
  width: 100px;
  height: 300px;
  color: green;
  padding: 10px;
  font-size: 20px;
  float: left;
}
```

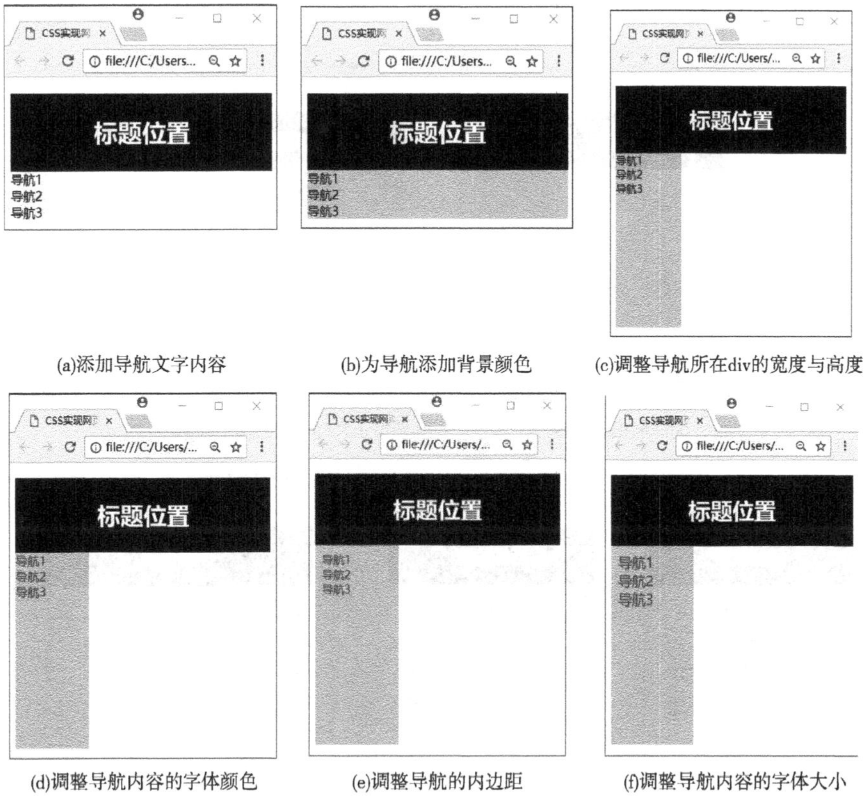

(a)添加导航文字内容 (b)为导航添加背景颜色 (c)调整导航所在div的宽度与高度

(d)调整导航内容的字体颜色 (e)调整导航的内边距 (f)调整导航内容的字体大小

图 7-8　设置导航样式

首先在<body>内创建一个<div>元素来包含导航的所有元素，指定 id = "nav"，添加导航内容，如图 7-8（a）所示。在<head>中，通过 id 选择器以“#”来选取“nav”，background-color 属性设置背景颜色为浅灰色，如图 7-8（b）所示。height 属性设置导航所在<div>的高度为 300 像素，width 属性设置导航所在<div>的宽度为 100 像素，如图 7-8（c）所示。color 属性设置字体颜色为绿色，如图 7-8（d）所示。padding 属性调整导航内边距为 10 像素，如图 7-8（e）所示。font-size 属性设置字体大小为 20 像素，如图 7-8（f）所示。

步骤 6：设置正文样式，如图 7-9 所示。

HTML 代码如下：

```
<div id="section">
  <h2>正文标题</h2>
  <img src="picture.jpg" >
  <p>London is the capital city of England.</p>
</div>
```

(a)添加正文内容

(b)调整正文样式使其向上浮动

(c)在正文中插入图片

(d)调整正文样式的内边距

(e)在正文中添加内容并调整内容颜色

图 7-9　设置正文样式

CSS 代码如下：

```
#section
{
  float: left;
  padding: 10px;
  color: red;
}
```

首先在<body>内创建一个<div>元素来包含正文的所有元素，指定 id = "section"，使用<h2>标签添加正文标题，如图 7-9（a）所示。在浏览器中，由于<div>元素的内容会另起一行显示，故正文内容显示在导航下方，而我们想要导航与正文在同一行显示，即需要将盒子并排到一起，则使用 float 属性可以完成上述布局，当元素浮动时，相应的盒子的高度会对后面的位置产生影响，在<head>中，通过 id 选择器以“#”来选取“section”，设置 float 值为 left，同时设置导航的 float 值也为 left，使导航与正文所在盒子均为左浮动，则正文内容便上浮，如图 7-9（b）所示。使用<img>标签向网页中添加图像，如图 7-9（c）所示。padding 属性调整正文内边距为 10 像素，如图 7-9（d）所示。使用<p>标签向网页中添加正文内容并使用 color 属性设置正文字体颜色为红色，如图 7-9（e）所示。

步骤 7：设置页脚样式，如图 7-10 所示。

(a)添加页脚内容

(b)清除之前的浮动，调整页脚内容的位置

(c)调整页脚的背景颜色与字体颜色

(d)调整页脚样式使其文字内容在水平竖直方向上居中

图 7-10　设置正文样式

HTML 代码如下：

```
<div id="footer">
  <p>Copyright:email@ liujingwei.cn</p>
</div>
```

CSS 代码如下：

```
#footer
{
  clear: both;
  background-color:black;
  color: yellow;
  text-align: center;
  line-height: 50px;
}
```

首先在<body>内创建一个<div>元素来包含页脚的所有元素，指定 id="footer"，使用<p>标签添加页脚内容，如图 7-10（a）所示。由于之前使用 float 属性设置了导航与正文的左浮动，所以页脚也会跟着自动向上浮动，而我们希望页脚单独在最下方显示，则使用 clear 属性清除之前的浮动，如图 7-10（b）所示。background-color 属性设置背景颜色为黑色，color 属性设置字体颜色为黄色，如图 7-10（c）所示。text-align 属性用于控制文本的对齐方式，center 值将文本居中显示，line-height 属性用于设置文本行的整个高度，设置 50 像素，如图 7-10（d）所示。

7.5 本章总结

本章实现的工作：采用 DIV+CSS 的方式，在网页中建立 4 个分区，在分区中放置文字、图片等内容，设定内容的颜色、大小、位置、布局等样式，实现网页内容布局与修饰。

本章掌握的技能：①建立一个 HTML 文件，在 HTML 中通过 div 布局将网页分为标题、导航、正文、页脚四个区域；②使用 HTML 在各区域中放置文字、图片等内容；③使用 CSS 选择器，选定 HTML 中相应的元素，设定内容的颜色、大小、位置、布局等样式；④基于上述 DIV+CSS 的方式，实现网页内容的修饰。

7.6 本章作业

- 实现本章的案例，即实现网页内容布局与修饰。
- 使用 HTML 与 CSS，通过设定网页中元素的颜色、大小、位置、布局等样式，实现网页内容修饰，制作本校校园官网首页。

8　创新创业项目网页动作实现（JS 与 jQuery）

8.1　本章工作任务

在网页上放置两个按钮和一个方块，设计这两个按钮的功能，从而实现点击按钮后网页中的方块左右移动。

8.2　本章技能目标

- 掌握 JavaScript 和 jQuery 的基本语法。
- 掌握 JavaScript 和 jQuery 函数的写法。
- 掌握 JavaScript 响应 HTML 事件的方法。
- 掌握 jQuery 响应 HTML 事件的方法。

8.3　本章简介

实现网页动态交互共有两种方法——JavaScript 和 jQuery。

JavaScript 是一种广泛用于客户端 Web 开发的脚本语言，常用来给 HTML 网页添加动态功能（其编写的程序可以被嵌入 HTML 或 XML 页面中，并直接在浏览器中解释执行），例如，当用户把鼠标移到网页菜单某个位置时，会产生下拉菜单等。

jQuery 是当前很流行的一个 JavaScript 框架，使用类似于 CSS 的选择器，可以方便地操作 HTML 元素，具有很好的可扩展性，拥有不少插件。jQuery 可以通过选取 HTML 元素，并对选取的元素执行某些操作，例如，当鼠标悬浮在网页中的某个图片上时，会使图片变大等。

JavaScript 和 jQuery 之间的区别与联系——jQuery 是对 JavaScript 的一次封装，而且提供了大量的扩展功能，使用户能更方便地处理 HTML documents，events，实现动画效果，这也造成 jQuery 和 JavaScript 的用法上的不同。

本章的重点是 JavaScript 和 jQuery 的基本使用方法。

8.4 理论讲解部分

8.4.1 任务描述

需求描述如图 8-1 所示。

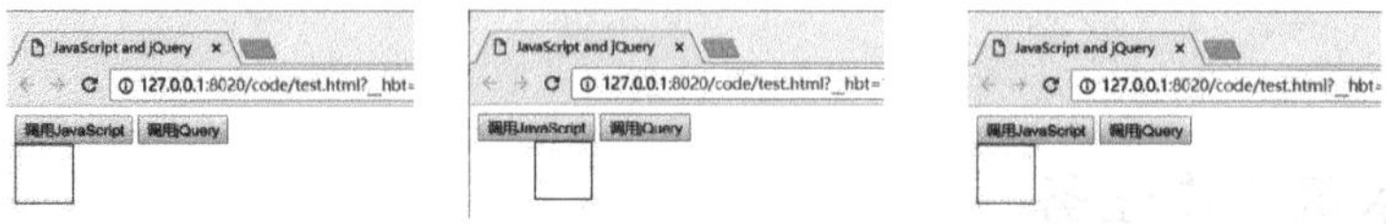

(a)未点击按钮　(b)点击“调用JavaScript”按钮　(c)点击“调用jQuery”按钮

图 8-1　使用 JavaScript 和 jQuery 使方块左右移动

尚需效果（需求）描述如下：

（1）打开网页显示两个按钮和一个方块，如图 8-1（a）所示。

（2）点击“调用 JavaScript”按钮后，界面方块右移 50px，如图 8-1（b）所示。

（3）点击“调用 jQuery”按钮后，界面方块左移 50px，如图 8-1（c）所示。

8.4.2 知识详解

JavaScript 和 jQuery 都能够实现网页动作。但实现方法却略有不同。因此我们使用 JavaScript 编写函数使得点击对应按钮后，页面方块向右；使用 jQuery 编写函数使得点击对应按钮后，页面方块向左。下面为本章任务的全部实现代码。

```
<! DOCTYPE html>
<html>
    <head>
        <meta charset="utf-8">
        <title>JavaScript and jQuery</title>
        <script src="https://cdn.bootcss.com/jquery/1.12.4/jquery.min.js"></script>
        <style>
            #myDiv{
                height: 50px;
                width: 50px;
                border: 1px red solid;
            }
        </style>
    </head>
```

```
    <body>
        <button id="mybtn1" onclick="myMoveByJS()">调用 JavaScript</button>
        <button id="mybtn2">调用 jQuery</button>
        <div id="myDiv" ></div>
        <script>
            var my_x=0;
            function myMoveByJS(){
                my_x=my_x+50;
                var myDiv=document.getElementById("myDiv");
                myDiv.style.marginLeft=my_x+"px";
            }
        </script>
        <script>
            var my_x=0;
                $("#mybtn2").click(function(){
                    my_x=my_x-50;
                    $("#myDiv").css("marginLeft",my_x+"px");
                });
        </script>
    </body>
</html>
```

8.4.2.1 文件引用

在使用 JavaScript 和 jQuery 时需要搭建基本的语言环境。HTML 文件可直接提供 JavaScript 的语言环境，因此 JavaScript 不需要引用文件包；但 jQuery 需要通过引用 jQuery 文件包来搭建其语言环境。

引用 jQuery 文件包有两种途径：一种是直接把 jQuery 文件包下载到本地，引用时将<head>中的<script>标签的 src 属性直接设置为 jQuery 文件包本地路径；另一种则是将<head>中的<script>标签的 src 属性设置为 Bootstrap 为我们提供的 jQuery 文件包的网络地址。在本例中使用的是第二种网络地址的方式。

8.4.2.2 如何编写函数

JavaScript 和 jQuery 在 HTML 中的脚本必须位于<script>与</script>标签之间，它们可被放置在 HTML 页面的<body>部分或<head>部分中。但是注意，jQuery 脚本若放在<head>部分中需要使用文档就绪事件。

8.4.2.3 获取 dom 对象

以 JavaScript 获取 dom 对象时，可以在 DOM 中查找 HTML 元素。其中最简单的方法是通过使用元素的 id，使用 DOM 的 getElementById 方法，根据对象的 id 来获取该对象的句柄。本例中“var myDiv=document.getElementById("myDiv")”即用到了上述方法，如果找到该元素，则该方法将以对象的形式返回该元素给变量 myDiv；如果未找到该元素，则 x 将包含 null。

jQuery 获取对象时，可以通过 jQuery 选择器直接对 HTML 元素组或单个元素进行操作，所有选择器都以 $ 符号开头。#id 选择器通过 HTML 元素的 id 属性选取指定的元素。本例中"$("#myDiv")"即用到了上述方法，用 #id 的格式选中了该元素。

8.4.2.4 通过调用函数来对 HTML 事件进行响应

在 JavaScript 和 jQuery 中都有函数和事件的概念。事件发生时我们一般需要通过调用函数来对其响应。

JavaScript 函数响应事件时，直接将事件写在 HTML 对象中，事件等号右边写上函数即可。本例中的"<button id="mybtn1" onclick="myMoveByJS()">调用 JavaScript</button>"，mybtn1 按钮对象中就使用到 onclick 鼠标点击事件。

jQuery 函数响应事件时，直接将事件跟在 HTML 对象后，本例中的"$("#mybtn2").click()"，先用#id 选择器选择按钮 mybtn2，然后用"."连接鼠标点击事件，函数参数放在 click 后的括号中。

8.4.3 实现步骤

步骤 1：在 HTML 中引入 js 和 jq。新建一个 HTML 文件，在 HTML 文件中输入以下代码来搭建网页的环境。由于 JavaScript 不需要引用文件包，只需要通过<script>标签的 src 属性引用一个 jQuery 文件包，因此可以在下载 jQuery 文件包后引用其本地路径，也可以直接引用由 Bootstrap 提供的 jQuery 文件包的网络地址。这里我们引用 jQuery 文件包的网络地址。

代码如下：

```
<head>
    <meta charset="utf-8">
    <title>JavaScript and jQuery</title>
    <script src="https://cdn.bootcss.com/jquery/1.12.4/jquery.min.js"></script>
</head>
```

步骤 2：在网页上放置两个按钮和一个方块。使用<Button>标签设计两个 Button 按钮，分别用于触发 JavaScript 和 jQuery 的事件。使用<div>标签设计一个 div（id 为 myDiv），通过改变该 div 的样式使其在网页上显示为方块。点击按钮后，这个 div 方块左右移动。

HTML 页面内容代码如下：

```
<body>
    <button id="mybtn1" onclick="myMoveByJS()">调用 JavaScript</button>
```

```
    <button id="mybtn2">调用 jQuery</button>
    <div id="myDiv" ></div>
</body>
```

Div 样式代码如下：

```
<style>
    #myDiv{
        height: 50px;
        width: 50px;
        border: 1px red solid;
    }
</style>
```

步骤 3：使用 JavaScript 编写一个响应鼠标点击事件的函数，作用是函数执行时可以使 div 块右移。设置一个 my_ X 变量，每执行一次函数，此变量增加 50px，并使用 DOM 的 getElementByld 方法根据 div 块的 id 来获取该 div。将该获取的对象（div）样式中的左边距（marginleft）值设为变量值，并在“点击 JavaScript”按钮中使用 onclick 事件属性把 myMoveByJS（）函数与按钮关联起来。

代码如下：

```
<script>
    var my_x=0;
    function myMoveByJS(){
        my_x=my_x+50;
        var myDiv=document.getElementById("myDiv");
        myDiv.style.marginLeft=my_x+"px";
    }
</script>
```

步骤 4：使用 JavaScript 编写一个响应鼠标点击事件的函数，作用是函数执行时可以使 div 块左移。设计一个 jQuery 函数，作用是函数执行时可以使 div 块右移。设置一个 my_ X 变量，每执行一次函数，此变量减少 50px，并使用“#id 选择器”根据 div 块的 id 来获取该 div 的句柄。将该获取的对象（div）样式中的左边距（marginleft）值设为变量值，并用“#id 选择器”根据按钮 mybtn2 的 id 来获取该按钮，之后选择 click 事件，最后用括号包裹函数脚本。

代码如下：

```
<script>
    var my_x=0;
        $("#mybtn2").click(function(){
            my_x=my_x-50;
            $("#myDiv").css("marginLeft",my_x+"px");
        });
</script>
```

8.5 本章总结

本章实现的工作：在 HTML 页面放置按钮和 div 方块，为按钮配置触发事件，利用 JavaScript 和 jQuery 编写响应函数实现控制方块左右移动。

本章掌握的技能：①jQuery 如何引用文件包；②JavaScript 和 jQuery 如何通过元素 id 选中页面元素；③JavaScript 和 jQuery 函数响应 HTML 事件的方法；④在 JavaScript 和 jQuery 中如何修改元素样式。

8.6 本章作业

➢ 实现本章涉及的 1 个示例，即在点击按钮后，页面上的方块左右移动。

➢ 设计一个带有“红绿灯”图案和三个按钮的网页，如图 8-2（a），实现点击“红灯”按钮后，网页中的“红绿灯”图案中的第一个圆圈显示红色，其余皆为白色，如图 8-2（b）所示；点击“黄灯”按钮后，网页中的“红绿灯”图案中的第二个圆圈显示黄色，其余皆为白色，如图 8-2（c）所示；点击“绿灯”按钮后，网页中的“红绿灯”图案中的第三个圆圈显示绿色，其余皆为白色，如图 8-2（d）所示。网页界面如图 8-2 所示。

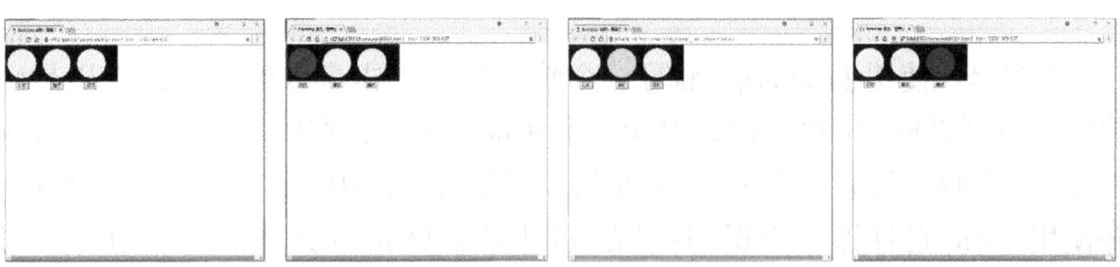

(a)未点击按钮时　(b)点击“红灯”按钮　(c)点击“黄灯”按钮　(d)点击“绿灯”按钮

图 8-2　使用 JavaScript 和 jQuery 实现“红绿灯”变色

9 页面响应式布局实现（Bootstrap）

9.1 本章工作任务

设计软件研发中心首页，使其具有响应式布局。即当浏览器大小发生变化时，网页的内容和布局会根据浏览器大小自动调整。

9.2 本章技能目标

- 掌握在页面中引用 Bootstrap 响应式布局文件包的方法。
- 掌握使用 Bootstrap 中的组件和全局 CSS 样式实现响应式布局的方法。
- 掌握使用 Bootstrap 的栅格系统实现响应式布局的方法。

9.3 本章简介

Bootstrap 是基于 HTML、CSS、JavaScript 开发的简洁、直观、强悍的前端开发框架。Bootstrap 的文件包包括了网页的基本结构、CSS 样式、布局组件、JavaScript 插件等，用户使用 Bootstrap 时只需要直接调用文件包中的内容就能够完成网页的编写，极大地简化了网页的编写过程。

Bootstrap 提供了一个带有网格系统、链接样式、背景的基本结构，这就是栅格系统。栅格系统能够通过改变网页中组件的位置来响应网页的大小，随着屏幕或视口（viewport）尺寸的增加，系统会自动分为最多 12 列。在网页设计中，它是一种用于快速创建一致的布局和有效地使用 HTML 和 CSS 的方法。

本章的重点是 Bootstrap 中的栅格系统和组件的使用。

9.4 理论讲解部分

9.4.1 任务描述

需求描述如图 9-1 所示。

尚需效果（需求）描述如下：

（1）在大屏幕（≥1200px），即 PC 浏览器全屏，网页显示效果如图 9-1（a）所示。

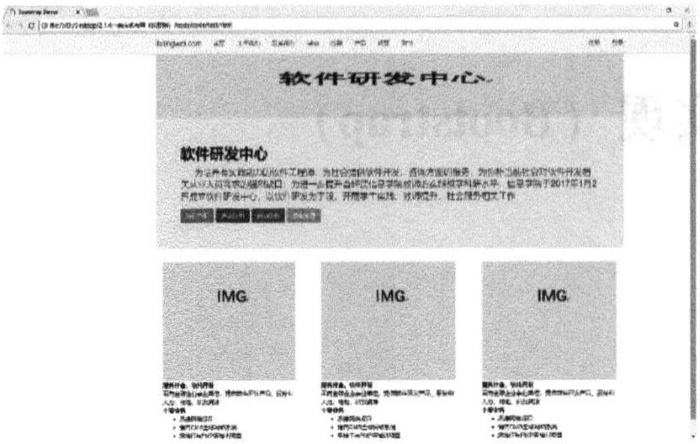

(a)大屏幕

(b)中等屏幕

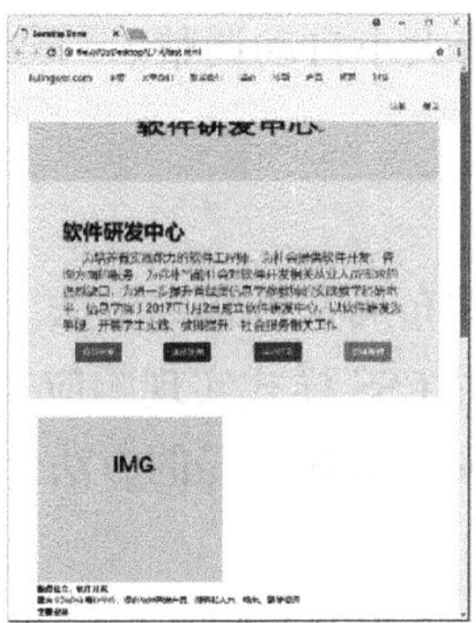

(c)小屏幕

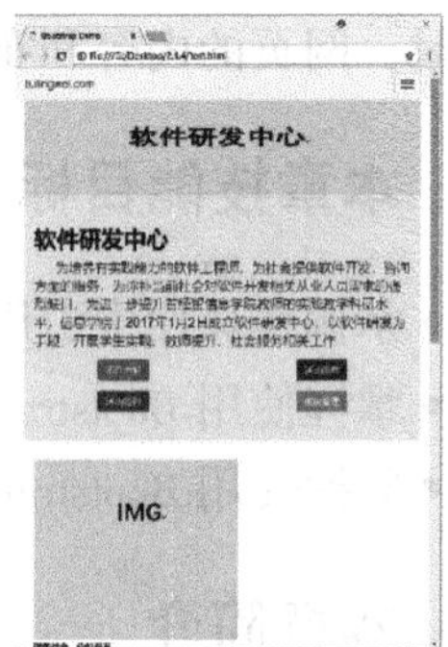

(d)超小屏幕

图 9-1　响应式网页

（2）在中等屏幕（≥992px），即 PC 浏览器全屏，网页显示效果如图 9-1（b）所示。

（3）在小屏幕（<992px），即平板全屏，网页显示效果如图 9-1（c）所示。

（4）在超小屏幕（<768px），即手机全屏，网页显示效果如图 9-1（d）所示。

9.4.2　知识详解

9.4.2.1　在网页中引入 Bootstrap 文件包

在使用 Bootstrap 前需要引用 Bootstrap 文件包。引用 Bootstrap 文件包有两种途径：一种是在 Bootstrap 中文官网（http：//www. bootcss. com）下载 Bootstrap 文件包到本地，在前端页面中直接引用；另一种是在网页上直接引用 Bootstrap 文件包的网络地址对该文件包进行加载。由于 Bootstrap 中文网为 Bootstrap 专门构建了免费的 CDN 加速服务（即网络引用 Bootstrap 文件包），访问速度更快、加速效果更明显、没有速度和带宽限制，这里建议通过网络地址引用 Bootstrap 文件包。通过网络地址引用 Bootstrap 文件包的代码如下：

```
<head>
    <link rel="stylesheet"
    href="https://cdn.bootcss.com/bootstrap/3.3.7/css/bootstrap.min.css">
    <script src="https://cdn.bootcss.com/jquery/2.1.1/jquery.min.js"></script>
    <script src="https://cdn.bootcss.com/bootstrap/3.3.7/js/bootstrap.min.js"></script>
<head>
```

9.4.2.2 全局 CSS 样式和组件

Bootstrap 中的全局 CSS 样式包括栅格系统、排版样式、代码样式、表格样式、表单样式、按钮样式、图片样式、辅助类样式、响应式工具样式等众多样式，基本的 HTML 元素均可以通过 class 设置样式并得到增强效果。而 Bootstrap 中的组件包括字体图标、下拉菜单、导航、警告框、弹出框等众多功能。

用户可直接前往 Bootstrap 中文官网（http：//www.bootcss.com）或者菜鸟教程网（http：//www.runoob.com）查找全局 CSS 样式的代码和组件的代码，并将其使用在自己的网页当中实现响应式布局。

9.4.2.3 栅格系统

栅格系统用于通过一系列的行（row）与列（column）的组合来创建页面布局，你所需要的内容就可以放入这些创建好的布局中。Bootstrap 栅格系统的工作原理：①“行（row）”必须包含在 .container（固定宽度）或 .container-fluid（100%宽度）中，以便为其赋予合适的排列（aligment）和内补（padding）。②通过“行（row）”在水平方向创建一组“列（column）”。③你的内容应当放置于“列（column）”内，并且，只有“列（column）”可以作为“行（row）”的直接子元素。④类似 .row 和 .col-xs-4 这种预定义的类，可以用来快速创建栅格布局。Bootstrap 源码中定义的 mixin 也可以用来创建语义化的布局。⑤通过为“列（column）”设置 padding 属性，从而创建列与列之间的间隔（gutter）。通过为 .row 元素设置负值 margin 从而抵消掉为 .container 元素设置的 padding，也就间接为“行（row）”所包含的“列（column）”抵消掉 padding。⑥如果一“行（row）”中包含的“列（column）”大于 12，多余的“列（column）”所在的元素将被作为一个整体另起一行排列。⑦栅格类适用于屏幕宽度大于或等于分界点大小的设备，并且针对小屏幕设备覆盖栅格类。因此，在元素上应用任何 .col-md-* 栅格类适用于屏幕宽度大于或等于分界点大小的设备，并且针对小屏幕设备覆盖栅格类。因此，在元素上应用任何 .col-lg-

＊不存在，也影响大屏幕设备。

实际上，使用单一的一组 . col-md-＊栅格类，就可以创建一个基本的栅格系统。效果如图 9-2 所示。

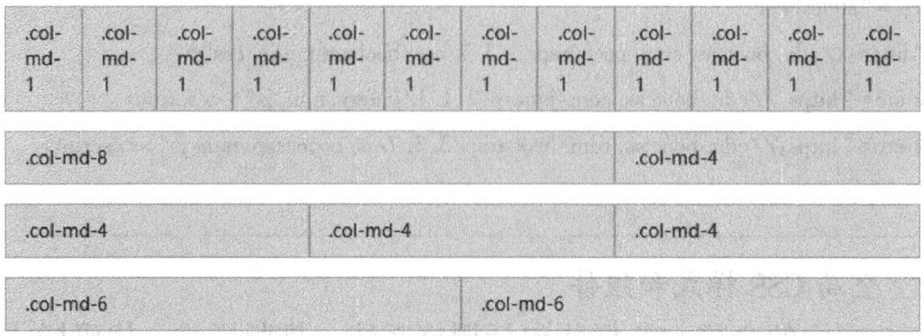

图 9-2 简单栅格系统效果

9.4.3 实现步骤

步骤 1：新建一个 HTML 文件，在 HTML 文件中输入以下代码来构建 Bootstrap 的环境。首先在<head>部分插入三个<meta>标签，它们分别表示：①页面使用中文编码；②告诉 IE 浏览器，IE8/9 及以后的版本都会以最高版本 IE 来渲染页面；③设置页面的宽度及初始缩放比例。随后通过网络地址分别引用 Bootstrap 关于 HTML、CSS、JavaScript 的文件包。这部分代码可以参考 Bootstrap 中文官网中“起步”板块（https：//v3.bootcss. com/getting-started）下的“基本模板”部分。

代码如下：

```
<head>
<meta charset = " utf-8" >
    <meta http-equiv = " X-UA-Compatible"  content = " IE = edge" >
    <meta name = " viewport"  content = " width = device-width, initial-scale = 1" >
    <title>Bootstrap Demo</title>
    <link rel = " stylesheet" href = " https ://cdn. bootcss. com/bootstrap/3. 3. 7/css/bootstrap. min. css" >
    <script src = " https ://cdn. bootcss. com/jquery/2. 1. 1/jquery. min. js" ></script>
    <script src = " https ://cdn. bootcss. com/bootstrap/3. 3. 7/js/bootstrap. min. js" ></script>
<head>
```

步骤 2：设计一个顶部导航栏。导航栏是 Bootstrap 的一个重要组件，可直接去网站查找对应代码。在菜鸟教程官网中的“学习 Bootstrap3”板块（http：//www. runoob. com/bootstrap）左侧包括了 Bootstrap 的对应组件和样式的菜单。我们找到布局组件菜单中的导航栏，将“响应式导航栏”代码粘贴进 HTML 文档中，修改菜单文字内容，就可以得到一个初步的导航栏。

之后可以给<nav>加一个“navbar-fixed-top”类使导航栏固定在顶部，给<ul>加一个“navbar-right”的类使包含“注册”“登录”的列表居右。此时网页界面如图 9-3 所示。

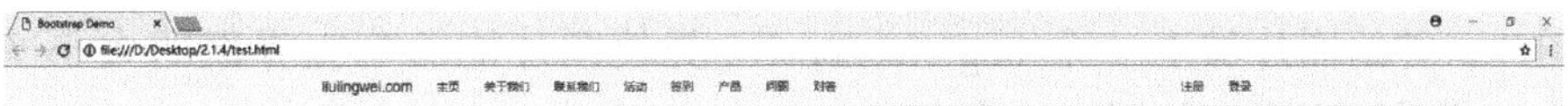

图 9-3　网页大屏幕页面

代码如下：

```
<nav class="navbar navbar-default navbar-fixed-top">
        <div class="container">
        <div class="navbar-header">
            <button type="button" class="navbar-toggle" data-toggle="collapse"
                data-target=". navbar-collapse">
                <span class="icon-bar"></span>
                <span class="icon-bar"></span>
                <span class="icon-bar"></span>
            </button>
            <a class="navbar-brand" href="#">liuiingwei. com</a>
        </div>
        <div class="collapse navbar-collapse">
            <ul class="nav navbar-nav">
                <li><a href="#">主页</a></li>
                <li><a href="#">关于我们</a></li>
                <li><a href="#">联系我们</a></li>
                <li><a href="#">活动</a></li>
                <li><a href="#">签到</a></li>
                <li><a href="#">产品</a></li>
                <li><a href="#">问题</a></li>
                <li><a href="#">对答</a></li>
            </ul>
            <ul class="nav navbar-nav navbar-right">
                <li><a href="#">注册</a></li>
                <li><a href="#">登录</a></li>
            </ul>
        </div>
        </div>
    </nav>
```

步骤 3：设计一张图片放置在导航栏下方，在导航栏下插入一个 div，套用 container 类使 div 有一定的宽度并居中；套用 body-content 类，使 div 有一个简单的内容样式；随后插入一个 div 用于放入图片，利用 CSS 给 img 和 div 设计简单的样式，其中 margin-top：50px 样式是为了使导航条不遮盖图片；并给图片加上一个 img-responsive 类使图片能够响应界面的大小变化。此时网页界面如图 9-4 所示。

图 9-4　网页大屏幕页面

代码如下：

```
<div class = " container body-content" >
<div style = " width: 100% ;height: 100% ;z-index: -1 ;margin-top: 50px;" >
<img src = " 界面.jpg"  class = " img-responsive"  style = " width: 100% ;height: 150px;" >
</div>
```

步骤 4：设计一个巨幕放置在图片下方。在图片下方插入一个 div 作为巨幕来放置文字和按钮，我们为它套用一个巨幕的 jumbotron 类，给文字套用一个强调文字的 lead。利用栅格系统放置四个按钮，使它们在大屏幕中分别占1 列（在栅格系统中整个屏幕占 12 列），在中屏幕中分别占 2 列，在小屏幕中分别占 3 列，在超小屏幕中分别占 6 列。此时网页界面如图 9-5 所示。

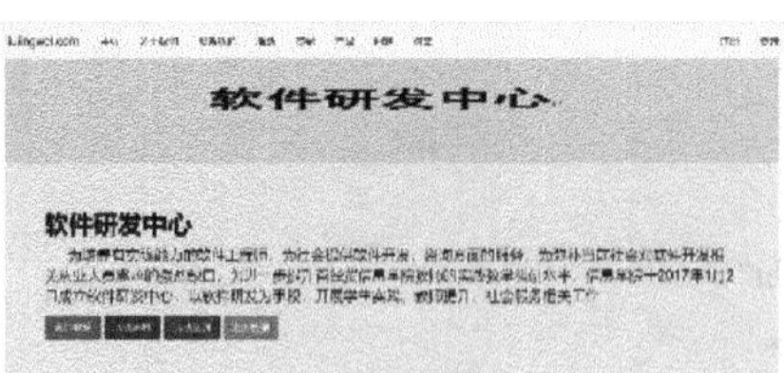

(a)大屏幕

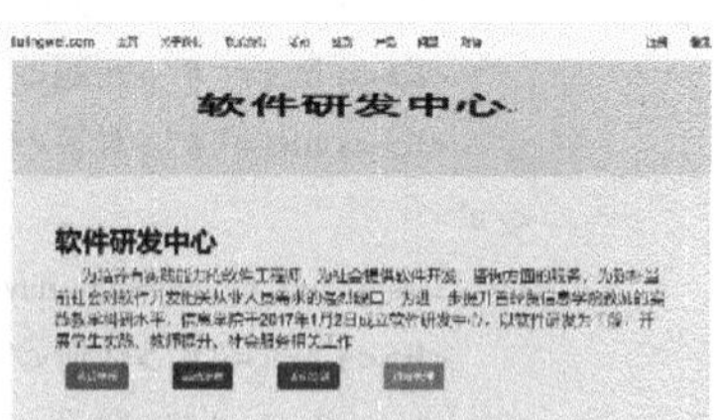

(b)中等屏幕

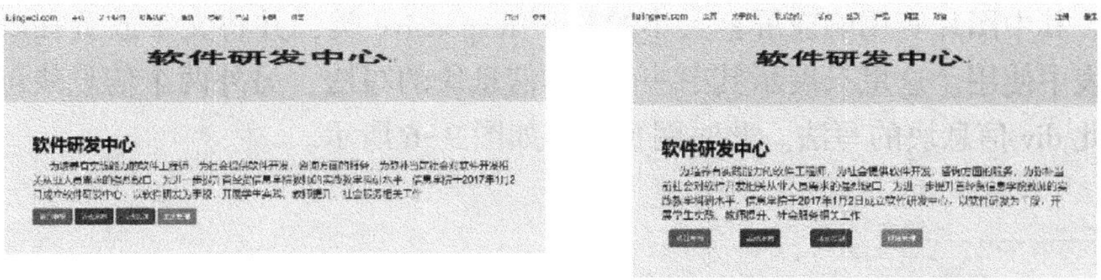

(a)大屏幕　　　　(b)中等屏幕

图 9-5　网页页面

代码如下：

```
<div class="jumbotron">
    <h1 style="font-size: 36px;font-weight: bold;">软件研发中心</h1>
    <p class="lead">      为培养有实践能力的软件工程师，为社会提供软件开发、咨询方面的服务，为弥补当前社会对软件开发相关从业人员需求的强烈缺口，为进一步提升首都经济贸易大学信息学院教师的实践教学、科研水平，信息学院于 2017 年 1 月 2 日成立软件研发中心，以软件研发为手段，开展学生实践、教师提升、社会服务相关工作</p>
    <div class="row">
        <div class="col-lg-1 col-md-2 col-sm-3 col-xs-6">
            <p style="text-align: center;"><a href="#" class="btn btn-success btn-large">项目申报</a></p>
        </div>
        <div class="col-lg-1 col-md-2 col-sm-3 col-xs-6">
            <p style="text-align: center;"><a href="#" class="btn btn-primary btn-large">活动发布</a></p>
        </div>
        <div class="col-lg-1 col-md-2 col-sm-3 col-xs-6">
            <p style="text-align: center;"><a href="#" class="btn btn-danger btn-large">活动签到</a></p>
        </div>
        <div class="col-lg-1 col-md-2 col-sm-3 col-xs-6">
            <p style="text-align: center;"><a href="#" class="btnbtn-warning btn-large">进度管理</a></p>
        </div>
</div>
</div>
```

步骤 5：设计 3 个 div 信息块放置文字和图片信息，使得 3 个 div 信息块能够在中屏幕和大屏幕时，同行显示；在小屏幕和超小屏幕时，分 3 行显示。在这里我们给用于放置文字和图片的 div 设置一个 col-md-4 的类，它表明这个 div 在中屏幕和大屏幕时占 4 列，在小屏幕和超小屏幕时占满 12

列。其中图片套用响应屏幕大小的 img-responsive 类，并将文字放置在<dl>列表中使用。这里只展示其中一个 div 信息块的写法，另外两个信息块可仿照此 div 信息块的写法。此时网页界面如图 9-6 所示。

(a)大屏幕

(b)中等屏幕

(c)小屏幕

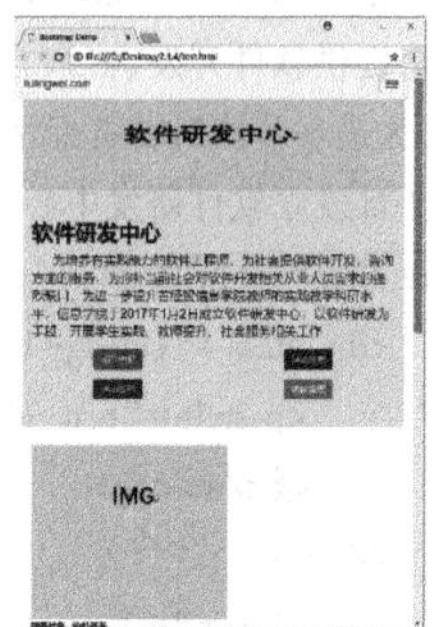

(d)超小屏幕

图 9-6　网页界面

代码如下：

```
<div class="row">
    <div class="col-md-4">
        <div class="col-md-12">
            <img src="/Content/img/图片.jpg" class="img-responsive">
        </div>
        <div class="col-md-12">
            <dl>
                <dt>服务社会,软件开发</dt>
                <dd>
                    面向全球企业事业单位,提供软件开发产品、服务和人力、场地、研发资源<br>
                    <strong>主要业务</strong>
                    <ul>
                        <li>承接网络项目</li>
```

```
                    <li>销售 CMS 全球网络系统</li>
                    <li>承接 IT 与 PMP 等培训项目</li>
                    <li>提供机房和考试服务</li>
                </ul>
            </dd>
        </dl>
    </div>
  </div>
</div>
```

9.5 本章总结

本章实现的工作：利用 Bootstrap 技术实现软件研发中心首页的编写。为网页添加导航栏、自适应浏览器大小图片、巨幕、能够根据浏览器大小改变布局的按钮组、能够根据浏览器大小改变布局的 div 信息块。

本章掌握的技能：①引用 Bootstrap 文件包；②使用<nav>控件实现网页的导航栏；③使用 img-responsive 类使图片能够自动适应浏览器大小；④使用 jumbotron 类实现网页的巨幕；⑤使用栅格系统使得 4 个按钮和 3 个 div 信息块能够在浏览器大小变化时改变布局。

9.6 本章作业

➢ 实现本章涉及的 1 个示例，即实现软件研发中心首页的编写。

➢ 综合应用 Bootstrap 的导航栏、表单、按钮、面板、栅格布局等相关知识，设计完成一个网页。当浏览器大小为桌面（大屏幕）时，网页显示如图 9-7（a）所示；当浏览器大小为手机（超小屏幕）时，网页显示如图 9-7（b）所示。

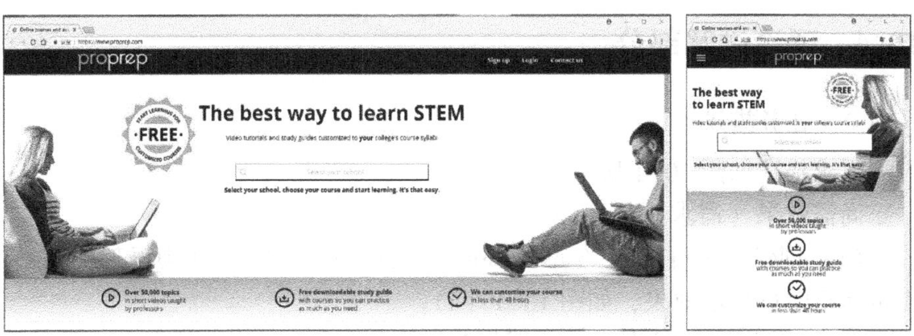

(a)大屏幕网页页面　　(b)超小网页页面

图 9-7　网页页面

10 MVC. net 全栈开发项目创建

10.1 本章工作任务

使用 Visual Studio 创建一个以 MVC. net 为框架的项目，并在 IIS 中将其对外发布。

10.2 本章技能目标

- 掌握使用 Visual Studio 创建以 MVC. net 为框架的项目的方法。
- 掌握网站的文件结构。
- 掌握用 IIS 搭建 Web 服务器并给项目配置域名的方法。

10.3 本章简介

Visual Studio 是目前最流行的 Windows 平台应用程序的集成开发环境。其中 MVC. net 是 Web 的经典框架，可以快速实现一种动态的程序设计，使后续对程序的修改和扩展简化，并且使程序某一部分的重复利用成为可能。除此之外，此模式通过对复杂度的简化，使程序结构更加直观。

IIS 是由微软公司提供的，基于运行 Microsoft Windows 而产生的互联网基本服务。我们可以使用 IIS 对网站进行对外发布。

本章的重点是 MVC. net 网站的创建和利用 IIS 发布网站。

10.4 理论讲解部分

10.4.1 任务描述

需求描述如图 10-1 所示。

尚需效果（需求）描述如下：

（1）创建一个可以在 Visual Studio 中运行的以 MVC. net 为框架的网站，点击运行时可显示效果，如图 10-1（a）。

（2）了解网站的文件结构，即相关文件存放在哪一个文件夹，如图 10-1（b）。

（3）使用 IIS 的 Web 服务器将网站对外发布，如图 10-1（c）。

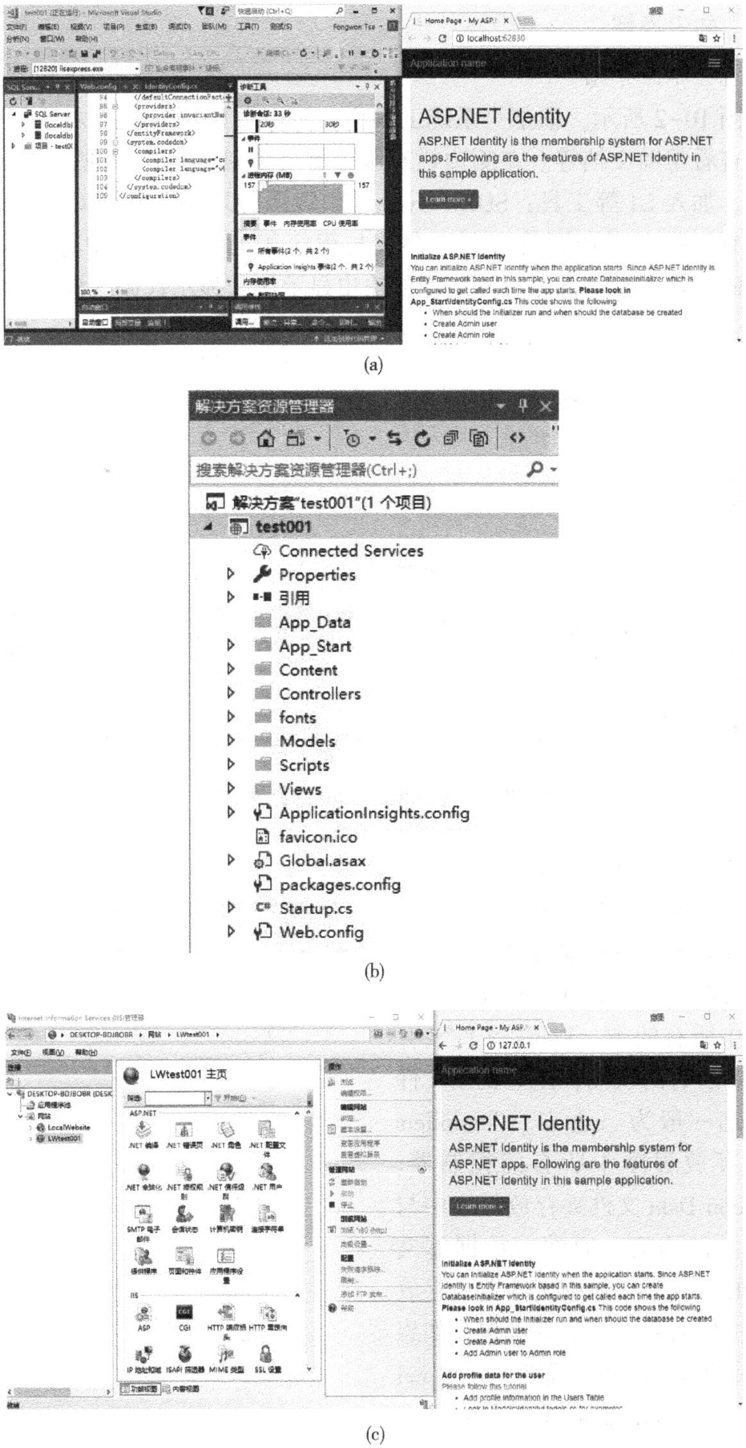

图 10-1 创建以 MVC. net 为框架的网站

10.4.2 知识详解

10.4.2.1 界面介绍

如图 10-2 所示，顶部是系统工具栏，可以创建项目、导入项目、运行项目，查看帮助文档等。左侧边栏有服务器资源管理器，管理服务器资源；工具箱，加入 UI 等工具；SQL Server 对象资源管理器，管理对象资源。右侧边栏有解决方案资源管理器，存放与程序相关的文件。中部是代码区，进行代码的输入。底部是程序编译的输出显示区，显示代码编译后的结果。

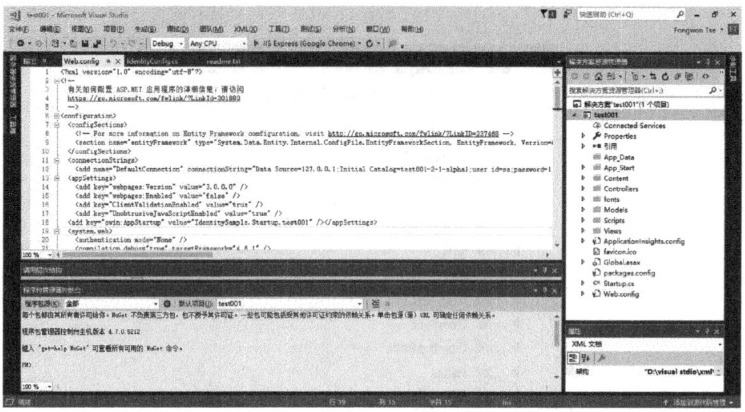

图 10-2 Visual Studio 的界面介绍

10.4.2.2 文件目录结构

在 VS 界面（如图 10-3）右侧边栏的解决方案资源管理器中有着许多文件和文件夹。其中 Models 文件夹存放程序中所有的类。Views 文件夹存放程序中所有的视图，注意视图文件的后缀名一般为 . cshtml。Controllers 文件夹存放程序中所有的控制器。Application Data 文件夹存放程序中与数据有关的内容，通常有数据库文件、SQL 脚本等。引用文件夹中存放的是程序中需要使用的外部包，如想要生成一张 Excel 表，需要引用 Excel 相关的包。Application start 存放程序运行时需要的预加载文件。Content 中存放网站相关的文件，包括 CSS，

图 10-3 Visual Studio 的文件目录结构

images 等。Fonts 中存放字体相关文件。Scripts 中存放脚本文件。Web config 中存放网站的配置文件，其中 connectString 中配置数据库连接值。

10.4.2.3 IIS 的配置

IIS 是一种 Web（网页）服务组件。在为网站配置地址前，每次运行网站，服务器会自动生成一个新地址，使网站被正确访问，但是这个过程耗时较长，不利于程序的调试。配置 IIS 后，不需要点击 Visual Studio 中的运行，直接在浏览器中输入本机地址，节省运行时间、提高效率，如图 10-4 所示。

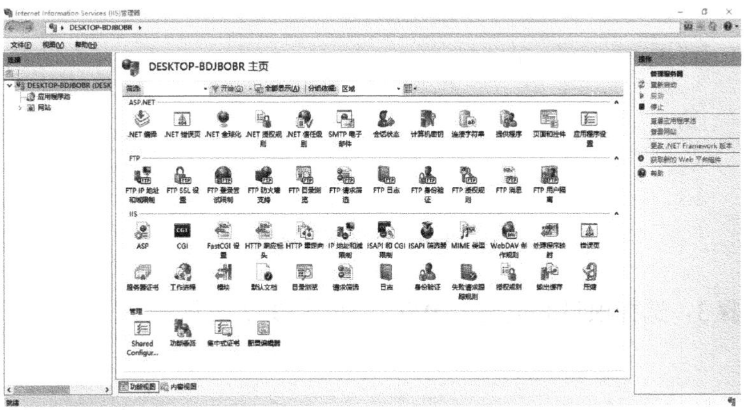

图 10-4 IIS 的配置

10.4.3 实现步骤

步骤 1：连接本机 SQL Server，服务器名称为 127.0.0.1。选择 SQL Server 身份验证，输入用户名和密码，进行连接（由于创建过程中需要使用 SQL，所以提前测试，以防引用时出现错误），如图 10-5 所示。

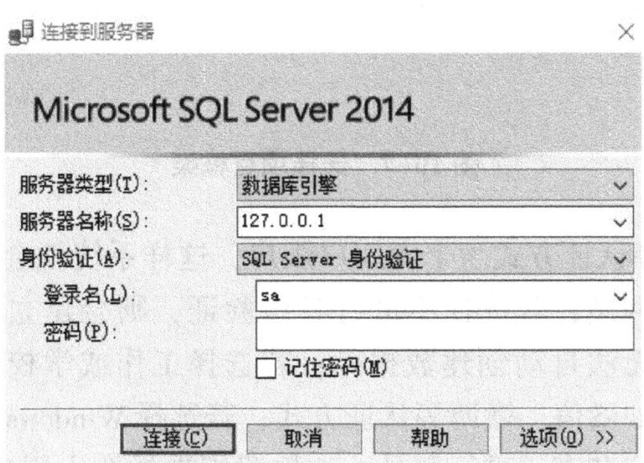

图 10-5 连接 SQL Server 数据库

步骤 2：创建 MVC. net Web 应用程序，在 Visual Studio 菜单栏中，选择文件>新建>项目，选择 C#语言>Web>ASP. net Web 应用程序，如图 10-6 所示。

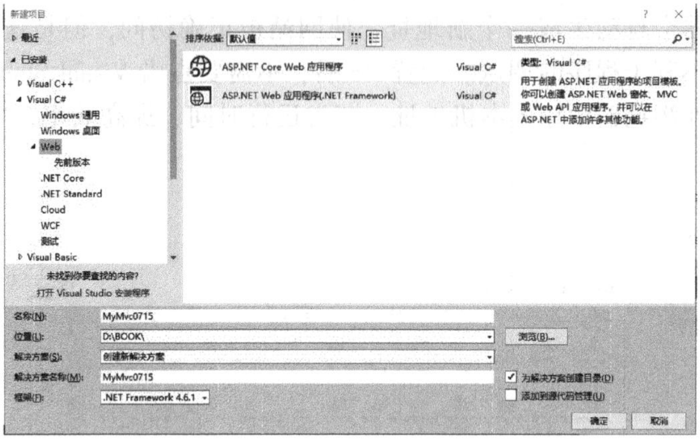

图 10-6　选择项目类型

步骤 3：选择项目的类型为 MVC，如图 10-7 所示。

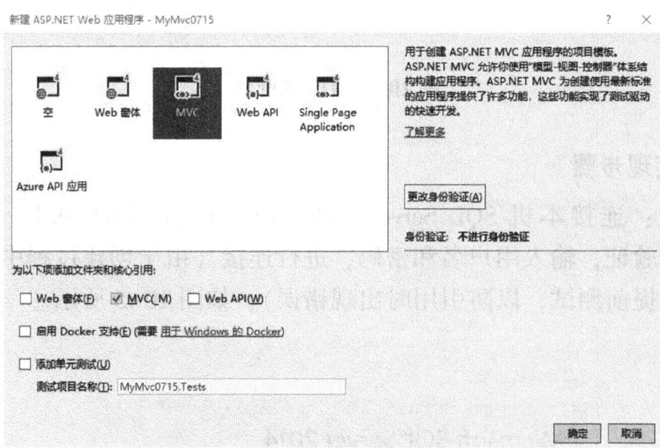

图 10-7　选择项目框架

步骤 4：选择认证方式为个人用户账户，这样系统就会自动创建一个有用户注册登录的网站；若选择不进行身份验证，则会建立一个无用户注册登录的网站，就无法自动创建数据库；若选择工作或学校账户，就会连接第三方账户，比如微信、微博等认证方式；若选择 Windows 身份验证，则使用 Windows 的账户和密码进行登录。这里我们选择个人用户账户进行认证，如图 10-8 所示。

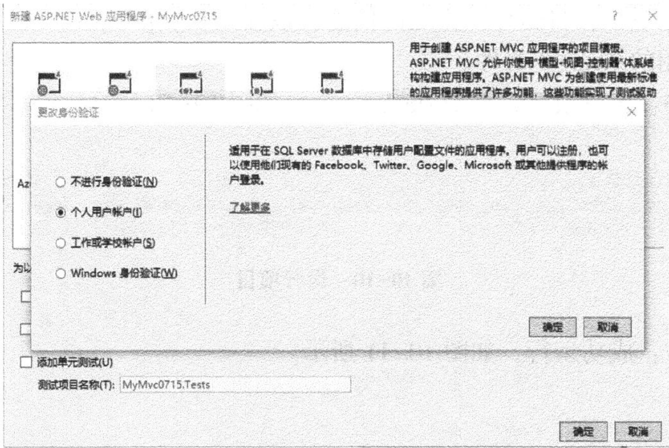

图 10-8　选择认证方式

步骤 5：在 Web. Config 文件中，配置链接数据库的信息（connectionString），如图 10-9 所示。

图 10-9　配置 Web. Config 文件中的 connectionStrings

代码如下：

```
<connectionStrings>
    <add name = " DefaultConnection"
            connectionString = " Data Source = 127. 0. 0. 1;
            Initial Catalog = test001-2-1-alpha1;
            user id = sa; password = 1;"
            providerName = " System. Data. SqlClient" />
</connectionStrings>
```

其中配置了两个连接字符串：name = " DefaultConnection" 用于默认连接 SQL Server 的连接串，connectionString 中 Server 表示服务器地址或名称，database 表示数据库名称，user id 和 password 表示登录 SQL Server 使用的账号

密码，请注意根据自己计算机上的信息更改输入值，providerName 表示连接数据库使用的系统 dll 文件。

步骤 6：运行项目，点击 IIS Express，如图 10-10 所示。

图 10-10　运行项目

步骤 7：成功运行，如图 10-11 所示。

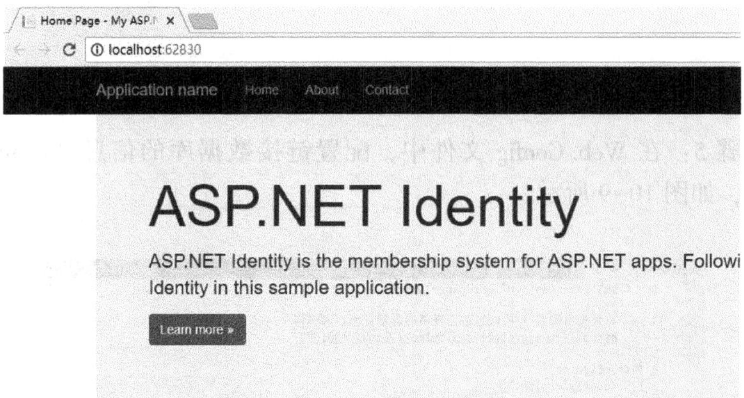

图 10-11　成功运行项目

步骤 8：打开 IIS（Internet Information Services），进行网站的配置，如图 10-12 所示。

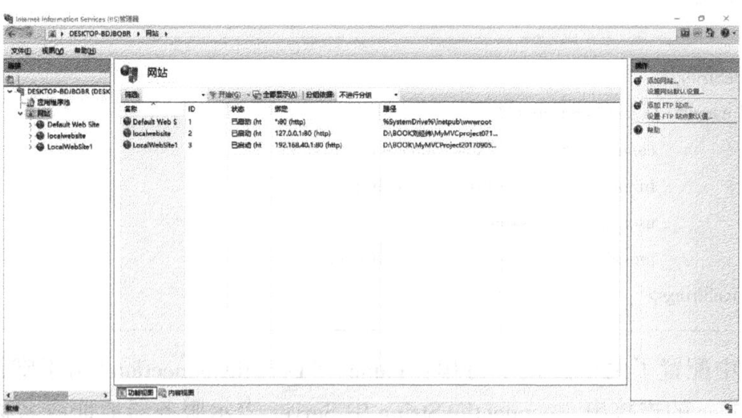

图 10-12　打开 IIS

步骤 9：添加刚创建的新网站，如图 10-13 所示。

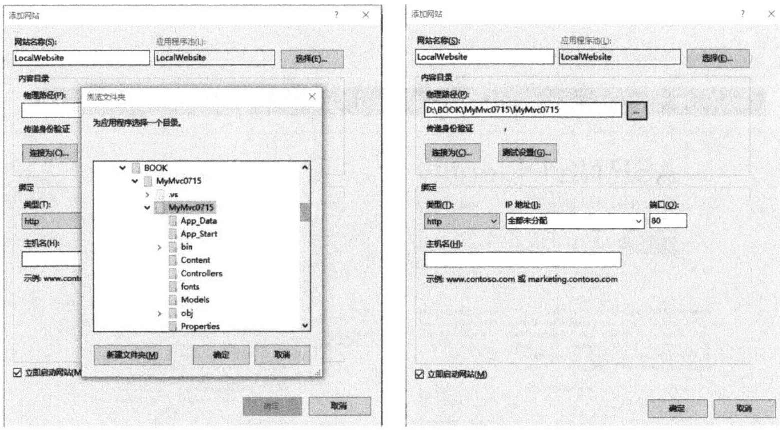

(a) 选择物理路径　　　　(b) 确认添加

图 10-13　添加网站

步骤 10：特别注意的是，若运行项目后仅显示目录结构，即没有图形界面，表示本计算机需要进行 IIS 的系统配置，即控制面板>程序>启用或关闭 Windows 功能>全选 IIS 下的功能，如图 10-14 所示。

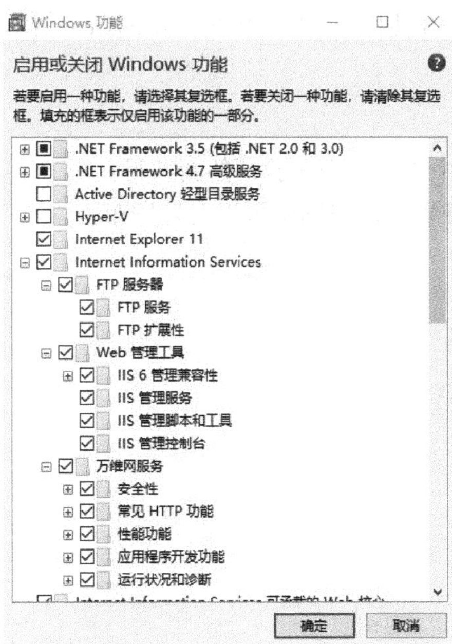

图 10-14　特别注意配置 IIS 的功能

步骤 11：在浏览器地址栏输入 127.0.0.1，运行网站，如图 10-15 所示。

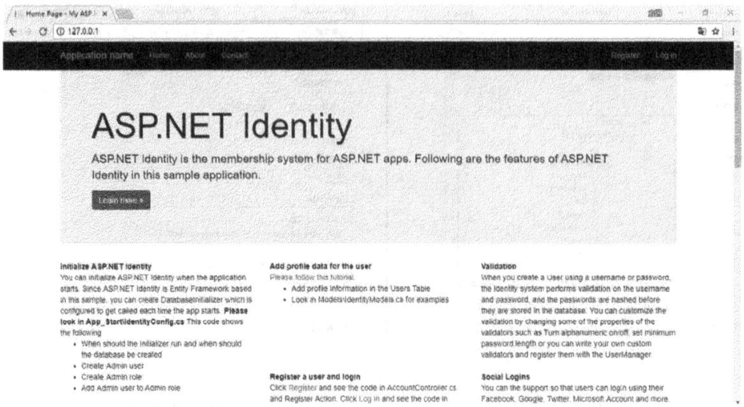

图 10-15　通过本机地址运行网站

10.5　本章总结

本章实现的工作：采用 MVC. net 框架建立网站，并将网站对外发布。

本章掌握的技能：①使用 Visual Studio 创建 MVC. net 框架的网站；②了解网站的文件结构；③使用 IIS 配置域名，使网站可由本机地址访问。

10.6　本章作业

- 创建一个以个人账户身份验证的新项目。
- 搭建 IIS 服务器，使得网站可以对外发布。

11　MVC. net 用户角色权限实现

11.1　本章工作任务

为 MVC. net 项目添加用户角色权限机制，使得通过网页中角色管理和用户管理按钮添加角色和用户，并为不同的用户分配角色。

11.2　本章技能目标

- 掌握在 MVC. net 中预添加用户角色机制和代码的方法。
- 掌握页面中创建角色的方法。
- 掌握页面中创建用户并分配角色的方法。

11.3　本章简介

用户—角色—权限机制是管理信息系统中分配权限的经典机制，它为每个用户分配相应的角色；不同的角色具有不同的权限，即通过用户的角色分配权限。用户—角色—权限机制可以实现角色和用户的添加，并为用户分配角色，方便管理员对于用户的权限进行管理。（注：本节不讲解实现权限的前端展示和后端访问的方法，该部分将放到后续章节）

本章将重点讲解用户角色权限系统的加载方法。

11.4　理论讲解部分

11.4.1　任务描述

需求描述如图 11-1 所示。

尚需效果（需求）描述如下：

（1）登录管理员账户（仅有管理员有权限创建角色和用户），如图 11-1（a）所示。

（2）点击导航栏中的 RoleAdmin，创建新角色，如图 11-1（b）所示。

（3）点击导航栏中的 UserAdmin，创建新用户并匹配角色，如图 11-1（c）所示。

（4）显示添加结果，如图 11-1（d）所示。

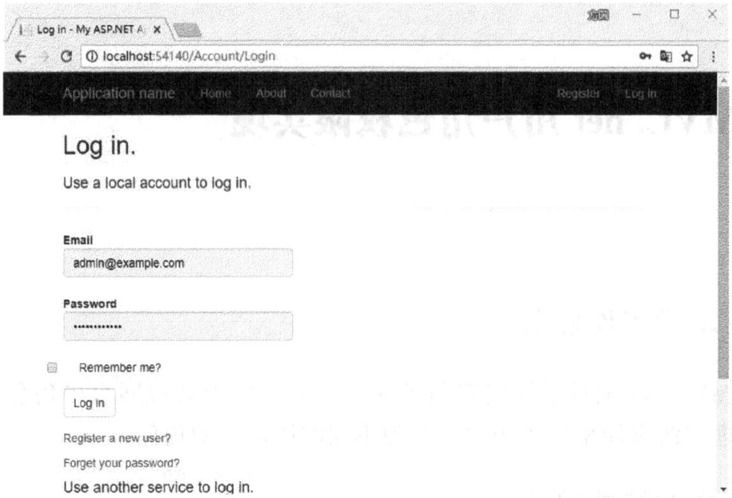

(a)登录网站

(b)添加角色

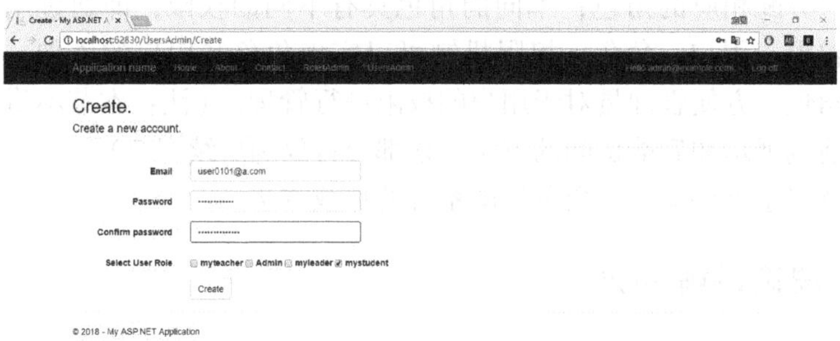

(c)添加用户并匹配角色

(d)添加结果

图 11-1　创建用户角色权限系统

11.4.2 知识详解

角色是拥有相似权限的用户组，比如，A 学校的“学生”“教师”“管理员”；用户是相应角色的具体个体，比如，“学生张三”“教师王五”；权限是拥有的权力，比如，“教师”可以“创建活动”。

角色和用户是多对多的关系，多个角色可以有多个用户，比如，一个班级中可以有多个“学生”，如图 11-2 所示。

	张三	李四	王五	吴六
学生	√	√		
教师			√	√
管理员				√

图 11-2　角色和用户的关系

角色和权限也是多对多的关系，如图 11-3 所示。“学生”可以“参加活动”，“教师”可以“创建活动”和“参加活动”，“管理员”可以“参加活动”、“创建活动”和“批准活动”。

	参加活动	创建活动	批准活动
学生	√		
教师	√	√	
管理员	√	√	√

图 11-3　角色和权限的关系

实现本章的关键步骤：

（1）在程序包控制台中添加用户—角色—权限机制，代码如下：

```
install-package microsoft. aspnet. identity. samples -pre
```

（2）连接数据库，更新 connectingString 中数据库相关字段，代码如下：

```
<add name = " DefaultConnection"
                connectionString = " Data Source = 127. 0. 0. 1;//数据库地址
                Initial Catalog = test001-2-1-alpha1;//初始数据
                user id = sa;//登陆数据库的用户名
                password = 1;"//登陆数据库的密码
    />
```

（3）在页面中创建角色 mystudent 和用户 user0101，并给用户分配相应的角色。

11. 4. 3　实现步骤

步骤 1：新建 MVC. net Web 应用程序，并为其添加用户角色权限机制。在 Visual Studio 菜单栏中，选择文件>新建>项目，并在视图>其他窗口>程序包管理器控制台中输入以下代码，安装用户权限系统包，如图 11-4 所示。

```
install-package microsoft. aspnet. identity. samples -pre
```

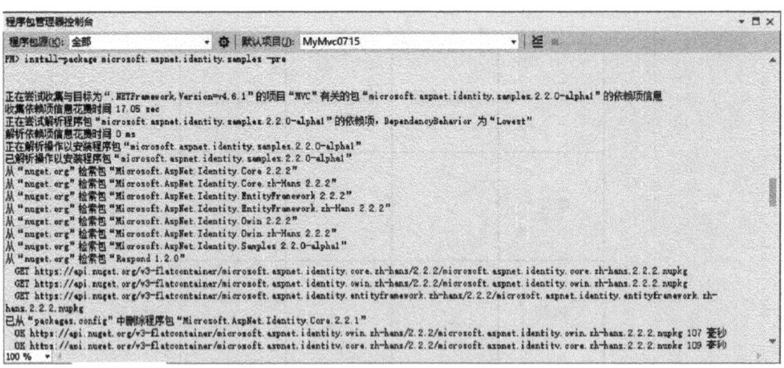

图 11-4　安装用户权限系统包

步骤 2：为项目连接数据库。

（1）创建数据库时，需要指出数据库的相关信息。打开解决方案资源管理器中的 Web. config 文件，找到<connectionString>字段，如图 11-5 所示。

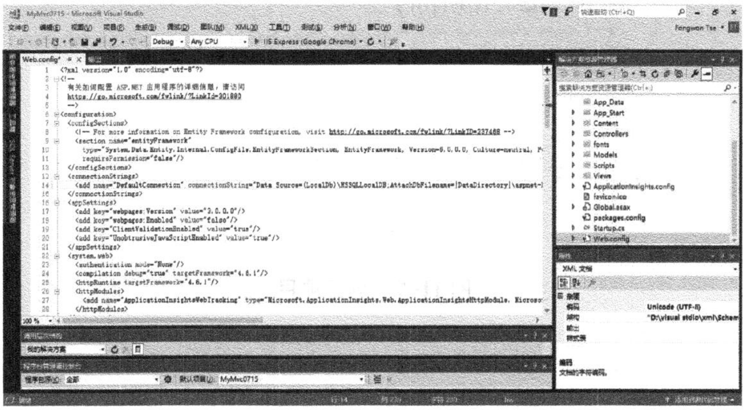

图 11-5 更新 Web. config 中 connectionString 字段

代码如下：

```
<add name="DefaultConnection"
        connectionString="Data Source=127. 0. 0. 1;//数据库地址
        Initial Catalog=test001-2-1-alpha1;//初始数据
        user id=sa;//登录数据库的用户名
        password=1;"//登录数据库的密码
/>
```

(2) 编译系统，生成新的解决方案，如图 11-6 所示。

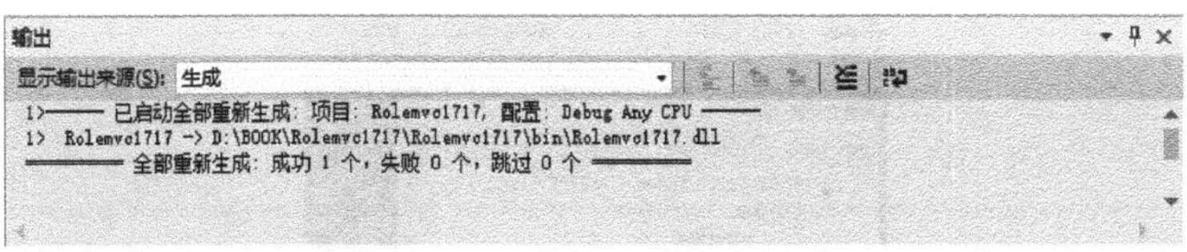

图 11-6 重新生成解决方案

(3) 自动生成数据库，运行带有用户登录界面的系统，如图 11-7 所示。

(4) 用假登录触发后台数据库的生成。点击 login，并输入登录信息，如图 11-8 所示。

(5) 查看是否触发数据库，若数据库出现则触发成功，未出现则触发失败，图 11-9 显示触发成功的情况。

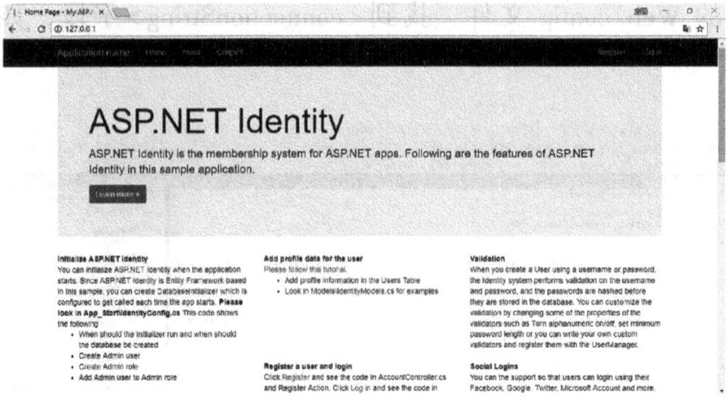

图 11-7 运行项目

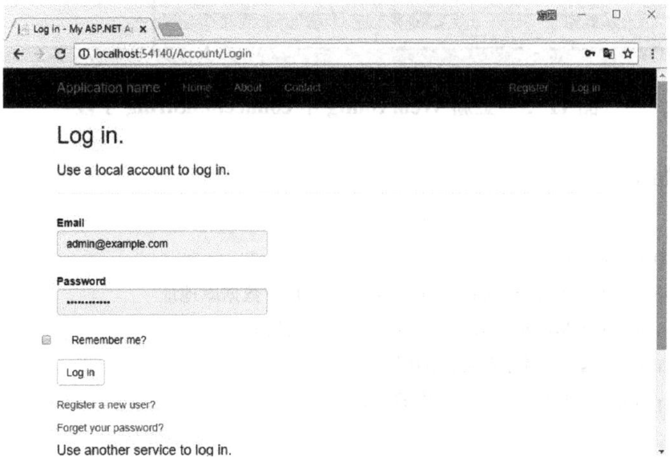

图 11-8 假登录

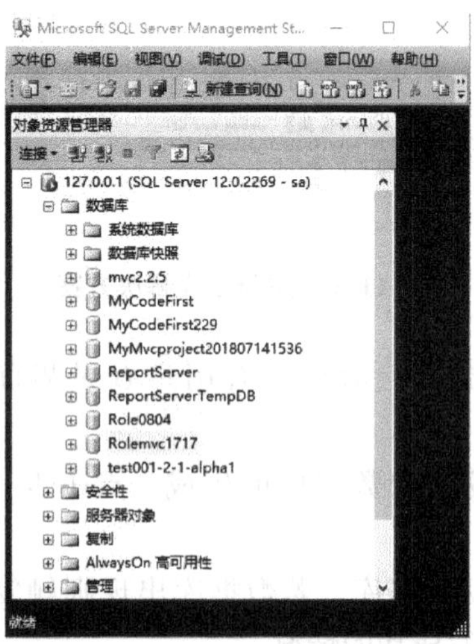

图 11-9 触发数据库

步骤 3：查找系统默认的管理员登录信息。点击解决方案资源管理器中的 App_ Start 文件夹下的 IdentityConfig. cs 文件，查找 InitializeIdentityForEF 函数的信息。由图 11-10 可知，用户名：admin@ example. com，密码：Admin@ 123456。

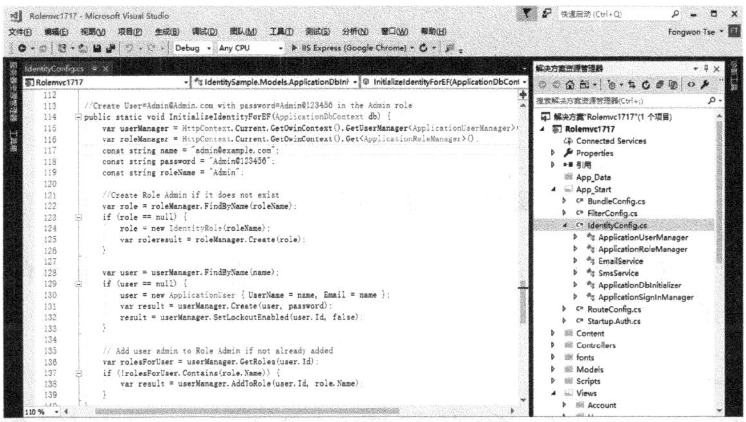

图 11-10 查找管理员的系统默认信息

步骤 4：以管理员的身份登录。在页面中点击右上角的 Log in，输入步骤 5 中查询到的用户名和密码，如图 11-11 所示。

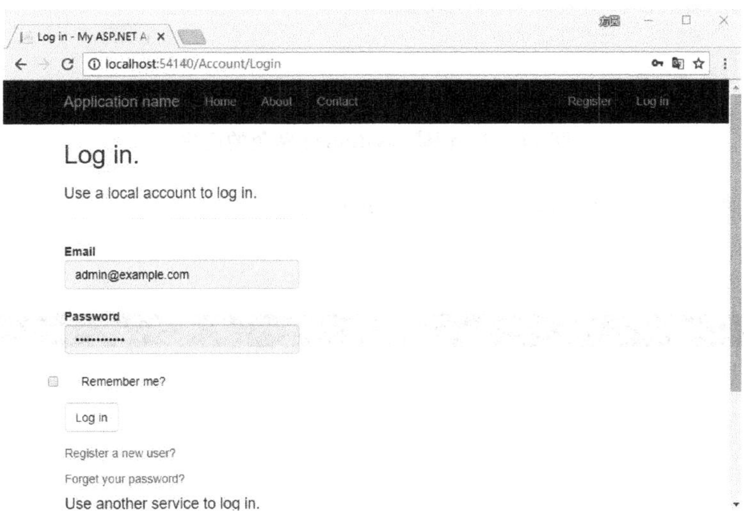

图 11-11 以管理员身份登录

步骤 5：创建角色。点击导航栏中 RoleAdmin 创建角色 mystudent，如图 11-12 所示。

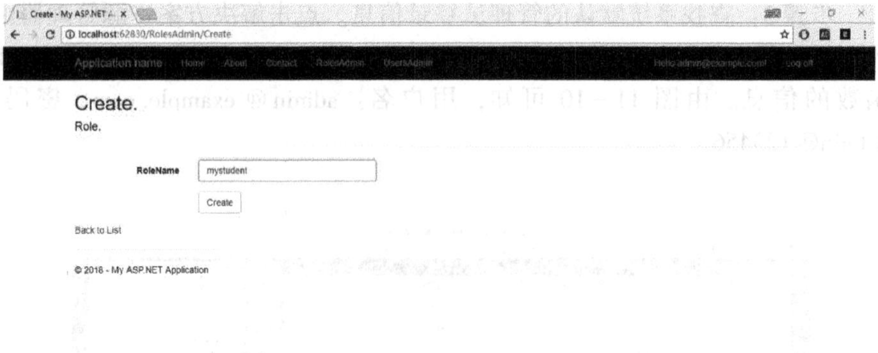

图 11-12 创建角色 mystudent

步骤 6：创建用户。创建用户 user0101，并分配 mystudent 角色，如图 11-13 所示。

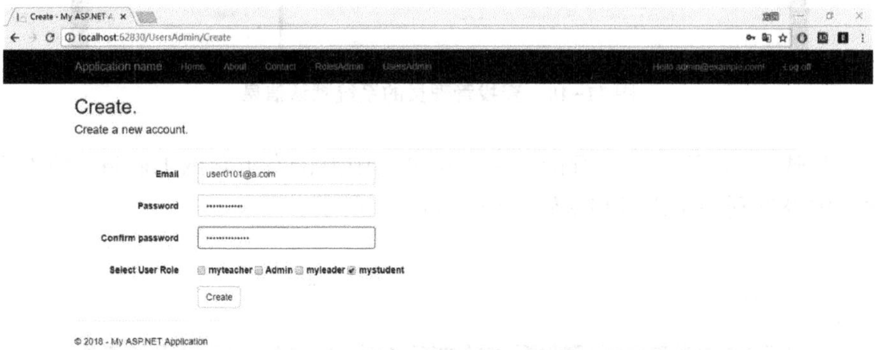

图 11-13 创建 mystudent 角色的用户

步骤 7：查看已经创建的用户，如图 11-14 所示。

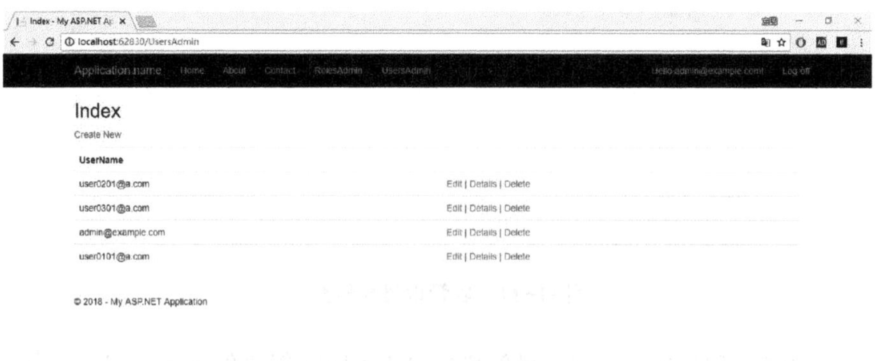

图 11-14 查看所有用户

11.5 本章总结

本章实现的工作：通过添加用户—角色—权限机制，创建不同的角色和用户，并给用户分配不同的角色，仅涉及用户和角色两部分的功能。在后续的章节将进一步讲解如何实现用户—角色—权限机制中的如下权限功能的方法：①权限功能的前端显示，如：学生没有创建活动的权限，则登录者的身份为学生时，不能在导航栏中看见活动按钮；②权限功能的后端访问的方法，如：学生没有创建签到的权限，则登录者的身份为学生时，点击创建按钮，不能触发后台数据库的相应操作。

本章掌握的技能：①为项目添加用户—角色—权限机制；②通过导航栏中的角色管理按钮进入创建角色的界面，并进行角色的创建；③通过导航栏中的用户管理按钮进入创建用户的界面，创建用户并赋予上述角色。

11.6 本章作业

- 新建 MVC. net 项目，并添加实现用户角色权限功能的代码框架。
- 创建 customer，seller，manager 三种角色。
- 创建 customer01，seller01，manager01 三个用户，分别分配以上三种角色。

12 Model First 模型驱动开发（一）

12.1 本章工作任务

使用 Model First 开发模式，建立学院和学生两个模型，自动生成数据库表、实体类、增删改查页面，实现页面中可以增加、删除、查看、更改学院名称的功能。

12.2 本章技能目标

- 掌握在 Model First 模式下，在数据模型中绘制实体的方法。
- 掌握在 Model First 模式下，根据数据模型生成所有实体对应的数据库表的方法。
- 掌握在 Model First 模式下，根据数据模型生成实体类和上下文类的方法。
- 掌握 Model First 模式下，根据实体类生成控制器和增删改查页面的方法。

12.3 本章简介

MVC. net 框架提供了两种经典的开发模式，通过绘制 ER 图或者写数据库中实体的代码即可生成数据库、表、模型层类、控制层类、视图层增删改查页面。

（1）Model First 模式：可以让开发者只需要绘制 ER 图（实体和联系），即可生成数据库中的表、编程中用到的实体类（Model 层）、控制器（Controllor 层）和增删改查页面（View 层）。

（2）Code First 模式：开发者编写实体类（例如，Student，包含 ID，学号，姓名，年龄等，对应数据库里 StudentSet 表中的一行，含义是一个学生的信息），上下文（DbContext）类（包括如何连接数据库 connectionString，把实体封装为实体集，例如，StudentSet，对应数据库里的 StudentSet 表，表中是多个学生）。

本章的重点是 Model First 模式。

12.4 理论讲解部分

12.4.1 任务描述

本章需求为创建一组网页，在网页中可以对各学院信息进行增删改查维护，效果如图 12-1 所示。

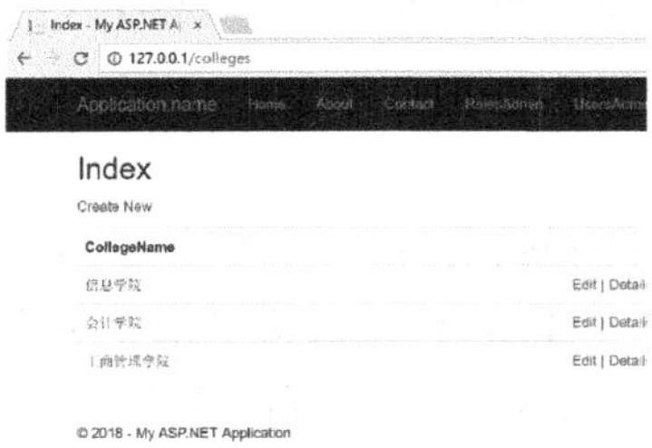

(a)列表页

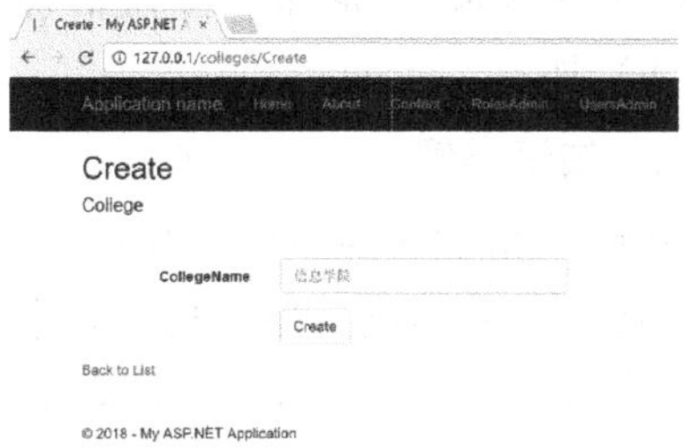

(b)创建页

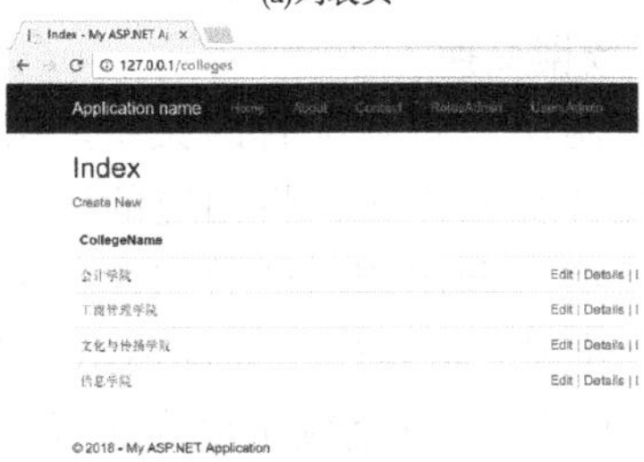

(c)创建结果

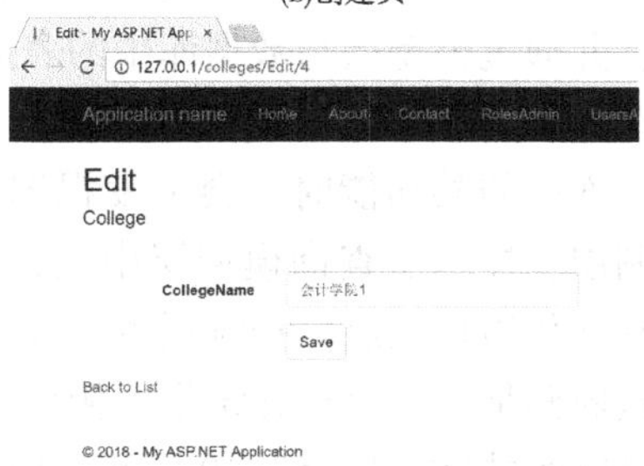

(d)更改页

(e)更改结果

(f)查看页

(g)删除页

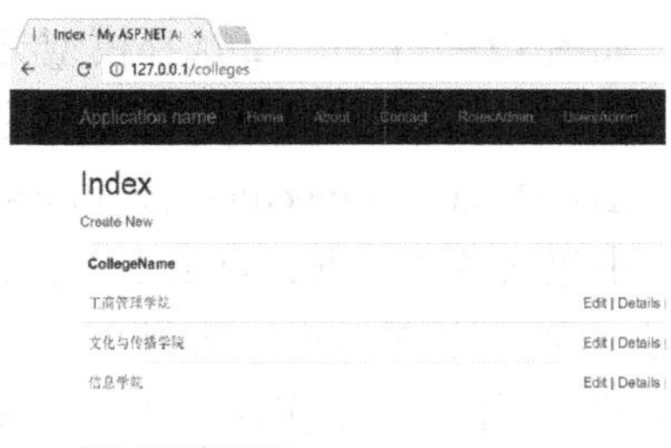

(h)删除结果

图 12-1　学院信息的增删改查页面

尚需效果描述如下：

（1）在地址栏中输入列表页地址会访问如图 12-1（a）所示的网页；用户在列表页点击 Create 按钮，会弹出 Create 页面，如图 12-1（b）所示；在文本框中输入学院信息并点击 Create 按钮可以创建学院信息，效果如图 12-1（c）所示。

（2）在列表页中除了可以增加学院信息，还有更改（Edit）、查看（Details）和删除（Delete）学院信息的功能，分别如图 12-1（d）（e）（f）（g）（h）所示。

12.4.2 知识详解

MVC（Model View Controller）是一种网站开发的经典框架，包含模型层、视图层和控制层三层结构。其中，M（Model）代表模型层，负责在数据库中存取数据；V（View）代表视图层，实现用户交互的界面；C（Controller）代表控制层，用于接受用户的输入、调用相应的功能，处理其中的逻辑，并通过模型层与数据库中的表进行数据交换。

在项目运行时，模型层、视图层和控制层是相互配合的关系。当用户操作界面中的某功能时，会触发视图层发挥交互作用，将相应的操作传递给控制层，控制器查询模型层中数据，模型层调用相应的数据库，再将实际数据回传给控制层，控制层做出相应的处理，将操作结果反馈给视图层，用户接收到最终的可视化结果。例如，VIP 用户理财金额至少为 5 万元，非 VIP 用户理财金额至少为 10 万元。用户通过界面办理理财业务时，在视图层输入 9 万元和 VIP 身份，视图层将这些信息传递给控制层，控制层判断该用户符合理财条件，将信息交给模型层进行存储处理，数据处理成功后将处理成功的信息反馈给视图层，用户办理成功。如果用户在视图层输入 9 万元和非 VIP 的身份，视图层将这些信息传递给控制层，控制层判断该用户不符合理财条件，这时不访问模型层而是直接返回视图层告诉用户办理失败。

12.4.3 实现步骤

步骤 1：新建数据模型（见图 12-2）。①右键点击 Models->添加->新建项，如图 12-2（a）。②选择模型类型为数据->ADO. NET 实体数据模型，如图 12-2（b）。③选择来自数据库的 EF 设计器，点击下一步，如图 12-2（c）。选择 DefaultConnection（Settings）与数据库进行连接，并选择在连接字符串中包括敏感数据，点击下一步，如图 12-2（d）。④选择使用系统默认命名（项目名+Model），如图 12-2（e）。

步骤 2：添加一个实体，实体名称为 College（见图 12-3）。右键点击操作界面新增->实体，如图 12-3（a）。填写实体名称为 College（用户可自定义），实体集为 CollegeSet，如图 12-3（b）。

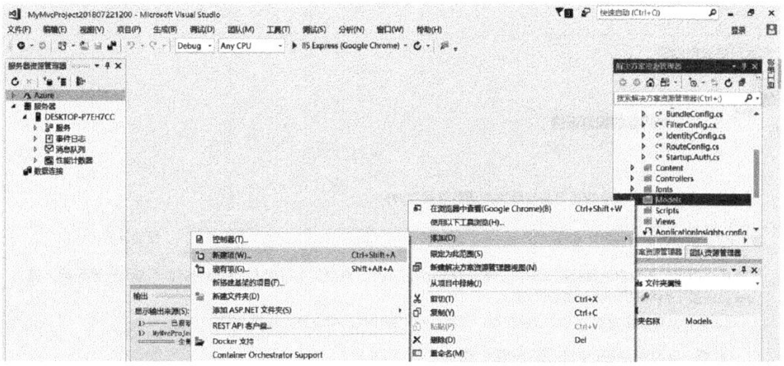

(a)添加新建项

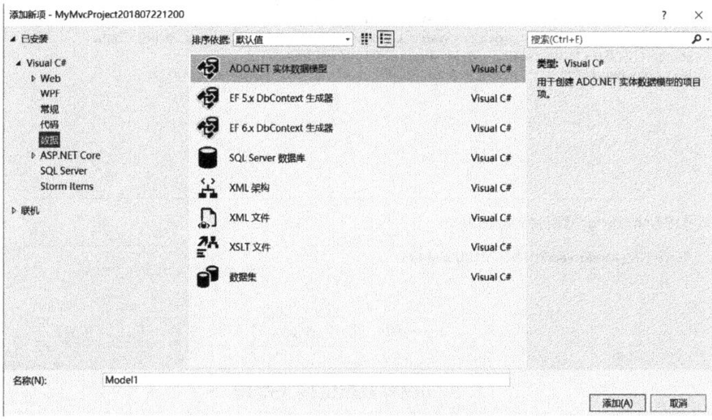

(b)选择实体数据模型

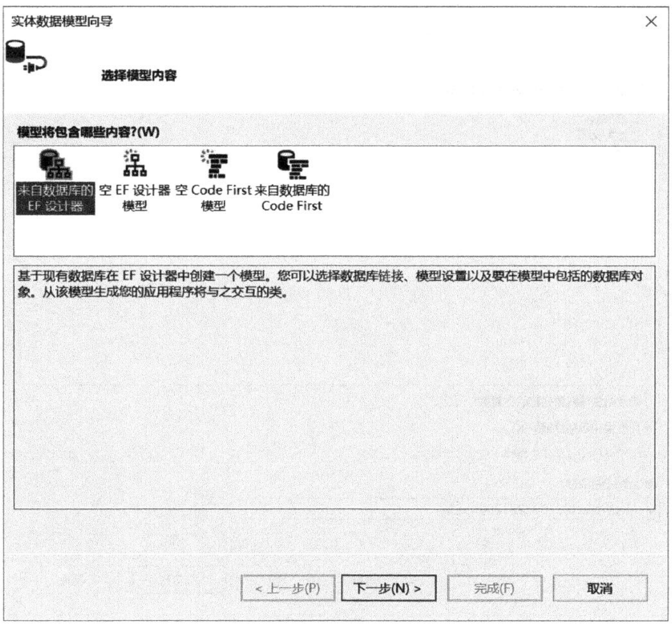

(c)选择模型内容

图 12-2

(d)设置数据链接关键词

(e)命名模型空间

图 12-2　新建模型 Model1

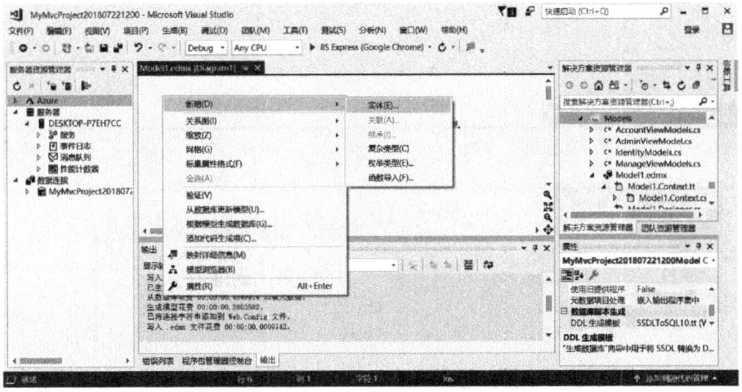

(a)新建College实体

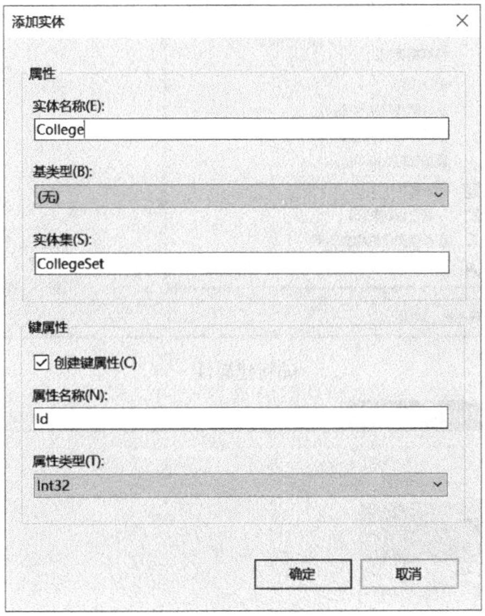

(b)设置College实体

图 12-3　新增实体

实体与实体集关系如下：实体集一般在实体名称后面加一个 Set，如图 12-3（b）所示，实体名称为 College，实体集是 CollegeSet。实体是客观存在并且相互区别的事物，例如，学生、班级、老师等都是实体。实体所具有的特性称之为属性，属性在数据库中又称为字段（或者是列），例如，学生姓名、学号、性别就是属性。由实体构成的集合称为实体集，例如，张三，学号为 111，性别为男是一个实体；李四，学号为 222，性别为女是一个实体；王五，学号为 333，性别为男是另一个实体。由这三个实体组合在一起是实体的集合，即实体集。在数据库中，实体通常表示一行数据，实体集表示多行数据也就是一张表。

步骤 3：为 College 实体增加属性，属性名称为 CollegeName。操作如图 12-4 所示。

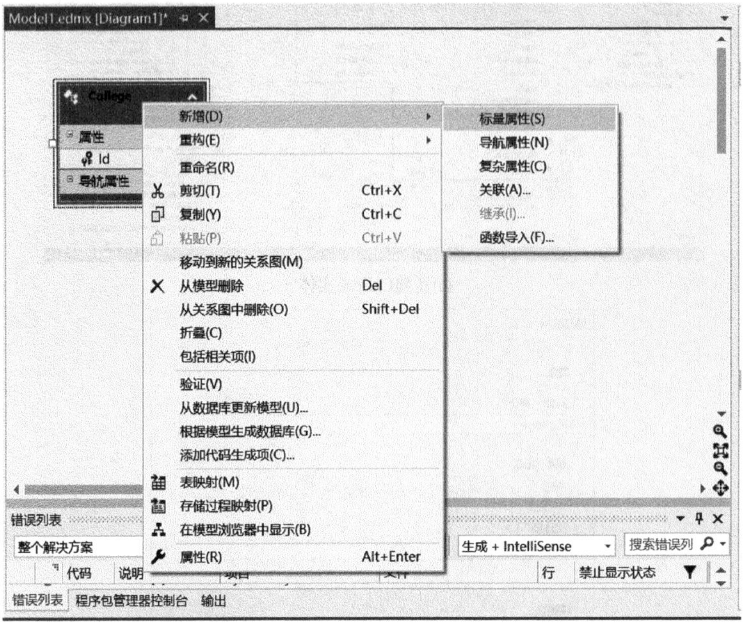

(a)新建属性

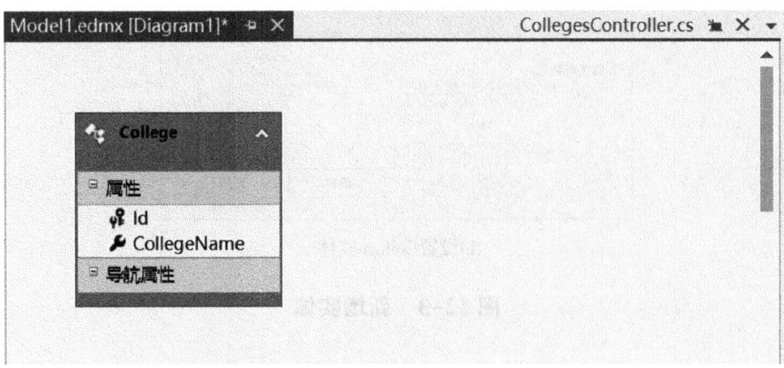

(b)添加属性名称

图 12-4 为 College 实体添加属性

步骤 4：建立第二个实体（见图 12-5），实体名称为 Student，属性名称为 StudentName 和 Sex，创建步骤参见步骤 2 和步骤 3。

步骤 5：根据模型生成数据库（见图 12-6）。右键点击空白处->根据模型生成数据库，单击完成，如图 12-6（a）（b）。查看生成数据库的 SQL 语句，如图 12-6（c）。

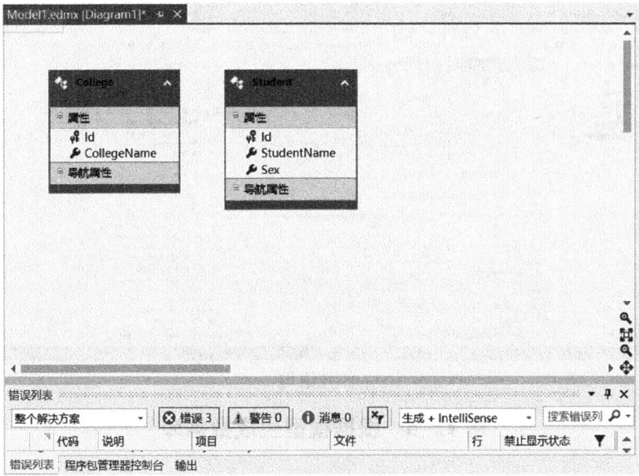

图 12-5　建立学生实体

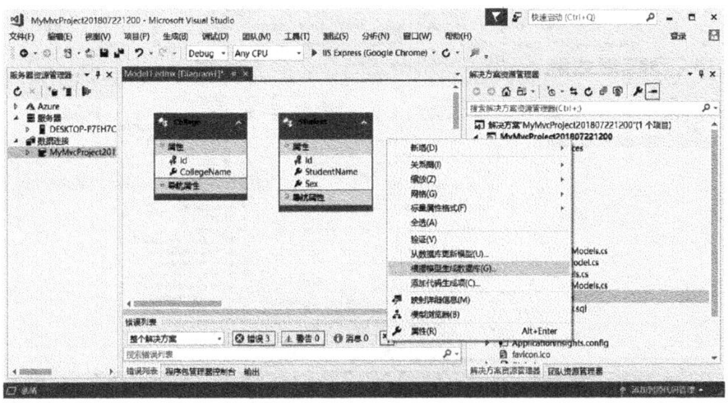

(a)根据模型生成数据库

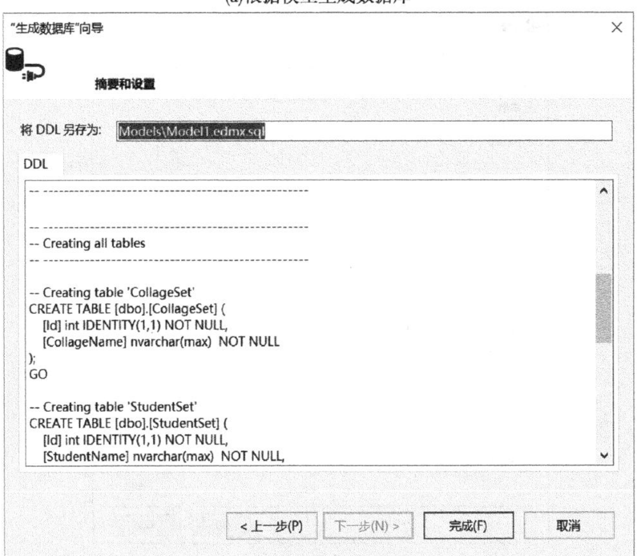

(b)"生成数据库"向导

图 12-6

(c)SQL语句

图 12-6　根据模型生成数据库

步骤 6：连接数据库。操作如图 12-7 所示。

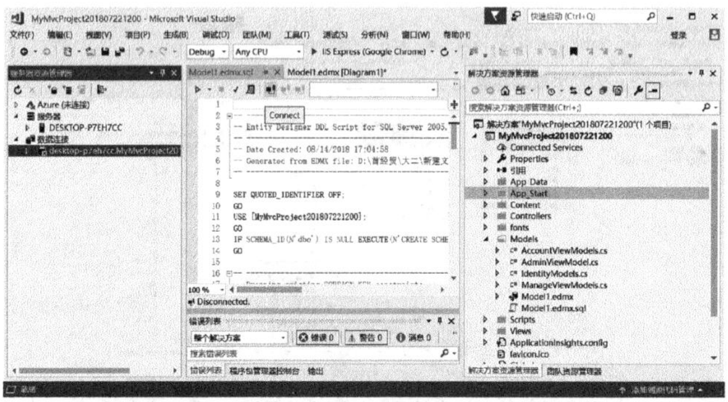

(a)连接数据库

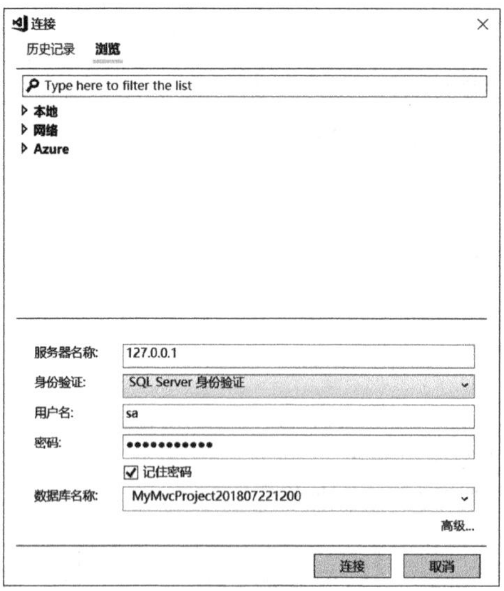

(b)设置连接

图 12-7　连接数据库

在执行 SQL 语句之前，需要先与数据库进行连接。设置连接时，服务器名称选择 SQL Server 所在的 IP 地址，例如，127.0.0.1，使用 SQL Server 身份验证，用户名为 sa，密码为 SQL Server 安装时使用用户自定义的管理员密码。

步骤 7：查看在数据库中建立的表。操作如图 12-8 所示。

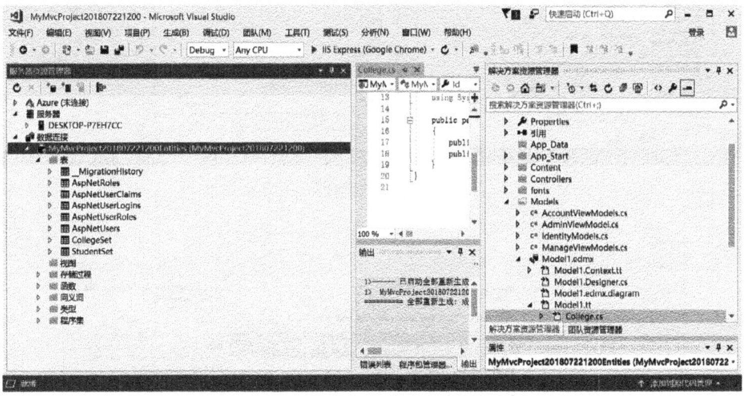

图 12-8 查看数据库中建立的表

步骤 8：重新生成解决方案，操作如图 12-9 所示。

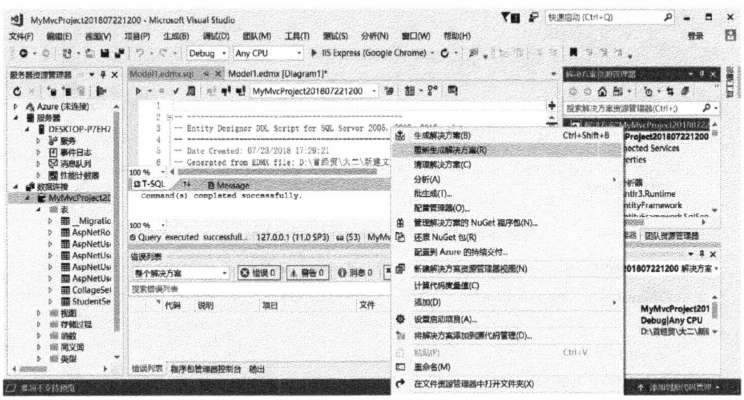

图 12-9 重新生成解决方案

编译项目的目的是重新生成实体类、实体集类和上下文类。

步骤 9：为实体模型 College 添加控制器和增删改查页面，操作如图 12-10 所示。

步骤 10：运行项目，访问控制器 Colleges（XxxController.cs 中 Xxx 是控制器名），添加一条数据，并在数据库中查看数据库和表的生成情况。

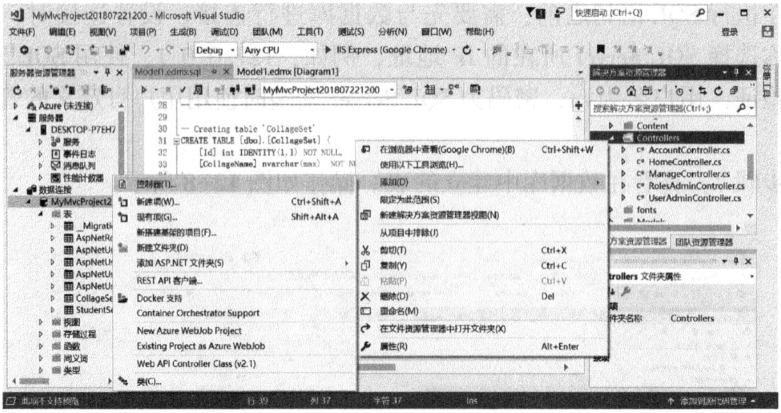

(a)添加控制器

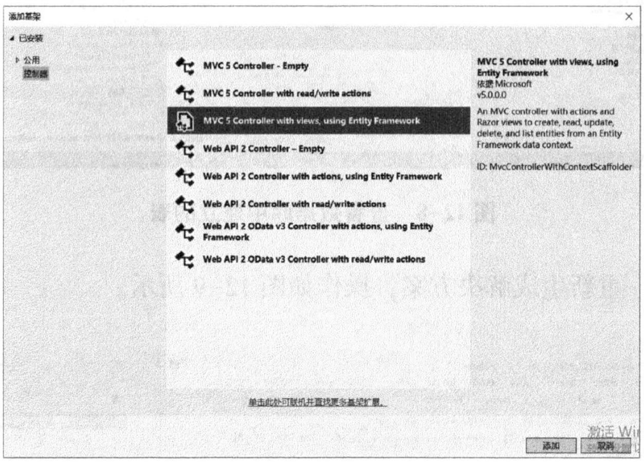

(b)选择创建带有增删改查页面的控制器

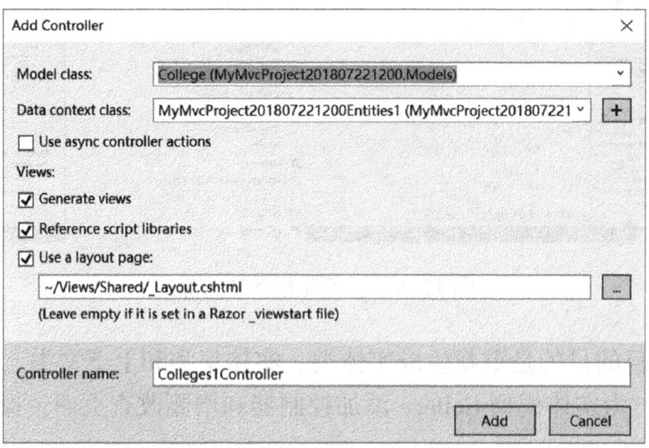

(c)配置生成控制器的连接字符串、实体类和布局方案

图 12-10　添加控制器

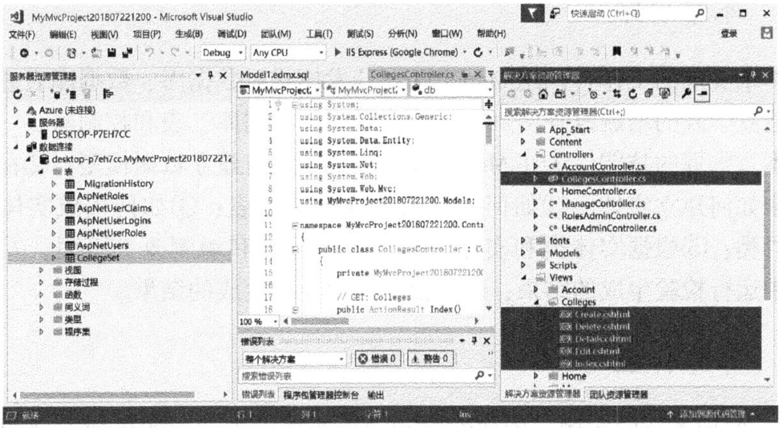

(d)生成结果

图 12-10　生成控制器

在运行项目前，一定要重新生成解决方案，因为自动生成的控制器需要经过编译才可以被运行。否则的话，在访问控制器时会产生找不到其地址的问题。

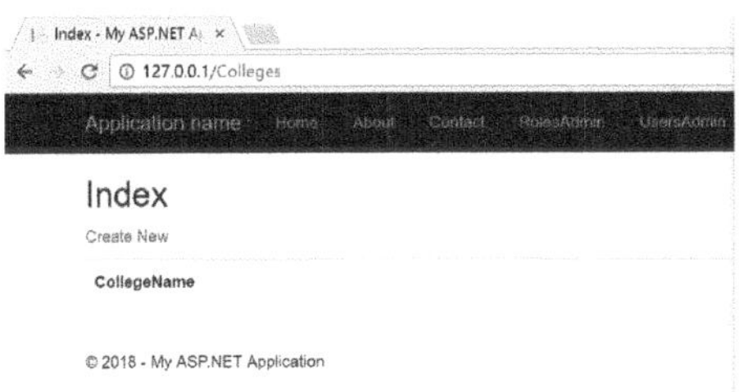

(a)进入Colleges列表页

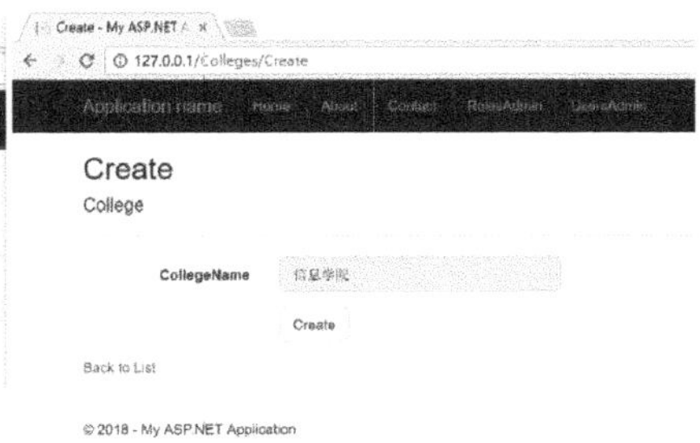

(b)添加一个新学院

(c)添加新学院后回到列表页

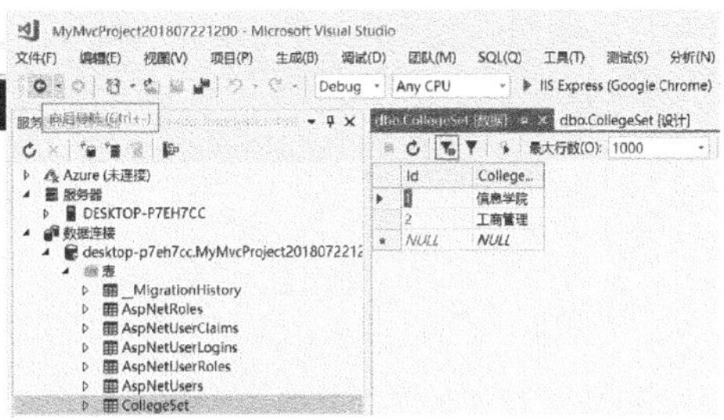

(d)检查数据库和表的信息变化情况

图 12-11　College 实体增删改查页面和数据库结果验证

12.5 本章总结

本章实现的工作：采用 Model First 开发模式对数据库、数据库表进行建模，建立学院的增删改查网页，并生成对应的数据库、表和控制器。

本章掌握的技能：①在 Model First 模式下如何建立数据模型；②在数据模型中如何建立实体；③如何生成数据库对应的表；④如何生成实体和实体集的类；⑤根据实体类和实体集类生成控制器和增删改查页面；⑥在浏览器中运行检验生成的结果；⑦在数据库中检验生成的结果。

12.6 本章作业

- 实现本章的案例，创建学院和学生实体，为学院实体建立增删改查页面。
- 设计一个学生实体，包含学生姓名、性别和年龄的属性，并为其建立增删改查页面。

13 Model First 模型驱动开发（二）

13.1 本章工作任务

使用 Model First 开发模式，新建课程模型，增加学生、学院和课程之间的联系，自动生成数据库表、实体类、增删改查页面。在新增学生页面中，可以填写学生姓名等信息，并选择其所属的学院（被选择的学院应提前在学院的增删改查页面中输入）。

13.2 本章技能目标

- 掌握在 Model First 模式下，在数据模型中绘制实体和联系的方法。
- 掌握在 Model First 模式下，根据有联系的数据模型生成实体对应的数据库表。
- 掌握在 Model First 模式下，根据有联系的数据模型生成实体类和上下文类的方法。
- 掌握在 Model First 模式下，根据实体类生成控制器和增删改查页面的方法。

13.3 本章简介

在 Model First 开发模式下，在实体中建立联系是为了将多个实体之间的关系进行描述。例如，在本案例中，学生和学院存在一对多关系，即每个学生属于一个学院。因此，建立学生与学院的一对多关系后，为学生填写学院选项时，选项是固定的（由学院表里面的记录决定），学生将不再能自由地输入学院信息而必须从学院表里选择相应的学院名称输入，这部分内容是建立一对多联系后系统具有的功能特点。

本节重点讲解在 Model First 开发模式下，建立实体和实体之间的联系以生成增删改查页面，并在页面中体现这种联系。

13.4 理论讲解部分

13.4.1 任务描述

本章需求为创建学生信息，选择其所属的学院，效果如图 13-1 所示。

(a)之前建立的学院页　(b)列表页

(c)创建页　(d)创建结果

图 13-1　创建学生信息

尚需效果（需求）描述如下：

（1）在选择学生所属的学院之前，需要创建学院信息，如图 13-1（a）所示。

（2）创建学生信息，在地址栏中输入列表页地址访问如图 13-1（b）所示的网页，用户在列表页点击 Create 按钮，会弹出 Create 页面，如图 13-1（c）所示，在文本框中输入学生姓名、在下拉菜单中选择相应学院并点击 Create 按钮可创建学生信息，创建结果如图 13-1（d）所示。

13.4.2 知识详解

什么是实体之间的联系？

联系（Relationship）：联系也称关系，是信息世界中反映实体内部或实体之间状态的概念。实体内部的联系通常是指组成实体的各属性之间的关系；实体之间的联系通常是指不同实体集之间的关系。例如，老师给学生授课存在授课关系，学生选课存在选课关系。

联系可以分为以下 3 种类型：

（1）一对一联系（1∶1）

例如，一个部门有一个经理，而每个经理只在一个部门任职，则部门与经理的联系是一对一的。

（2）一对多联系（1∶N）

例如，某校教师与课程之间存在一对多的联系——“教”，即每位教师可以教多门课程，但是每门课程只能由一位教师来教。

（3）多对多联系（M∶N）

例如，学生与课程间的联系是多对多的联系——“学”，即一个学生可以学多门课程，而每门课程可以有多个学生来学。

13.4.2 实现步骤

步骤 1：建立新的实体，实体名称为 Course，属性为 CourseName，如图 13-2 所示。

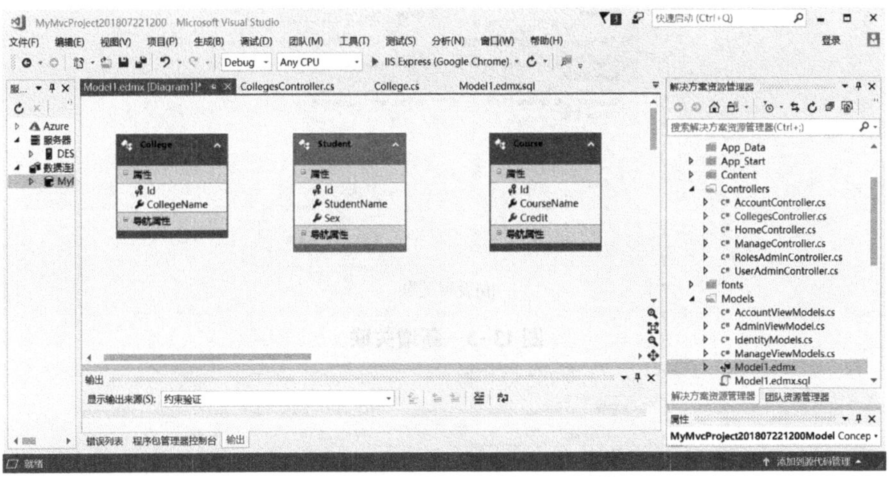

图 13-2 增加 Course 实体

步骤 2：增加和设置实体 College 和 Student 之间的关联，如图 13-3 所示。

步骤 3：设置实体 Student 和 Course 之间的关联，方法参见步骤 2，如图 13-4 所示。

步骤 4：保存已经创建的 College 实体名称。操作如图 13-5 所示。

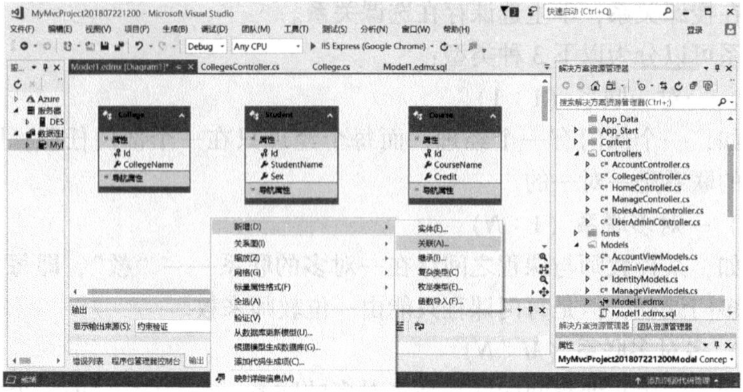

(a)增加关联

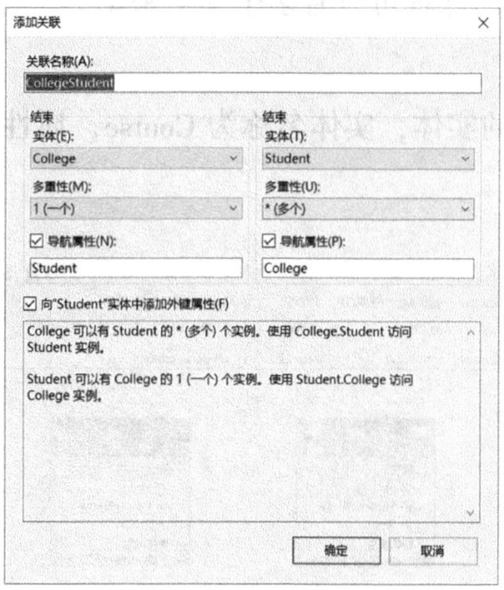

(b)设置关联

图 13-3　新增关联

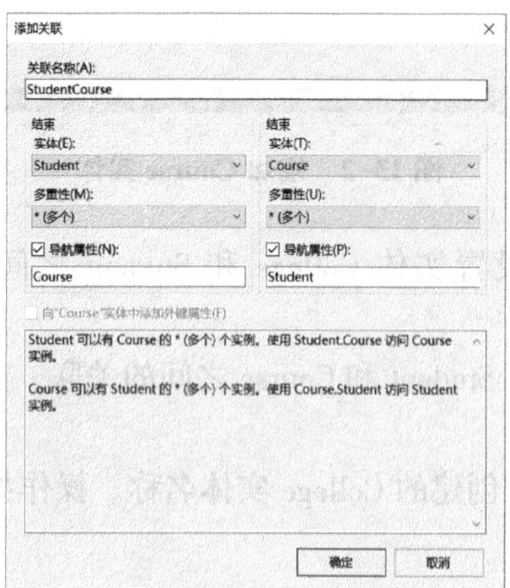

图 13-4　设置 Student 和 Course 的关联

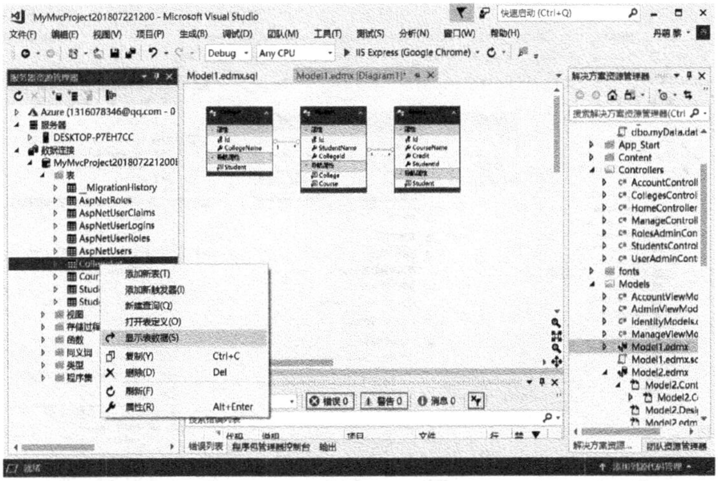

(a)显示表数据

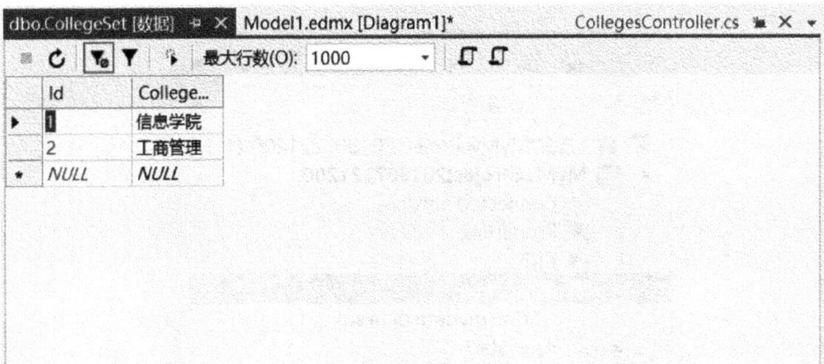

(b)选择将数据保留到文件

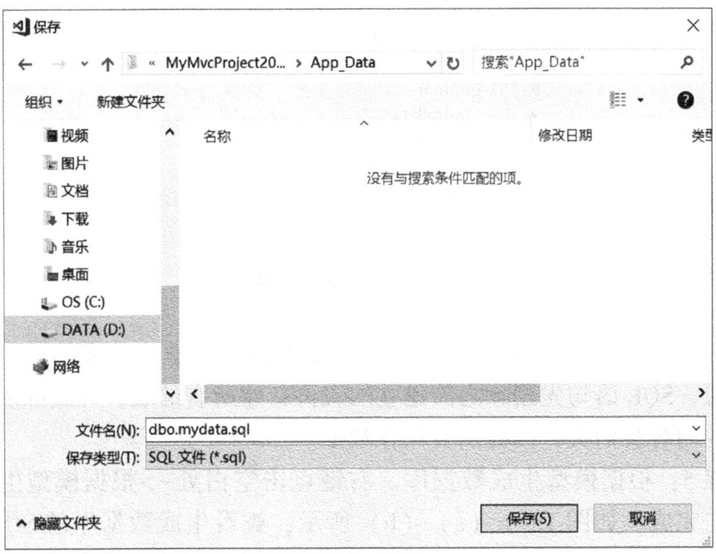

(c)设置保存位置

图 13-5

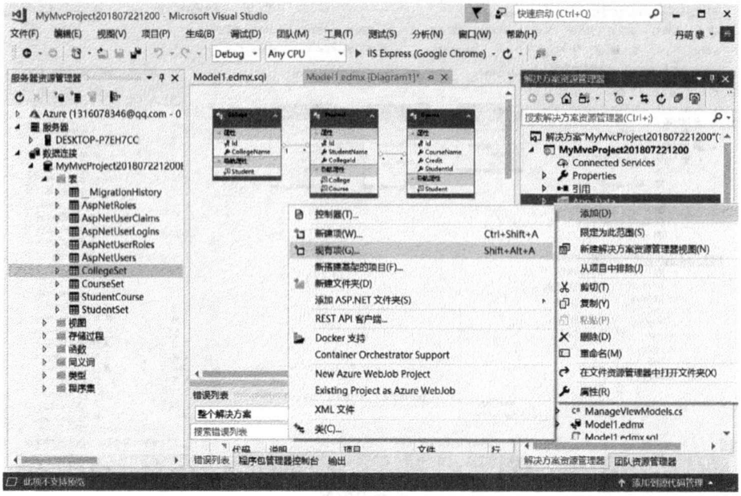

(d)添加现有项

(e)查看插入结果

图 13-5　保存 SQL 脚本

之前已经在 College 创建了信息学院和工商管理学院的实体，当模型发生变更时，SQL 语句先删除之前建立的表再新建所有的表，在删除表的过程中之前的内容会消失，因此需要保存数据。

步骤 5：根据模型生成数据库。右键点击空白处->根据模型生成数据库，单击完成，如图 13-6（a）（b）所示；查看生成数据库的 SQL 语句，如图 13-6（c）。

步骤 6：连接数据库并执行 SQL 语句，操作如图 13-7 所示。

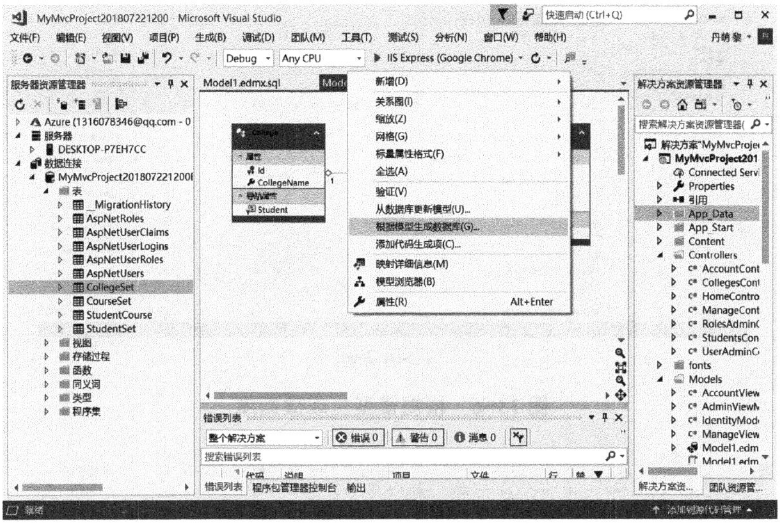

(a)根据模型生成数据库

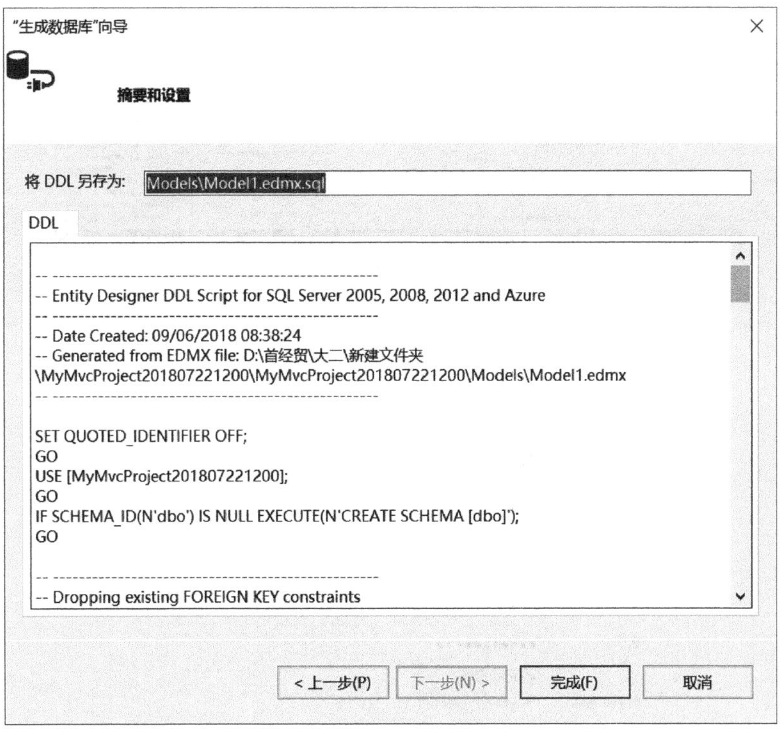

(b)“生成数据库”向导

图 13-6

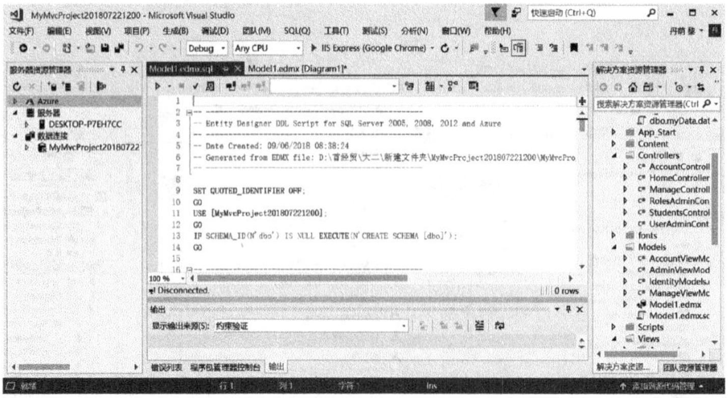

(c)SQL语句

图 13-6　根据模型生成数据库

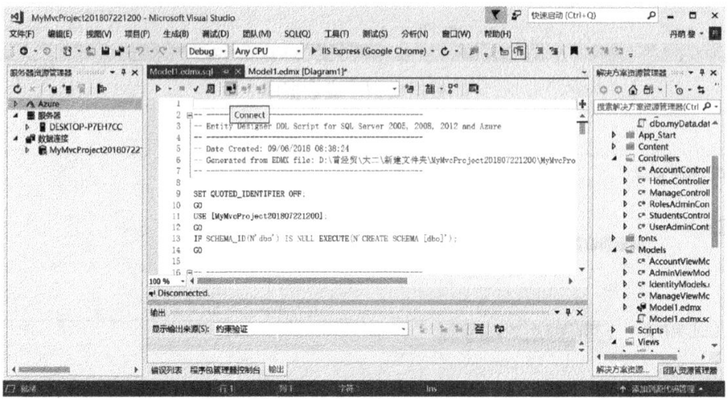

(a)连接数据库

(b)设置连接

图 13-7　连接数据库

步骤 7：执行 SQL 语句，如图 13-8 所示。

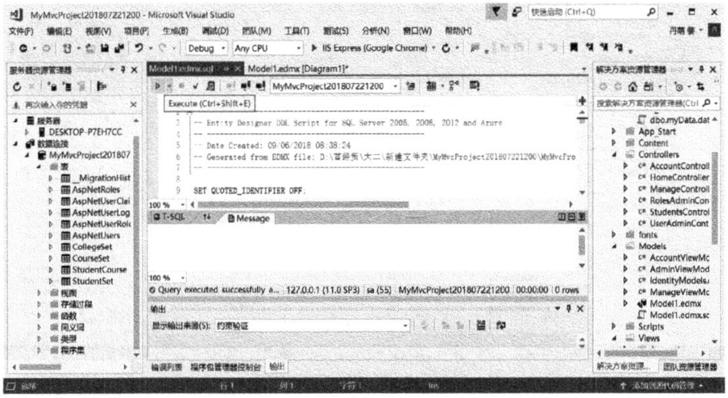

图 13-8　执行 SQL 语句

步骤 8：查看学院表信息并添加用户之前所建立的学院名称，操作如图 13-9 所示。

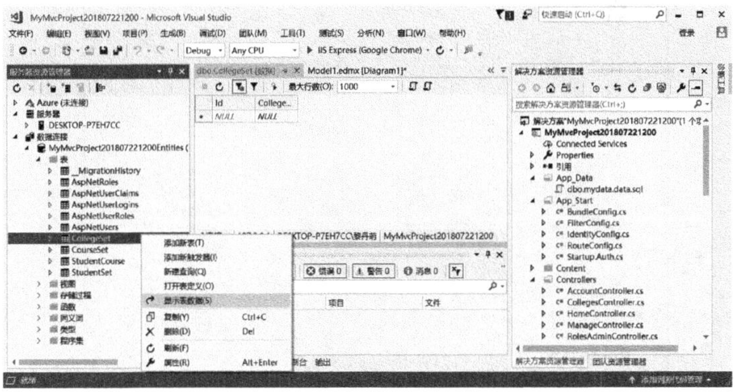

(a)查看表数据

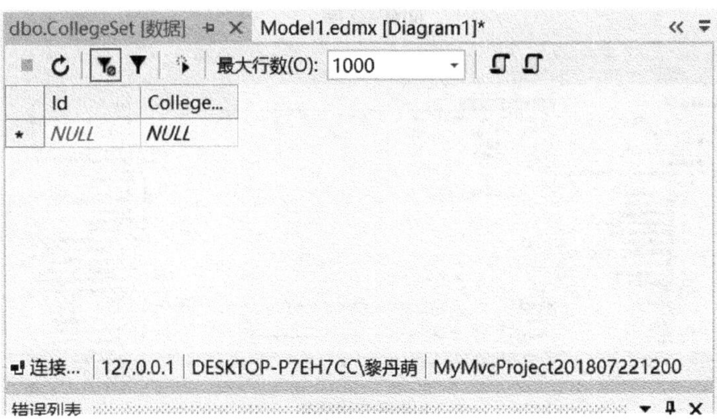

(b)查看结果

图 13-9

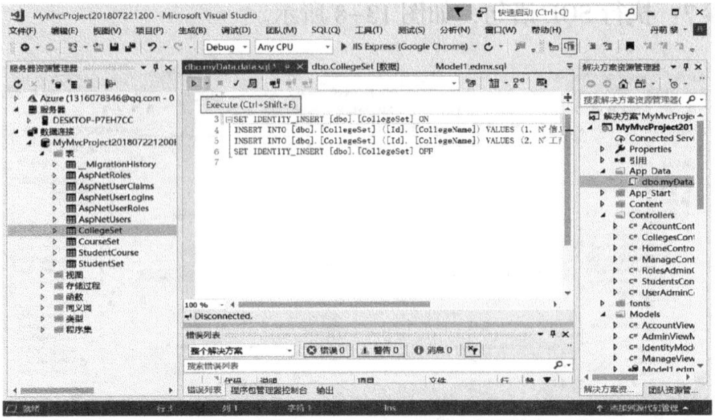

(c)执行之前存储的SQL语句

(d)设置连接

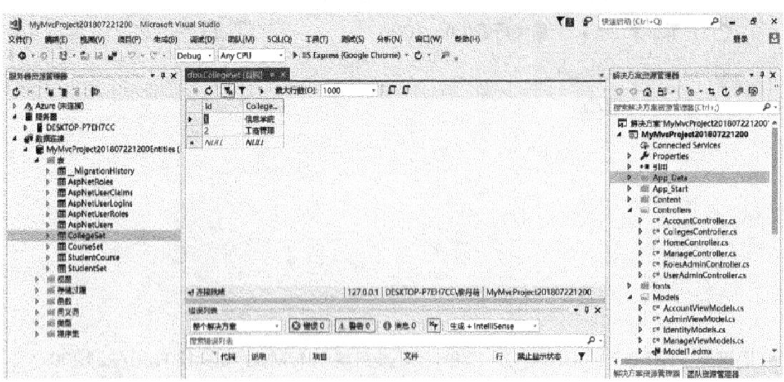

(e)查看连接结果

图 13-9　查看 College 实体并添加用户之前所建立的实体

步骤 9：重新生成解决方案，使得上述 3 个类生效，可以用于自动生成控制器和页面，如图 13-10 所示。

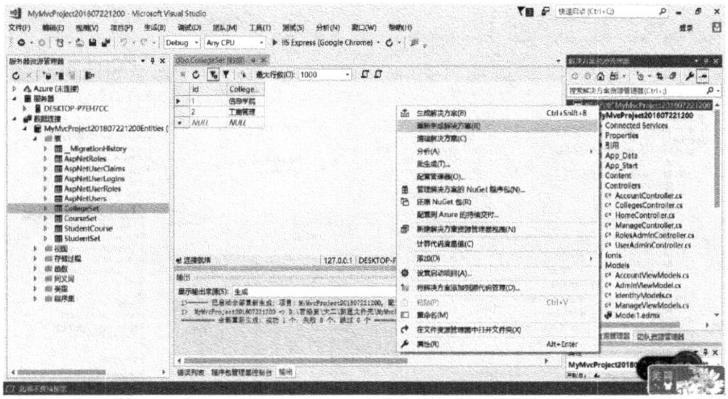

图 13-10　重新生成解决方案

步骤 10：删除旧的 College 控制器和视图，如图 13-11 所示。

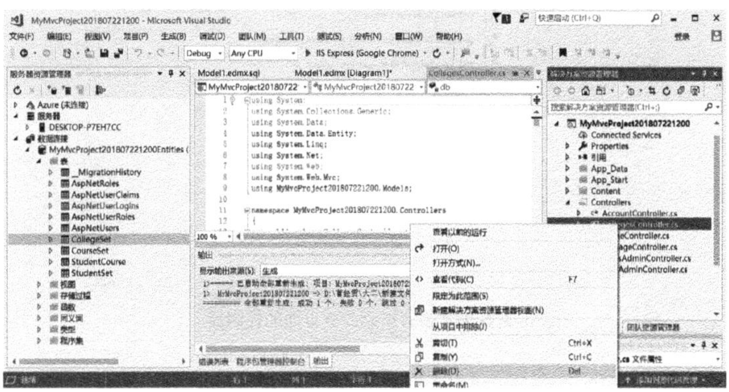

(a)删除旧的College控制器

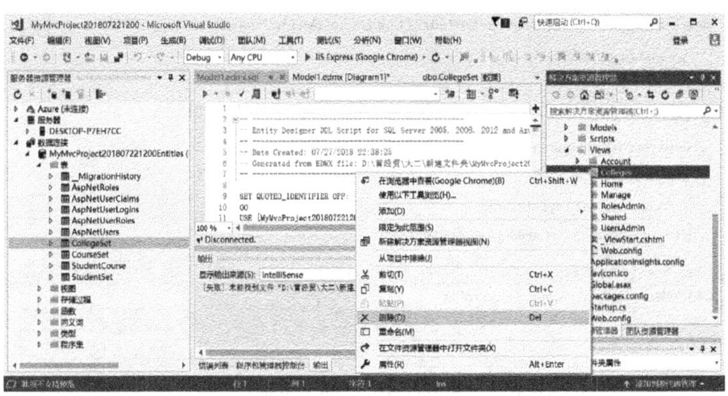

(b)删除旧的College视图

图 13-11　删除旧的 College 控制器和视图

步骤 11：为实体模型 Student 添加控制器及增删改查页面，操作如图 13-12 所示。

(a)添加控制器

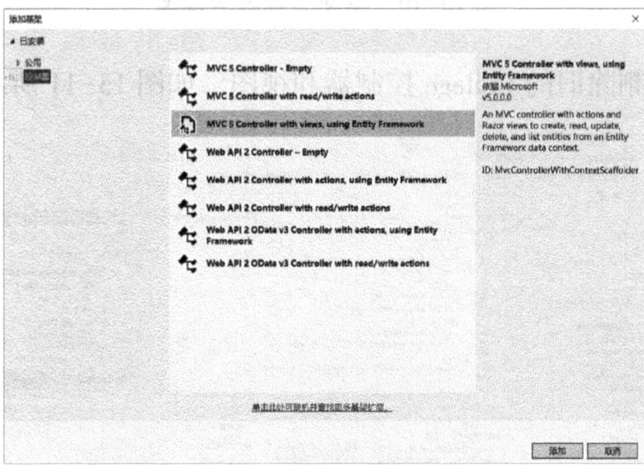

(b)选择创建带有增删改查页面的控制器

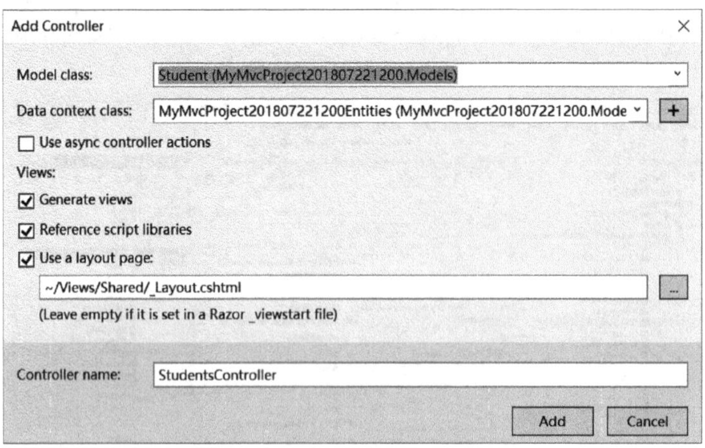

(c) 配置生成控制器的连接字符串、实体类和布局方案

图 13-12

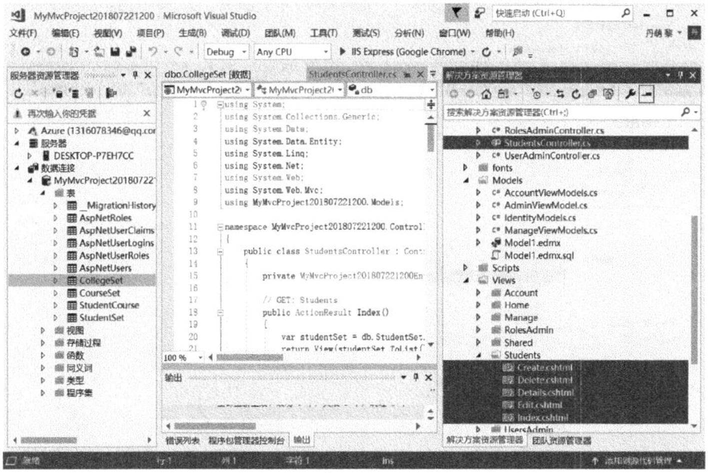

(d) 生成结果

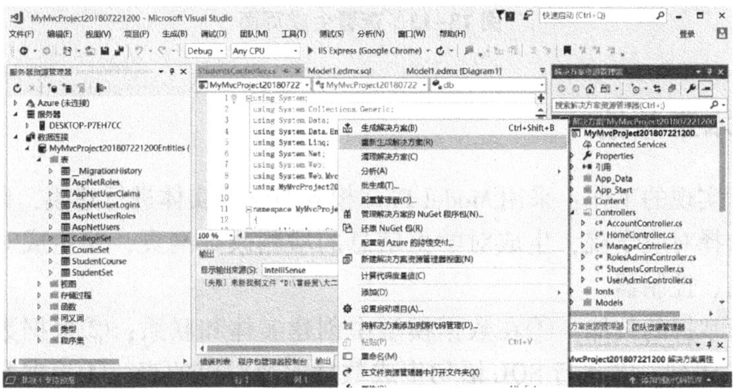

(e)查看生成结果并重新生成解决方案

图 13-12 生成控制器

步骤 12：运行项目，访问控制器 Students（XxxController. cs 中 Xxx 是控制器名），添加一条数据，如图 13-13 所示。

(a)进入Students列表页

图 13-13

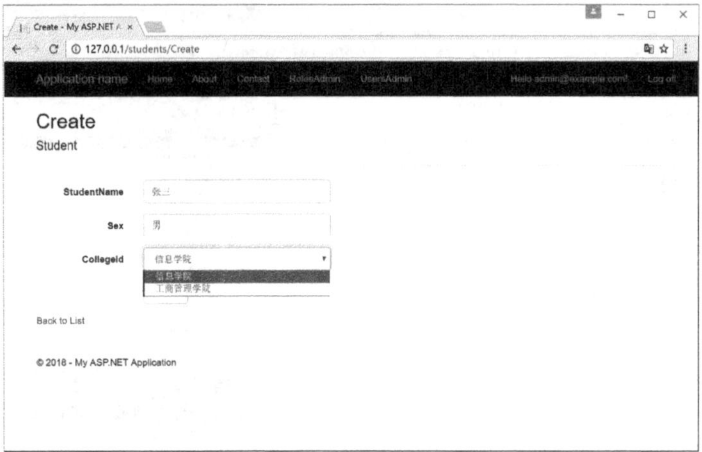

(b)添加一个学生

图 13-13　查看生成页面

13.5　本章总结

本章实现的工作：采用 Model First 模式对学生实体进行建模，以实现学生可以选择对应学院，生成对学生信息的增删改查网页，并生成对应的数据库、表、控制器。

本章掌握的技能：①在数据模型中创建实体和联系；②根据数据模型生成 SQL 语句；③运行 SQL 语句生成数据库及对应的表；④根据数据模型生成实体和上下文类（实体集类）；⑤根据实体类和上下文类生成控制器和增删改查页面；⑥在浏览器和数据库中检验生成的结果。

13.6　本章作业

➢ 实现本章的案例，添加学生、学院与课程之间的联系，实现创建学生时可以为学生选择所属学院的功能。

➢ 设计一个学生参与社团的系统，一个学生可以参与多个社团，一个社团包含多名学生，实现创建学生时可以选择具体的社团名称的功能。

14　根据数据模型生成数据库表

14.1　本章工作任务

使用 Model First 开发模式，在数据模型中对 MyActivity、MySign、MyProduct、MyQuestion、MyAnswer 五个实体以及它们之间的联系进行建模，根据该模型生成数据库表。

14.2　本章技能目标

- 掌握在 Model First 模式下，在数据模型中设计实体和联系的方法。
- 掌握在 Model First 模式下，根据数据模型生成数据库和表的方法。

14.3　本章简介

根据模型生成数据表，指的是在项目中创建数据模型，在模型中可以建立实体和联系，这些实体和联系未来对应数据库中的表。在数据模型中可以直接生成 SQL 语句，在数据库中建立实体和联系对应的表。

本章重点讲解在 Mode First 模式下创建有关系的实体模型和对应数据库表。

14.4　理论讲解部分

14.4.1　任务描述

需求描述如图 14-1 所示。

尚需效果（需求）描述如下：

（1）用户在数据模型中建立多个实体并为其创建联系，效果如图 14-1（a）所示。

（2）根据数据模型生成数据库并查看 SQL 语句，效果如图 14-1（b）（c）所示。

（3）执行 SQL 语句生成数据库中的表，效果如图 14-1（d）所示。

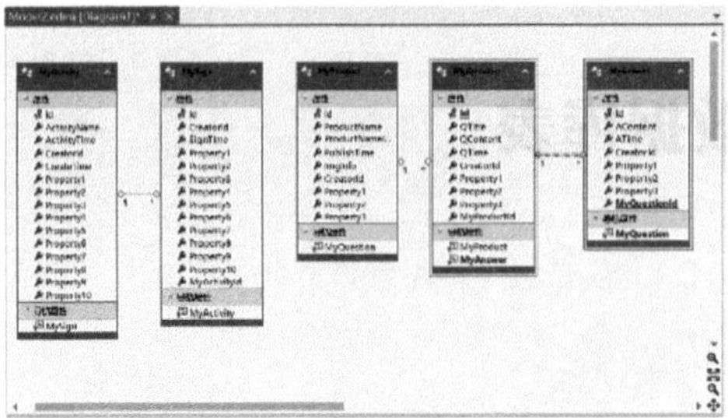

(a)建立实体和联系

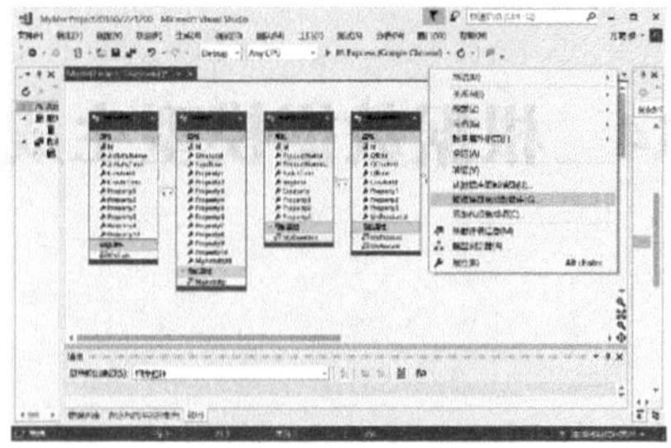

(b)根据数据模型生成数据库

(c)查看SQl语句

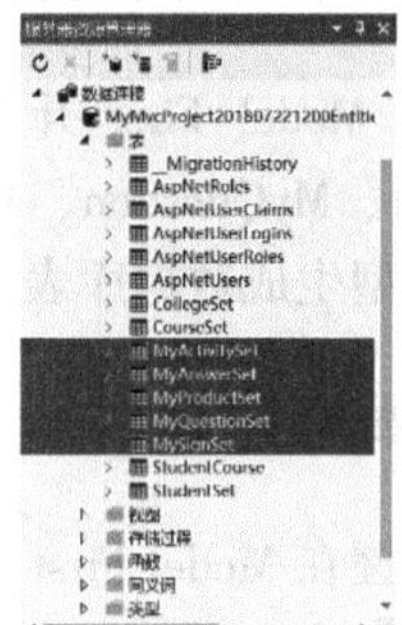

(d)查看对应数据库中的表

图 14-1　在数据库中生成实体和联系的表

14.4.2　知识详解

本节主要讲解以下三个概念之间的关系即 ER 图，在 Visual Studio 中如何实现实体和联系以及在数据库中如何展现实体和联系。

在数据库原理的知识中，用户通过 ER 图表示实体和联系，如图 14-2（a）所示。用户在 Visual Studio 建立的 ER 图体现的是一个实体模型，在数据库存储时是一张表，是实体的集合，包含多个实体。Student 实体具有 Id、StudentName、Sex 和 CollegeId 的属性。这个实体之所以有 CollegeId 的属性是因为 College 实体和 Student 实体之间存在一对多的联系，否则将没有 CollegeId 的属性，在 Visual Studio 软件中建立的实体并添加实体之间联系，也就是我们所说的 ER 图，如图 14-2（b）。图 14-2（c）是数据库中的信息，例如，用户在创建 Student 实体时，属性为 Id、StudentName、Sex 和 CollegeId，也就是数据库表表头的信息。在存储时，数据库表是信息的集合，包含多行数据，例如，Id 为 1，姓名为张三，性别为男，学院 Id 为 1；Id 为 2，姓名为李四，性别为女，学院 Id 为 2；Id 为 3，姓名为王五，性别为男，学院 Id 为 1。

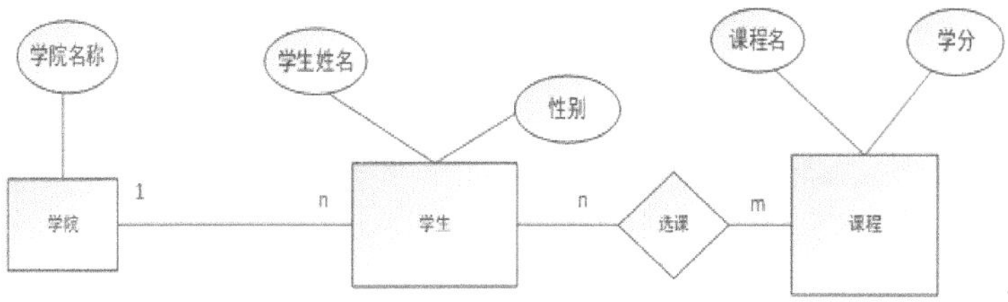

(a)ER图

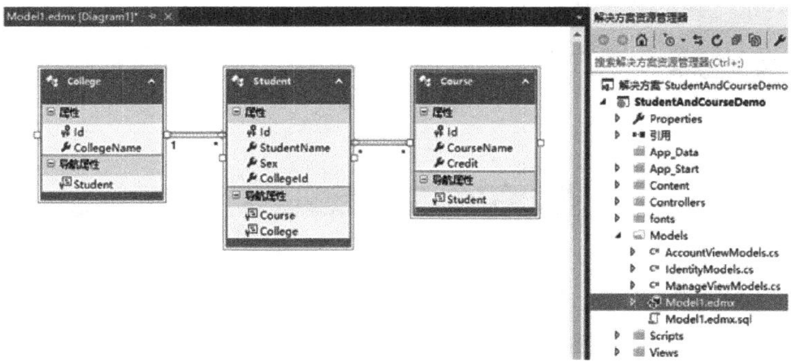

(b)vs软件中建立的ER图

表：StudentSet			
Id	StudentName	Sex	CollegeId
1	张三	男	1
2	李四	女	2
3	王五	男	1
4	赵六	男	3

(c)数据库表

图 14-2　ER 图与数据库

14.4.3　实现步骤

步骤 1：新建数据模型（见图 14-3）。首先，右键点击 Models->添加->新建项，如图 14-3（a）所示。选择模型类型为数据->ADO. NET 实体数据模型，如图 14-3（b）所示。其次，选择“来自数据库的 EF 设计器”，点击“下一步”，如图 14-3（c）所示。另外，选择“DefaultConnection（Settings）与数据库进行连接”并选择“在连接字符串中包括敏感数据”，点击“下一步”，如图 14-3（d）所示。最后，选择使用系统默认命名（项目名+Model），如图 14-3（e）所示。

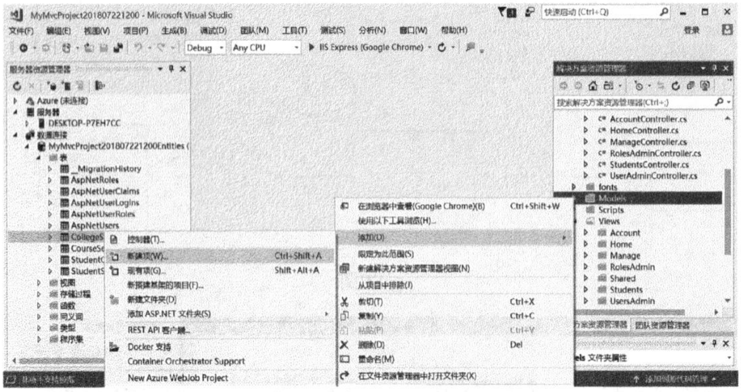

(a)添加新建项

(b)选择实体数据模型

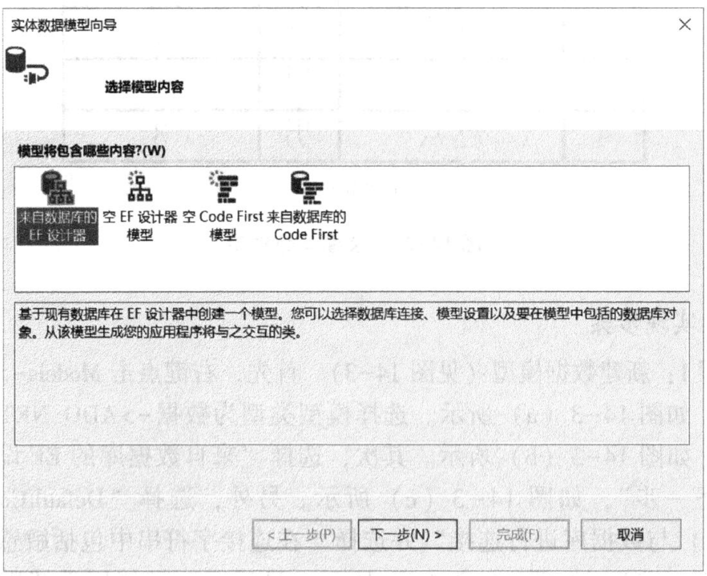

(c)选择模型创建方法

图 14-3

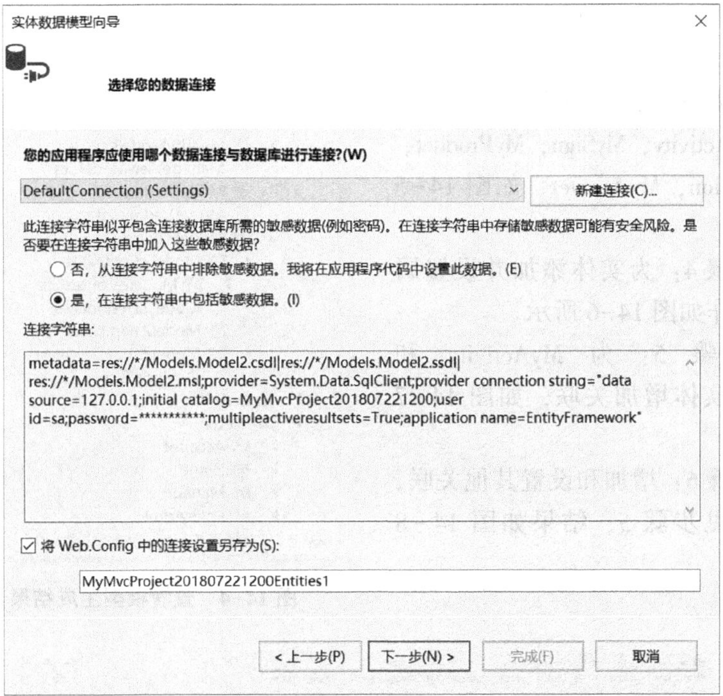

(d)设置数据连接关键词

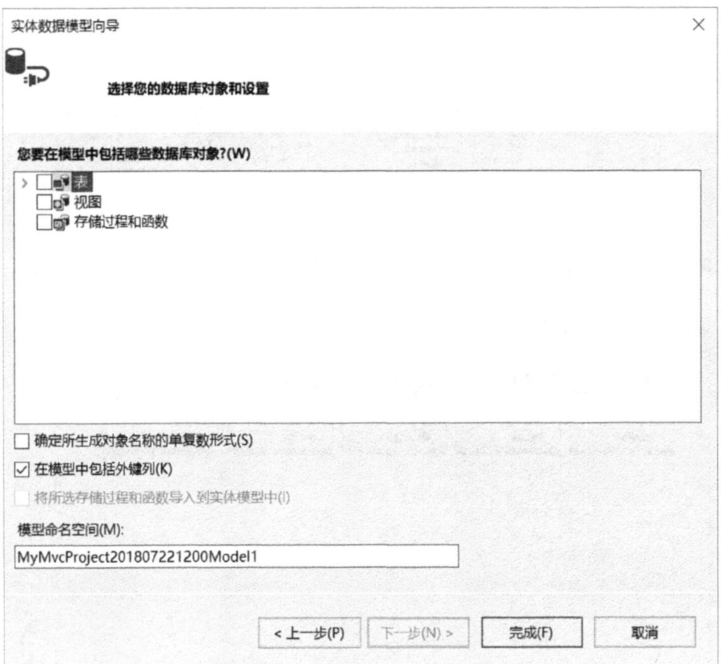

(e)命名模型空间

图 14-3　新建模型 Model1

步骤 2：查看生成结果，如图 14-4 所示。

步骤 3：新增加以下五个实体：MyActivity，MySign，MyProduct，MyQuestion，MyAnswer，如图 14-5 所示。

步骤 4：为实体添加并设置属性。操作如图 14-6 所示。

步骤 5：为 MyActivity 和 MySign 实体增加关联，如图 14-7 所示。

步骤 6：增加和设置其他关联，操作参见步骤 5，结果如图 14-8 所示。

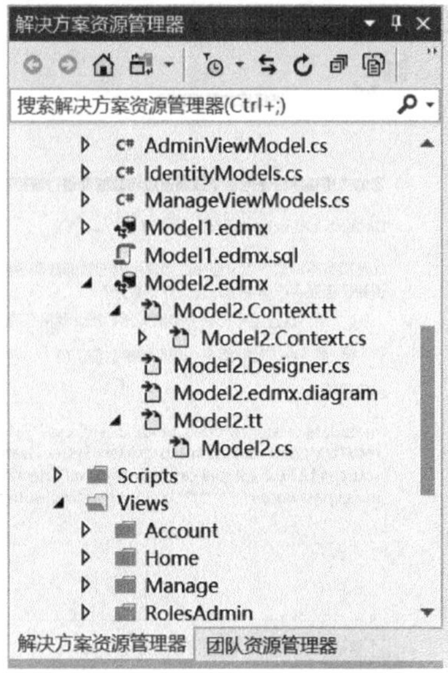

图 14-4　查看模型生成结果

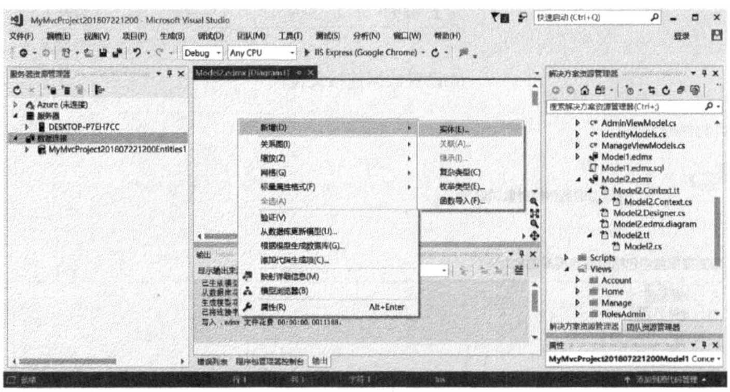

(a)新增实体

(b)增加多个实体

图 14-5　添加实体

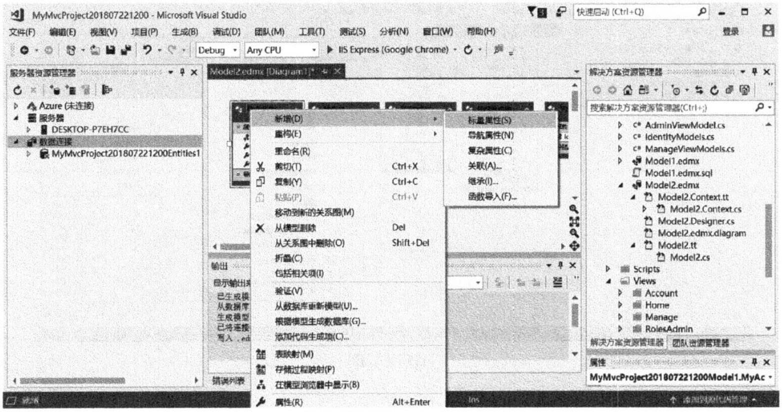

(a)增加属性

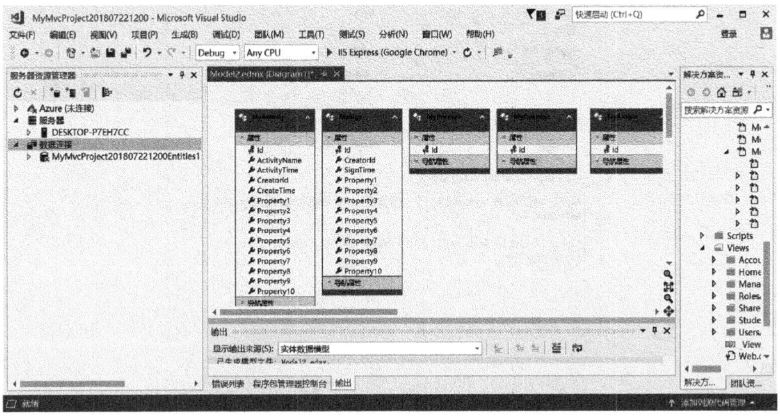

(b)增加多个属性

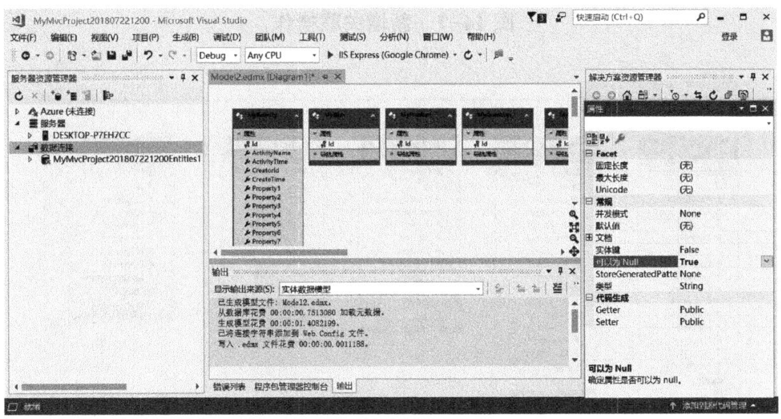

(c)设置允许实体的属性可以为空

图 14-6 增加和设置属性

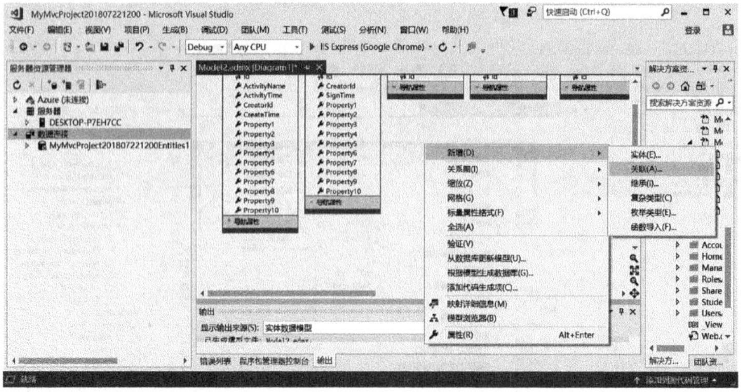

(a)新增关联

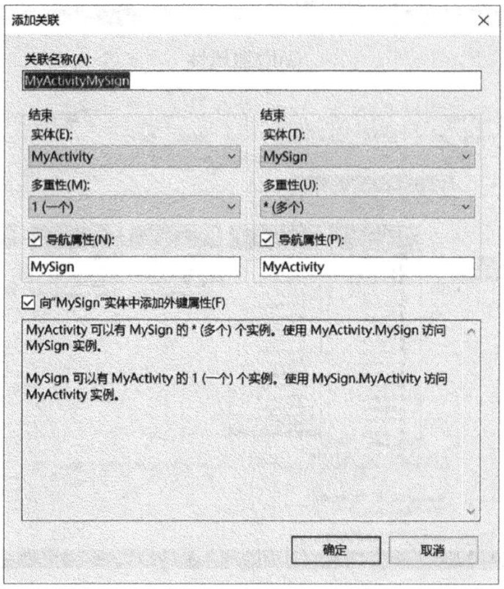

(b)设置关联

图 14-7 新增关联操作

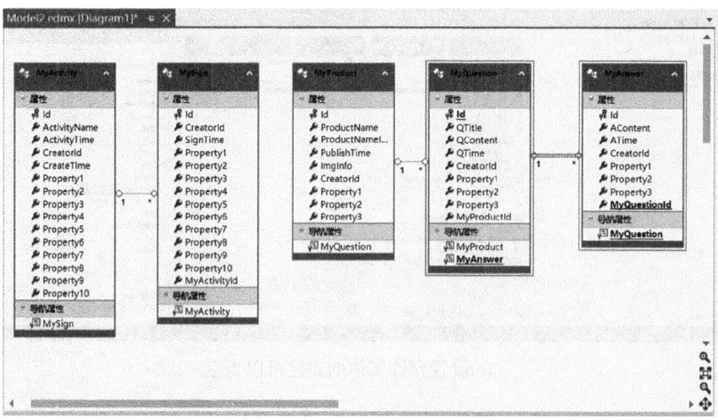

图 14-8 其他关联

步骤 6：根据模型为实体和联系增加 SQL 语句，准备向数据库添加表。右键点击空白处->根据模型生成数据库，单击完成，如图 14-9（a）（b）所示。查看生成数据库的 SQL 语句，如图 14-9（c）所示。

(a)根据模型生成数据库

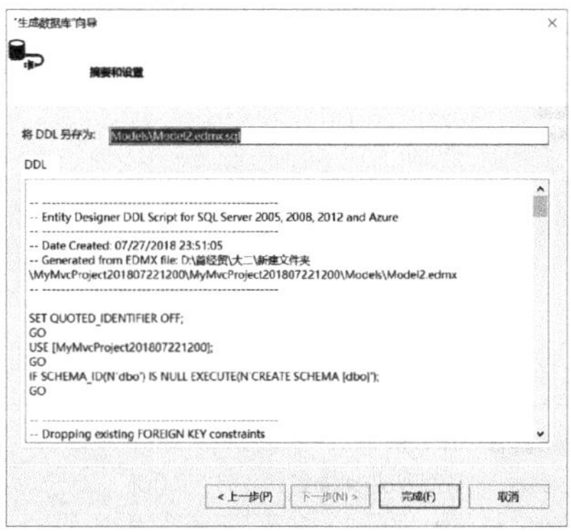

(b)“生成数据库”向导

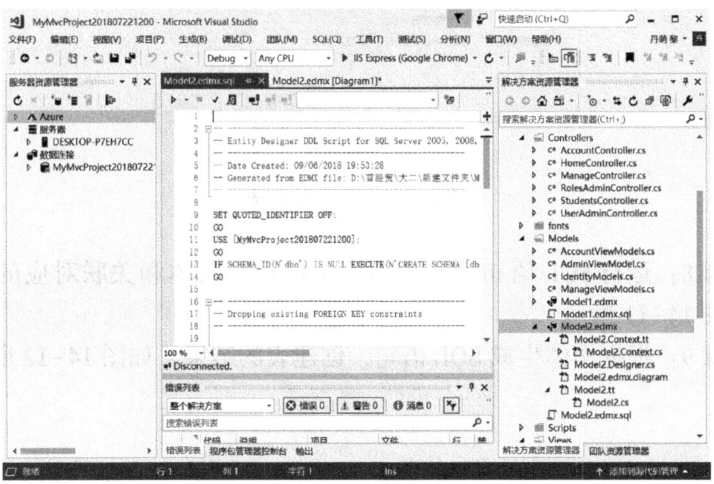

(c)SQL语句

图 14-9　根据模型生成数据库

步骤 7：为执行 SQL 语句连接数据库，操作如图 14-10 所示。

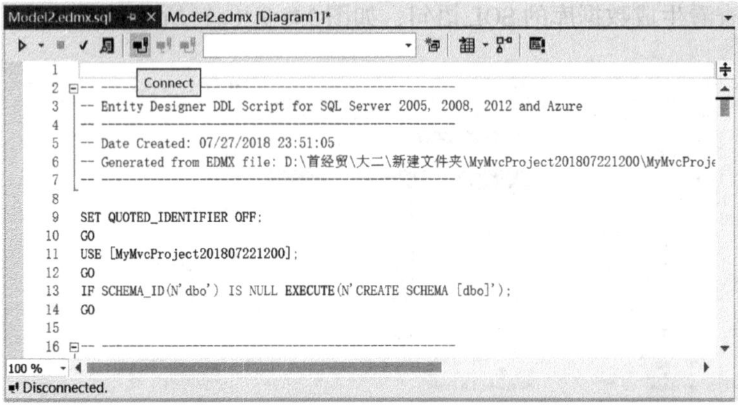

(a) 连接数据库

(b) 设置连接

图 14-10　连接数据库

步骤 8：运行 SQL 语句，在数据库中创建与实体和关联对应的数据库表，如图 14-11 所示。

步骤 9：根据实体生成 SQL 语句，创建表的结果，如图 14-12 所示。

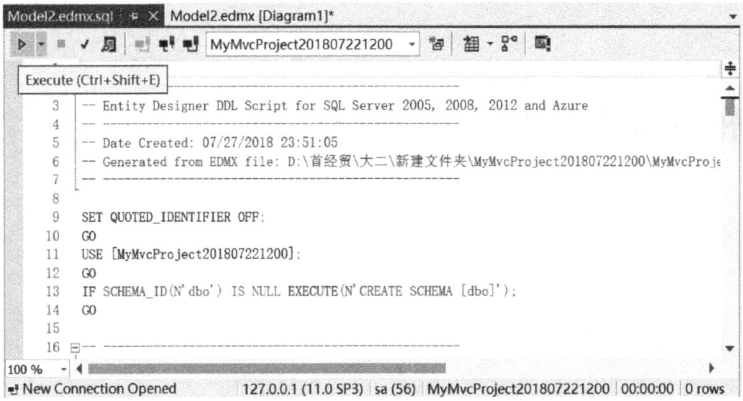

图 14-11　运行 SQL 语句

14.5　本章总结

本章实现的工作：采用 Model First 开发模式对 MyActivity，MySign，MyProduct，MyQuestion，MyAnswer 进行实体和联系的建模，根据数据模型生成 SQL 语句并执行 SQL 语句生成数据库相应的表。

本章掌握的技能：①在 Model First 开发模式下如何建立数据模型；②在数据模型中如何建立实体；③在数据模型中如何添加联系；④根据数据模型如何生成 SQL 语句；⑤如何连接数据库执行 SQL 语句；⑥如何在开发工具中查看实体和联系所对应的数据库表的生成情况。

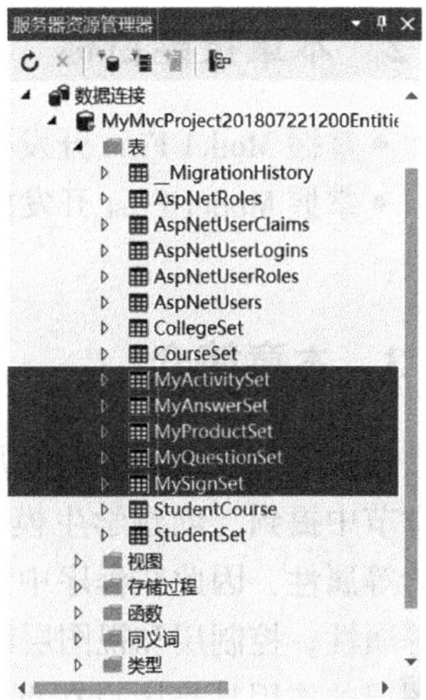

图 14-12　查看运行结果

14.6　本章作业

➢ 实现本章的案例，创建与用户购买产品相关的多个实体和联系，并生成数据库对应的表。

➢ 为学生选课系统建立数据模型并生成数据库表，即创建学生和课程两个实体，它们之间存在多对多关系，为实体和联系建模；生成 SQL 语句并连接数据库生成实体对应的数据库表。

15　根据数据模型生成模型层类

15.1　本章工作任务

使用 Model First 开发模式，根据上一章已经建立完成的数据模型生成数据库，进而一键生成模型层的实体类。

15.2　本章技能目标

- 掌握 Model First 开发模式下，根据数据模型生成数据库的方法。
- 掌握 Model First 开发模式下，根据数据模型一键生成模型层实体类的方法。

15.3　本章简介

模型层的作用是为控制层和视图层提供对应的实体类。例如在本书前面章节中提到，创建学生模型时，数据模型中创建的学生实体，有姓名及年龄等属性，因此在程序中应有与之对应的 student 类，同时具备姓名、年龄等属性。控制层和视图层都是基于上述模型层中的实体类生成和工作的。视图层的作用是与用户在页面上交互。当在页面上触发增加一条学生信息的操作时，控制层调用增加学生信息的行为，这个行为使模型层向数据库 student 表中添加一行记录。

15.4　理论讲解部分

15.4.1　任务描述

需求描述如图 15-1 所示。

尚需效果（需求）描述如下：

用户根据上一章创建的数据模型一键生成模型层的类。

15.4.2　知识详解

通过数据模型生成模型层类的实现原理，如图 15-2 所示。

执行每一个增删改查的操作，首先要从视图层依次发起行为，调用控

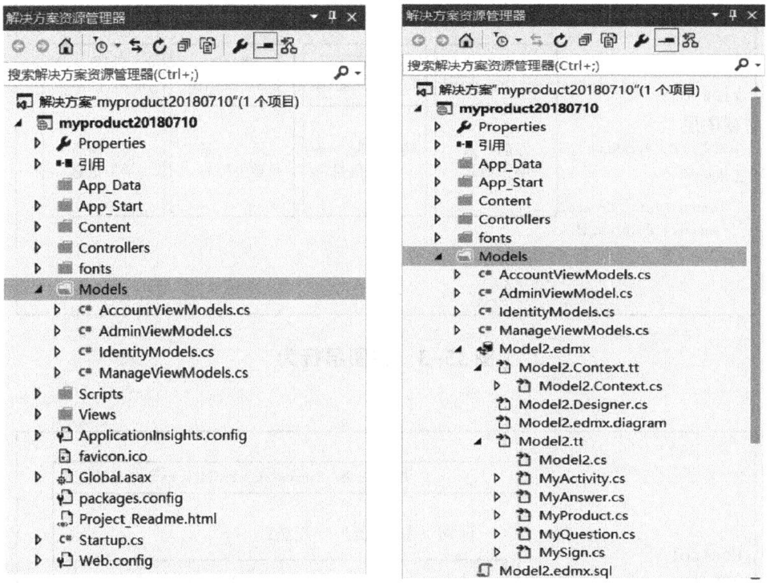

(a)生成实体类前的模型层文件　　(b)生成实体类后的模型层文件

图 15-1　生成模型层的实体类文件

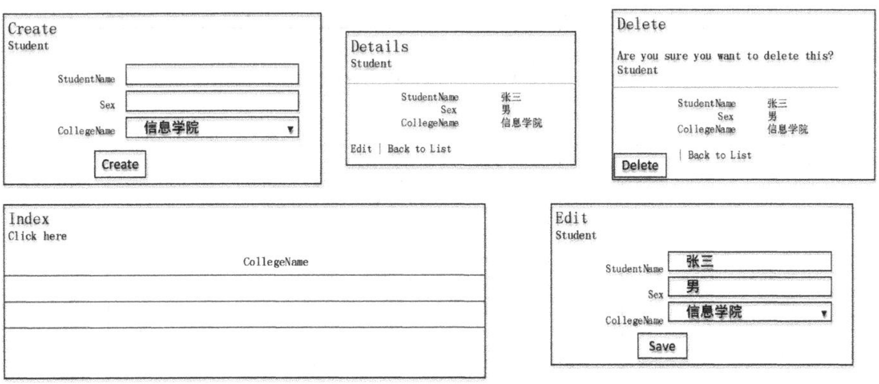

图 15-2　页面上的增删改查操作

制器中的行为。例如用户在页面上点击“增加一条学生信息”，这个行为在视图层上发起，被控制器接收；控制器接收到这个指令，就会调用控制器中 create 行为。视图层和控制层的行为如图 15-3 和图 15-4 所示。

调用 create 行为后，控制层需要调用模型层来修改数据库中的表。如图 15-5 所示，模型层中有 student 这个类（集合），类中包括学生的编号、姓名、性别以及学生所属的学院编号等属性。

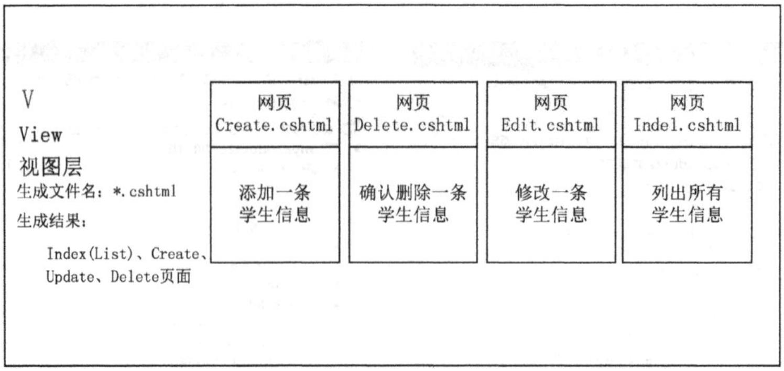

图 15-3　视图层行为

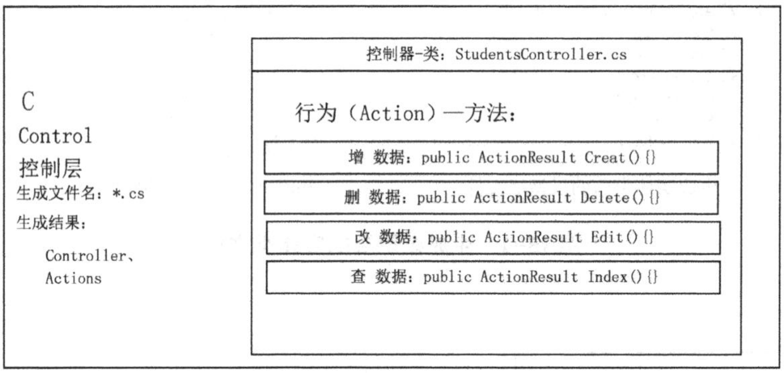

图 15-4　控制层行为

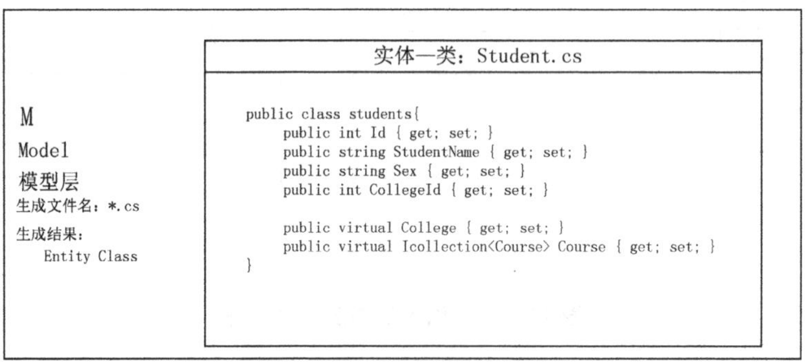

图 15-5　模型层行为

在数据库中实体集就是实体的集合，负责把分散摆放的实体聚集成一个集合。模型层首先要对数据库中的每一个实体写一个对应的类，再包装成实体集。例如，student 要形成具体的实体集 StudentSet，封装的语句为：DbSet <student> StudentSet，如图 15-6 上半部分所示。这里的实体集用了一个类范型的定义 DbSet，表示未来要把一个实体定义成实体集，其中 student 表示实体名，“<>”表示把 student 封装成实体集，实体集的名字叫 StudentSet，名称可以自取。在数据模型中建立了学院、学生、课程这些实体，模型层中就应该生成对应的学院、学生、课程的类。因为对单个学生只能描述单个学生的信息，但是在数据库中要操作的是大量学生的信息，因此每一个学生都对应着学院、学生、课程这三个实体集。这些实体集统一地放在数据库的内容中。在本例中是 DbContext——数据库内容，是和数据库连接的连接池。数据集中有很多方法，如图 15-6 下半部分的添加、删除、修改等，这些方法可以直接对数据库进行相应操作。

实体-类：Student.cs 对应的增删改查方法
定义：上下文类（DbContext）和数据集类（DbSet）对象

```
    public partial class StudentAndCourseDemoEntities : DbContext
    {
        public virtual DbSet<Student>  StudentSet { get; set; }
        public virtual DbSet<Course>   CourseSet  { get; set; }
        public virtual DbSet<College>  CollegeSet  { get; set; }
    }
```

数据集（DbSet）类的方法添加、删除、修改：

```
...public class DbSet<TEntity> : DbQuery<TEntity>, IDbSet<TEntity>, IQueryable<TEntity>,
IEnumerable<TEntity>,
{
    ...protected DbSet();
    ...public virtual ObservableCollection<TEntity>  Local { get; }
    ...public virtual TEntity Add(TEntity entity);
    ...public virtual TEnumerable<TEntity> AddRange(IEnumerable<TEntity> entities);
    ...public virtual TEntity Attach(TEntity entity);
    ...public virtual TEntity Create();
```

图 15-6　模型层方法

数据库内容 DbContext 相当于一个继承，在程序中调用时用 DbContext 类生成一个 db 的数据库，如图 15-7 所示。

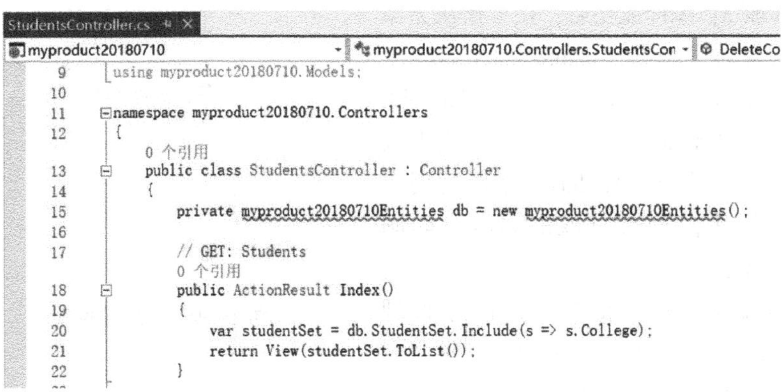

```
StudentsController.cs
myproduct20180710    myproduct20180710.Controllers.StudentsCon    DeleteCo
using myproduct20180710.Models;

namespace myproduct20180710.Controllers
{
    0 个引用
    public class StudentsController : Controller
    {
        private myproduct20180710Entities db = new myproduct20180710Entities();

        // GET: Students
        0 个引用
        public ActionResult Index()
        {
            var studentSet = db.StudentSet.Include(s => s.College);
            return View(studentSet.ToList());
        }
```

图 15-7　StudentsController. cs 控制器中生成数据库

用 db. 实体集 . 方法（实体），在本例中具体表现是 db. StudentSet. Add (student)，表示在实体集（很多学生）中添加一个实体（学生）。Db. SaveChange（）表示发起保存更改的指令，实现对数据库的更新，如图 15-8 所示。

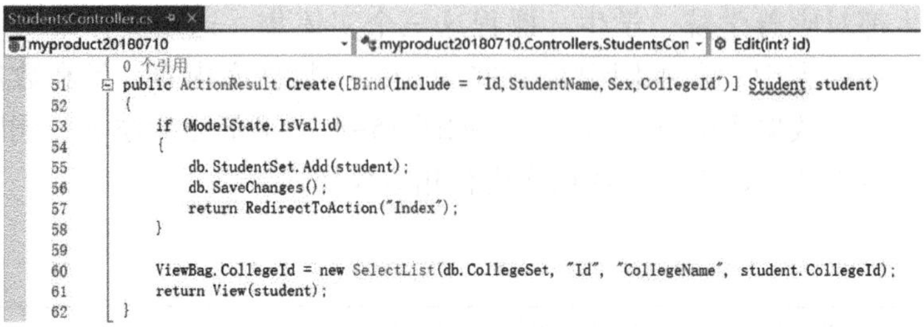

图 15-8　StudentsController. cs 实现添加学生的功能

模型层的作用就是先把实体封装成实体类，再把实体类封装成实体集，最后把所有实体集封装成上下文。

15. 4. 3　实现步骤

步骤 1：通过上一章中建好的数据模型生成数据库，如图 15-9 所示。

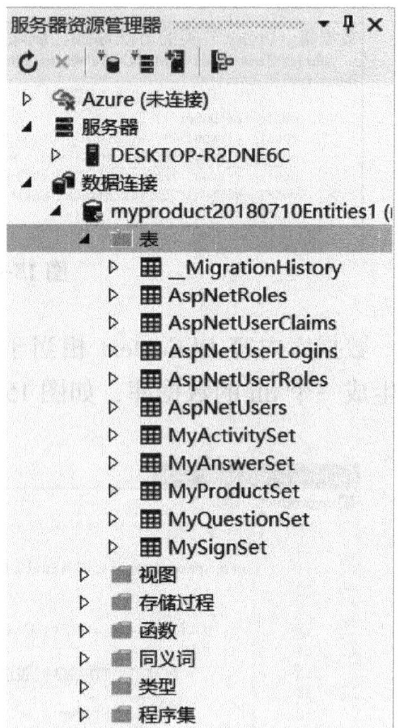

图 15-9　生成数据库

步骤 2：右键单击“解决方案资源管理器”中的“myproduct20180710”(项目名称)，点击“重新生成”，即编译整个项目，如图 15-10 所示。

步骤 3：编译成功后，在“解决方案资源管理器”中的“myproduct20180710”(项目名称) > “Models” > “Model2. edmx” > “Model2. tt”中可以找到生成的实体类，其中“Models”下级的列表名称是创建模型时自取的名称，如图 15-11 所示。

步骤 4：在“解决方案资源管理器”中的“myproduct20180710”（项目名称）> “Models” > “Model2. edmx” > “Model2. Context. tt” > “Model2. Context.cs”中可以找到实体类被封装成实体集，再打包成上下文，如图 15-12 所示。

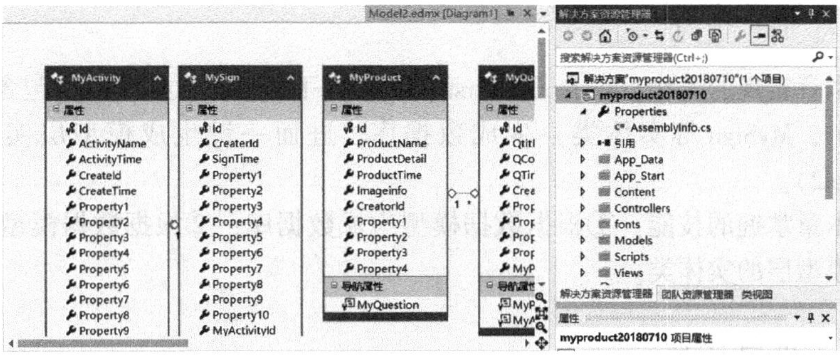

图 15-10　编译项目

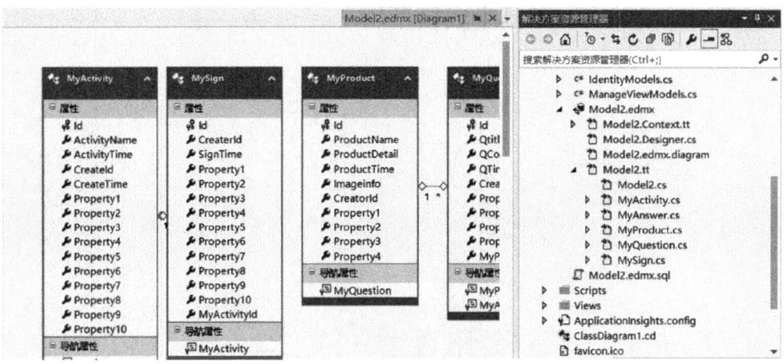

图 15-11　编译出的模型

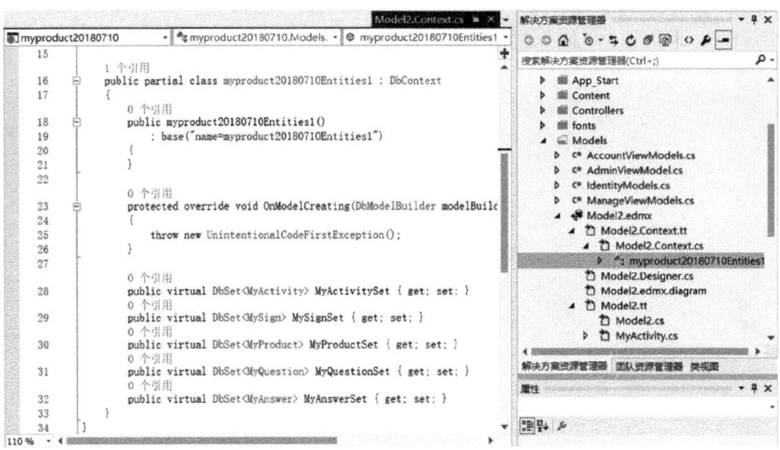

图 15-12　模型中封装的代码

15.5 本章总结

本章实现的工作：在 Model First 开发模式下，根据数据模型（包含 MyActivity，MySign 等实体类）生成数据库，进而一键生成模型层实体类（Model2）。

本章掌握的技能：①根据数据模型生成数据库；②根据数据模型一键生成模型层的实体类。

15.6 本章作业

➢ 实现本章涉及的学生系统和活动签到模型生成实体类的功能。

➢ 创建一个公司职员系统，包含公司、员工、工作岗位等实体类，并用 Microsoft Visual Studio 工具生成模型层。

16 根据模型生成控制器

16.1 本章工作任务

使用 Model First 开发模式，创建一个空白控制器，在控制器中创建多个行为，从而生成多个具有显示字符串功能的页面，并实现页面之间的跳转。

使用 Model First 开发模式，为模型层中的 MyActivitiySets 实体生成控制器，同时在视图层生成具有增删改查功能的页面。

16.2 本章技能目标

- 掌握 Model First 开发模式下生成空白控制器，并在控制器中编写多个行为，实现页面与行为、页面与页面、行为与页面、行为与行为之间的四种跳转形式。
- 掌握 Model First 模式下，根据 ER 图生成控制器，同时生成具有增删改查功能的页面的方法。

16.3 本章简介

本章主要介绍 MVC 框架下的 Controller（控制器）。

控制器介于视图层与模型层之间，通过写在控制器中的行为接收视图层的数据进行业务逻辑处理，再调用模型层读取数据。其中业务逻辑处理为收到用户请求后，控制器先进行一系列“审核”及“加工”。例如，上传照片时照片大小不能超过 100MB，若超过 100MB，则不触发数据库，直接在页面上显示“上传照片大小超过限制”，此为“审核”；再如，用户上传照片时，命名不符合数据库字段的要求，则在控制器中将照片按照数据库要求的字段命名，此为“加工”。模型层处理完数据后，控制器接收模型层返回的结果，将结果加工后返回给页面显示。控制器相当于视图层与模型层之间的“桥梁”，通过行为连接页面与数据库。例如，在网页上存钱，存入金额最小值为 1 万元，当用户在页面上点击“存钱”，输入存入金额为 1 万元以下时，视图层将数据传递给控制器，控制器进行业务逻辑处理，发现存入金额小于 1 万元，直接在页面上显示“存入金额最小值为 1 万元”，不触发模型层与数据库；若存入金额为 3 万元，则控制器调用模型层，在数据库中新建一条存入记录，控制器接收模型层返回的结果，并在页面中显示存入成功的信息。

本章的重点是根据数据模型生成控制器，同时生成具有增删改查功能的页面。

16.4 理论讲解部分

16.4.1 任务 1 描述

需求描述如图 16-1 所示。

(a)访问Index行为

(b)访问MyAction行为

图 16-1 生成空白控制器和页面

尚需效果（需求）描述如下：

（1）创建一个控制器，使得控制器可以跳转到视图并显示“My Name is My/Index. cshtml”字符串，如图 16-1（a）所示。

（2）用户可以通过访问：网址/控制器/行为（127. 0. 0. 1/MyEntitySet001/MyAction）的方式访问 MyAction 行为，从而在页面上显示字符串“Hello World!”，如图 16-1（b）所示。

16.4.2 任务 2 描述

需求描述如图 16-2 所示。

尚需效果（需求）描述如下：

（1）为 MyActivitiySets 实体生成控制器，生成具有增删改查功能的页面，如图 16-2（a）所示。

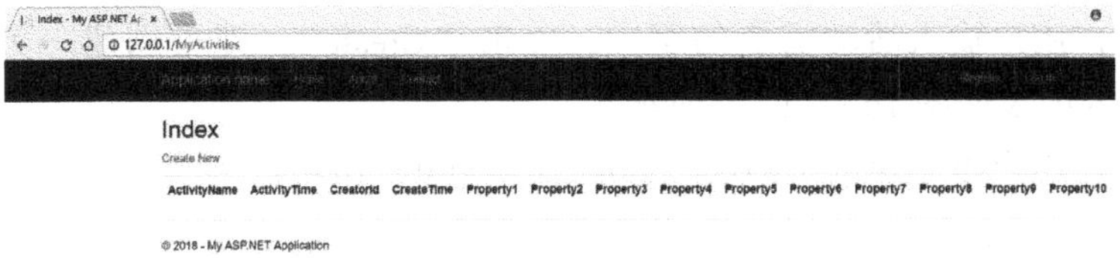

(a)生成“活动”列表页

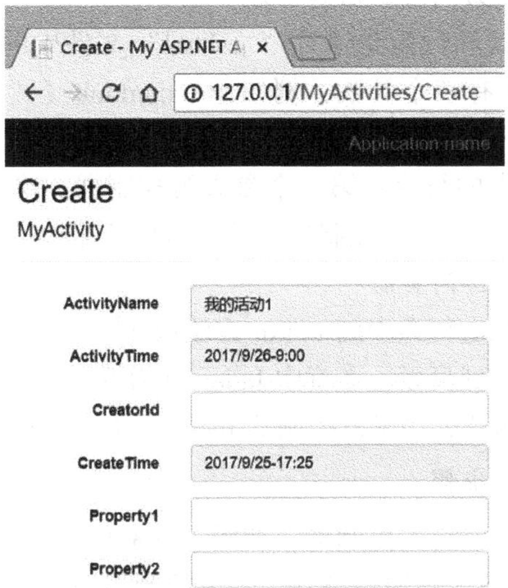

(b)在页面上增加一个活动

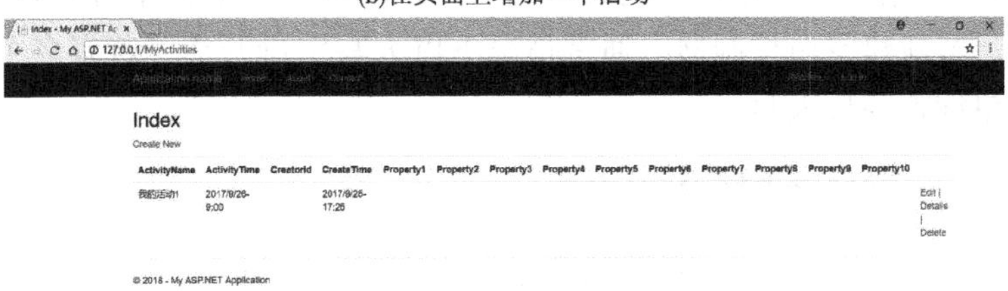

(c)增加一个活动后的活动列表页

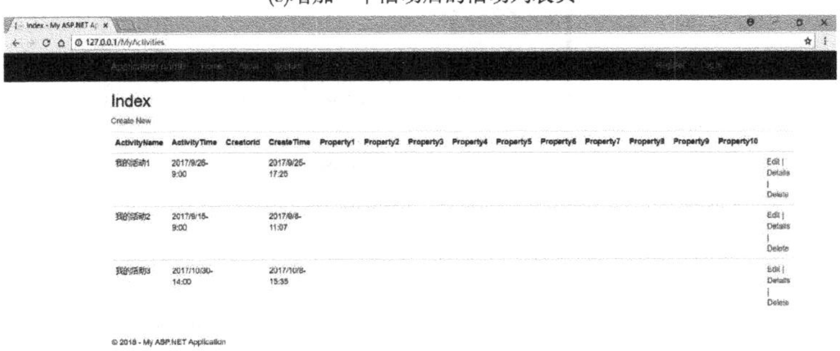

(d)增加三个活动后的活动列表页

图 16-2　通过 ER 模型生成控制器和页面

（2）用户在页面上点击“Create New”，跳转到创建活动的页面，如图 16-2（b）所示。

（3）用户输入活动需要的字段，点击“Create”，即可创建一个活动，创建后的结果如图 16-2（c）所示。

（4）用户可创建多个活动，如图 16-2（d）所示。

16.4.3 知识详解

16.4.3.1 页面如何访问控制器和行为

页面访问控制器和行为是通过“. cshtml”文件中的 ActionLink 方法实现的。ActionLink 共有三个参数，例如，ActionLink（“首页”，“Index”，“Home”），第一个参数为显示参数，即在页面中显示“首页”两个字；第二个参数为控制器中的行为；第三个参数为控制器。当在页面上点击“首页”时，应该返回“Home”控制器下的“Index”行为。

16.4.3.2 行为如何访问页面

行为访问页面是由行为中的 return 方法决定的，“return View（）”表示访问此行为时跳转到页面。本章中 Index 行为返回类型为一个视图，视图名称为“Index. cshtml”，当触发控制器 Index 行为时，就会直接访问页面。

16.4.4 任务 1 实现步骤

步骤 1：新建一个空的控制器，如图 16-3 所示。打开 MVC. net 项目，右键点击“Controllers”添加控制器。生成控制器时，控制器的名称默认以“Contorller”结尾，表示建立的是控制器。Controller 前面的字符才是控制器的名称。若新建空白控制器，通常情况下以大写字母开头，若有多个单词，则每个单词首字母大写。

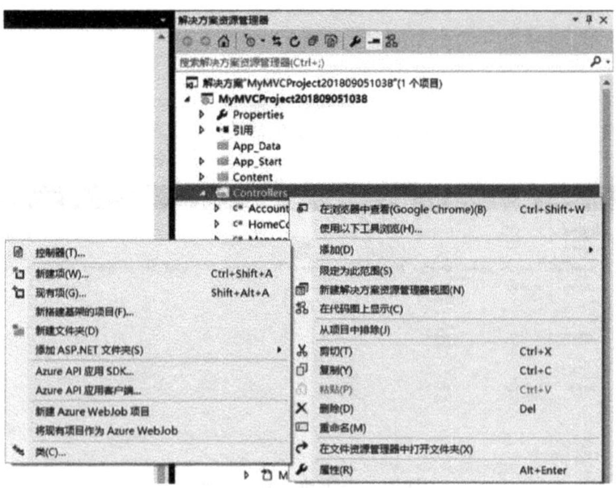

(a)新建控制器

图 16-3

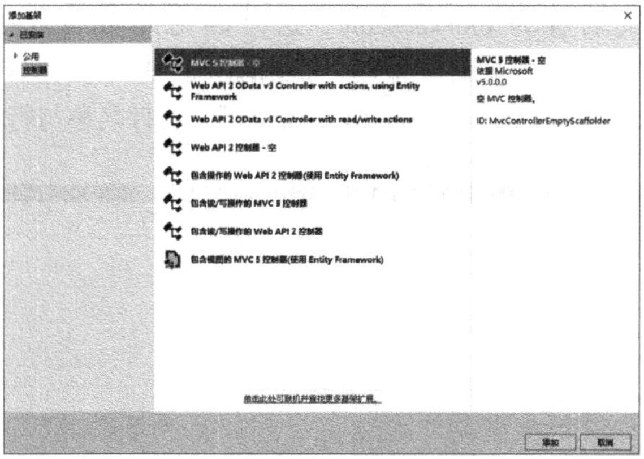

(b)选择创建空的控制器

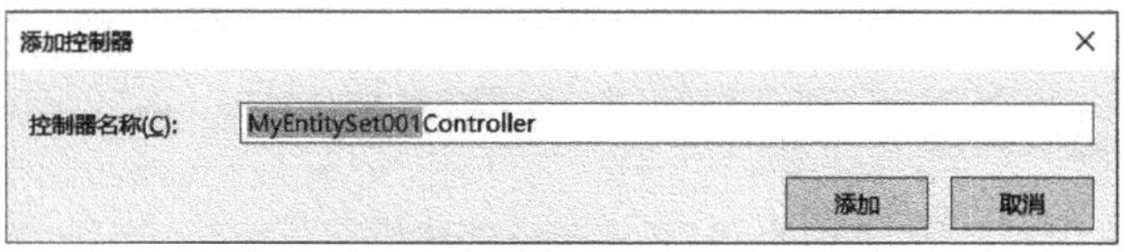

(c)控制器命名

(d)生成结果

图 16-3　新建一个空白控制器

步骤 2：为控制器的一个行为添加所要跳转的视图，如图 16-4 所示。本例中控制器里的 Index 行为的作用是返回一个视图。但是由于项目中没有视图，因此要添加一个视图。生成的视图文件名称与控制器行为名称相同，本例中为“Index. cshtml”。创建视图的位置在“Views”中的“MyEntitySet001”

目录下，视图的名称为 Index. cshtml，这是因为此页面是在控制器执行“Index”行为时要返回的页面。所有“MyEntitySet001”控制器中的行为文件都放在“View”中的“MyEntitySet001”目录下，文件名称与行为名称一致。

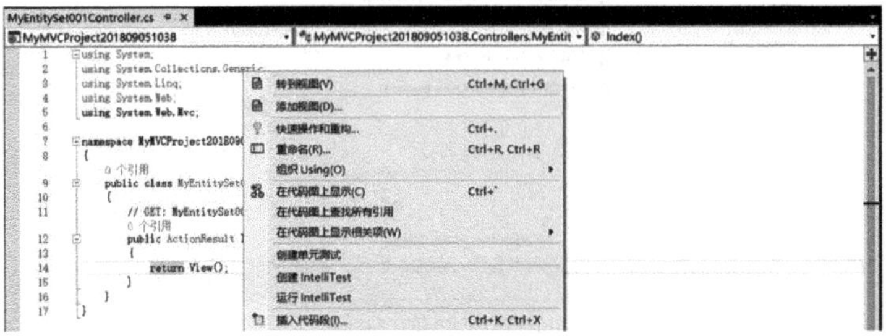

(a)添加视图

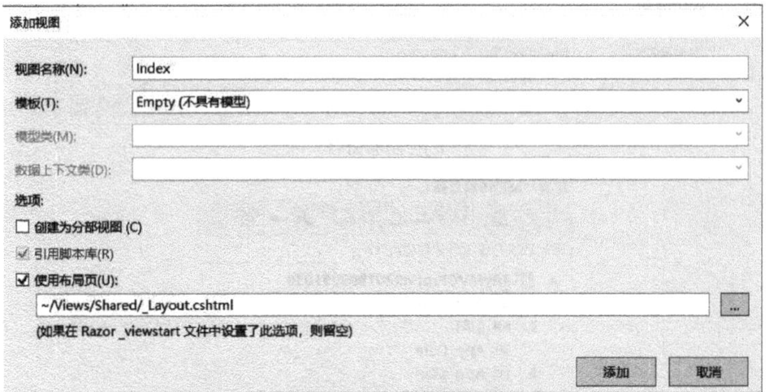

(b)设置视图属性

(c)查看生成的视图文件

图 16-4　添加视图

步骤 3：改写 Index. cshtml 文件。在 Index. cshtml 文件中编写：

```
<p>My Name is My/Index. cshtml</p>
```

添加的代码在文件中的位置如图 16-5 所示。

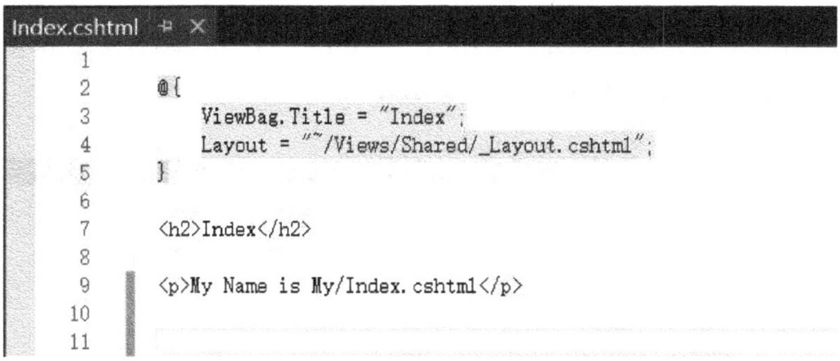

图 16-5　Index. cshtml 文件改写

步骤 4：访问 MyEntitySet001 控制器中的 Index 行为，从行为跳转到 Index. cshtml 页面。编译整个项目。如图 16-6 所示。由于该项目已经部署在 IIS 中，所以有本机地址即可访问，即在浏览器地址栏中输入 http：//127. 0. 0. 1/MyEntitySet001（IP 地址/控制器/行为）。由于在 App_ Start 目录下的 RouteConfig. cs 文件中声明控制器的默认访问行为是“Index 行为”，因此省略“/行为”即“/Index”也可以默认访问到 Index 行为。

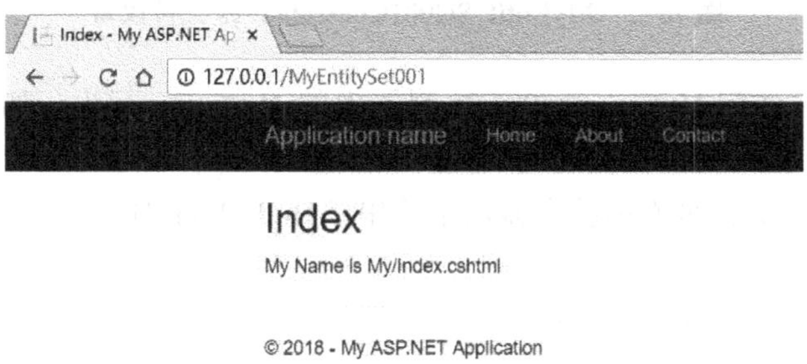

图 16-6　Index 页面

步骤 5：改写 MyEntitySet001Controller. cs 文件，编写 MyAction 行为。如图 16-7 所示。在一个控制器中可以有多个行为，此时开始编写第二个行为即 MyAction 行为。MyAction 行为返回类型为字符串，说明每个行为的返回值不都是 ActionResult，也有其他的返回值。

ActionResult 是控制器方法执行后返回的结果类型，它是一个抽象类，有多个派生类。其中抽象类是指类中没有包含足够的信息来描绘一个具体对象的类；派生类是利用继承机制，从已有的类中衍生出的子类。MVC. net 框架中控制器方法可以返回一个直接或间接从 ActionResult 抽象类继承的类型。ActionResult 抽象类的每个子类功能均不同，并不是所有的子类都需要返回视图 View，有些直接返回流，有些返回字符串等。常见的 ActionResult 共有 12 种，本章中用到的是 ViewResult，表示一个视图结果，它根据视图模板产生应答内容，对应的 Controller 方法为 View。

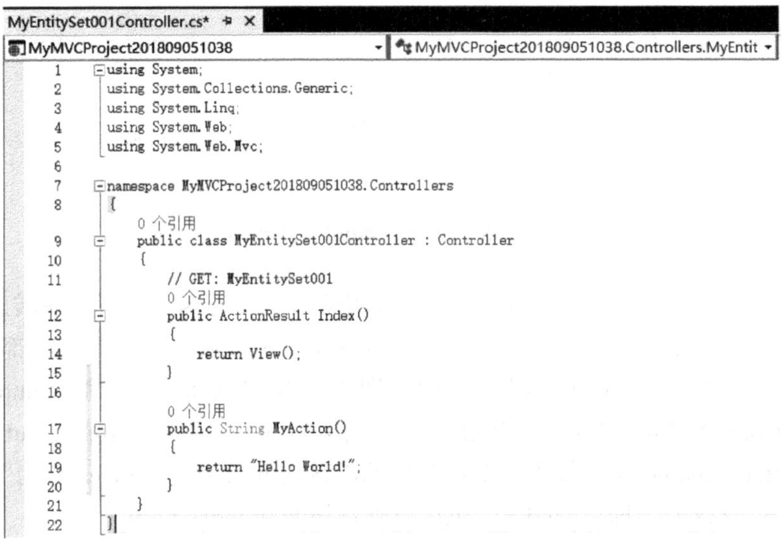

图 16-7　MyEntitySet001Controller. cs 文件改写

步骤 6：访问 MyEntitySet001 控制器中的 MyAction 行为，如图 16-8 所示。编译整个项目，在浏览器地址栏中输入 http：//127. 0. 0. 1/MyEntity-Set001/MyAction，页面中就会显示字符串 “Hello World!”。

图 16-8　MyAction 页面

从上述例子可以看出，页面上的任何行为都是通过调用控制器实现的。

16.4.5 任务 2 实现步骤

步骤 1：生成控制器，如图 16-9 所示。为之前创建好的 MyActivitySets 实体类创建控制器，选择生成包含视图的 MVC5 控制器（使用 Entity Framework）。

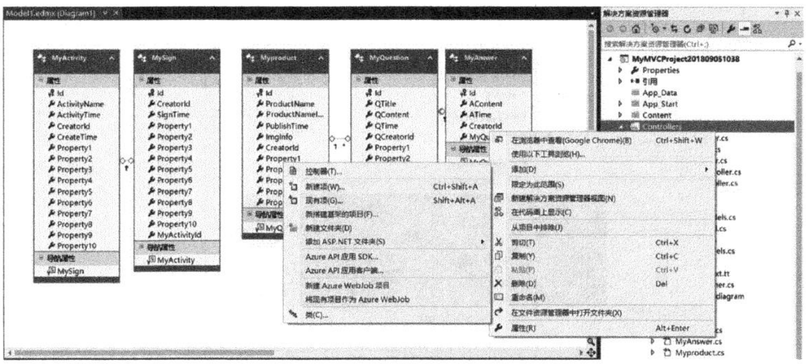

(a)新建控制器

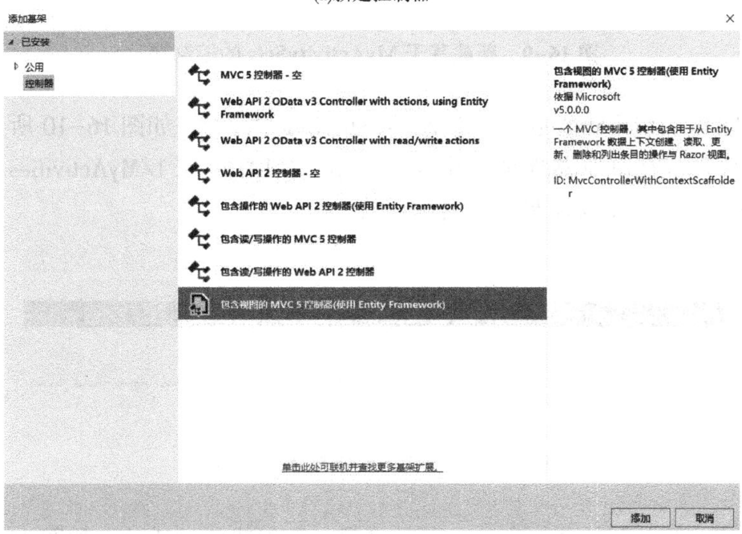

(b)选择控制器

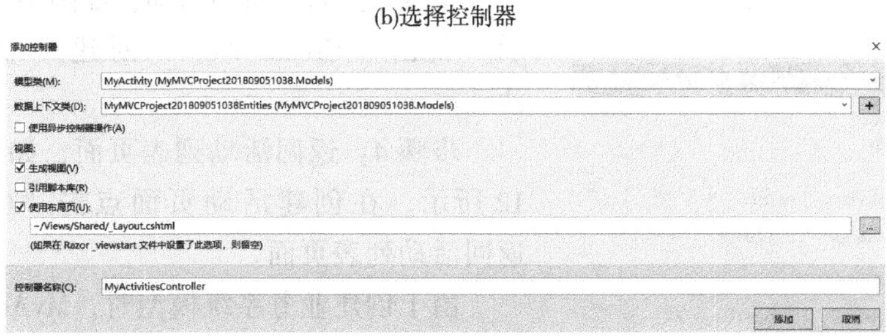

(c)设置控制器属性

图 16-9

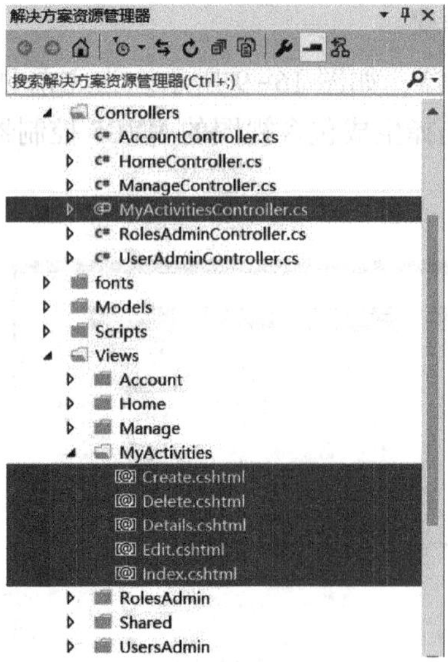

(d)控制器及页面生成结果

图 16-9　新建基于 MyActivitySets 的控制器

步骤 2：访问 MyActivities 控制器下的 Index 行为，如图 16-10 所示。编译整个项目，在浏览器地址栏中输入 http：//127. 0. 0. 1/MyActivities，注意 MyActivities 字段要与控制器的名称一致。

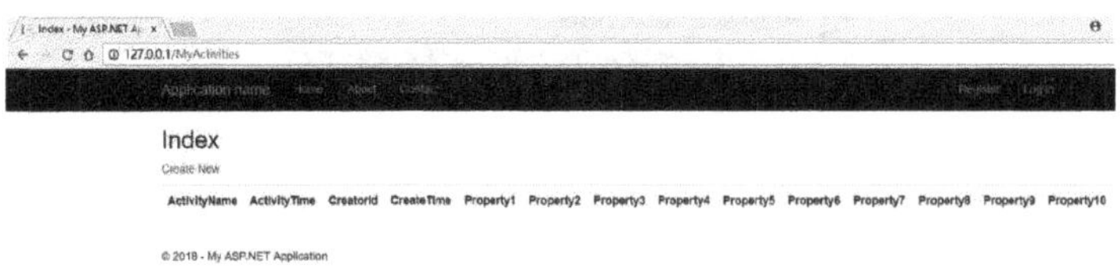

图 16-10　业务系统模型 Index 页面

图 16-11　创建新的活动

步骤 3：创建新的活动，如图 16-11 所示。点击 “Create New” 创建一个新的活动。

步骤 4：返回活动列表页面，如图 16-12 所示。在创建活动页面点击 “Create” 返回活动列表页面。

由于创建业务系统模型时，MyActivities 的所有字段设置可以为空，因此创建 “我的活动 1” 时所有项都是非必须项，即不填写所有字段也不会报错。

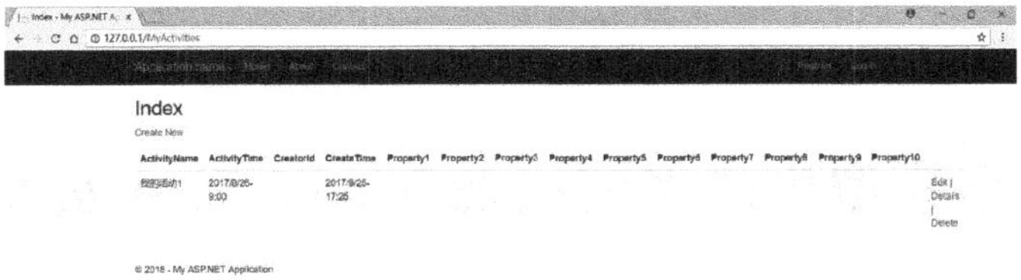

图 16-12 活动列表页

步骤 5：按照上述方法，创建“我的活动 2”及“我的活动 3”，如图 16-13 所示。

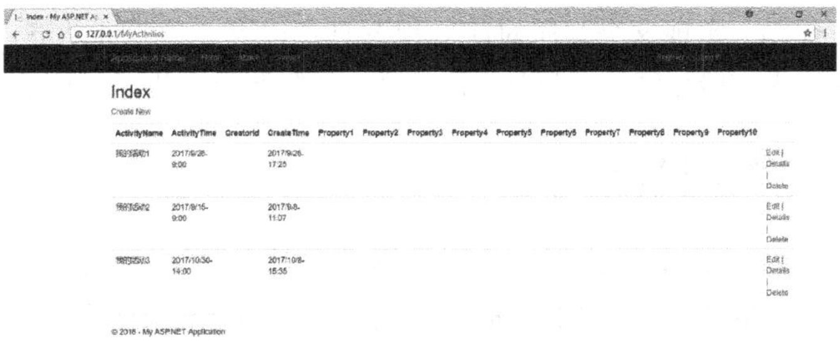

图 16-13 包含三个活动的活动列表页

16.5 本章总结

本章实现的工作：①在 Model First 开发模式下，新建空白控制器，创建一个行为返回到页面；②根据 MyActivities 实体类直接生成控制器，同时生成具有增删改查功能的页面。

本章掌握的技能：①新建空白控制器，在控制器中创建多个行为，实现行为与页面、行为与行为之间的跳转；②根据数据模型中的 MyActivitySets 实体类生成控制器，同时生成页面，并且在页面中可以进行增删改查操作，例如，添加一条活动信息。

16.6 本章作业

➢ 实现本章中创建 MyActivities 控制器及对应的增删改查页面，以及创建 MyProductss，MyAnswers，MyQuestions，MySigns 实体类的控制器及相应的增删改查页面。

➢ 根据网上报销流程创建一个报销实体（包括申请者姓名、钱财用途、钱财使用时间、报销金额等信息），根据这个实体实现对报销申请的增删改查记录。

17　根据模型生成视图层及 Model First 页面验证

17.1　本章工作任务

使用 Model First 开发模式，利用分部类为 StudentForTestValidation 实体类创建页面验证代码，实现这个类所对应的视图具备以下 5 种验证功能：①字段非空；②两次输入字段相同；③限制字段长度；④限制数字范围；⑤固定格式。

17.2　本章技能目标

- 掌握 Model First 模式下，使用数据模型对实体与联系建模的方法。
- 掌握 Model First 模式下，根据数据模型生成控制器和视图的方法。
- 掌握 Model First 模式下，为实体创建分部类的方法。
- 掌握在分部类中，使用 Required 验证机制，验证字段是否为空的方法。
- 掌握在分部类中，使用 Compare 验证机制，验证两次输入是否相同的方法。
- 掌握在分部类中，使用 StringLength 验证机制，限制字段长度的方法。
- 掌握在分部类中，使用 Range 验证机制，限制数字范围的方法。
- 掌握在分部类中，使用 RegularExpression（正则表达式）验证机制，验证字段是否符合固定格式的方法。

17.3　本章简介

页面验证是当用户提交注册信息到服务器时，服务器对其提交的信息进行一系列的检查并通知用户纠正错误的机制。

进行页面验证是因为用户在填写表单信息时，可能会出现以下几方面的错误：①缺少必填信息（例如，姓名为必填项，但是用户未填写）；②两次输入密码不一致；③输入字段的长度超过限制（例如，密码长度在 3～8 位，而用户提交的密码长度为 3 位以下或 8 位以上）；④数字大小超出范围（例如，年龄小于 0 岁或大于 200 岁）；⑤邮箱或网址等有固定格式的字段与格式不符。因此，在页面中设置页面验证机制，能有效地防止一系列错误数据读入数据库而导致数据库报错。

本章的重点是 Model First 模式下生成视图层的视图及页面验证。

17.4 理论讲解部分

17.4.1 任务描述

需求描述如图 17-1 所示。

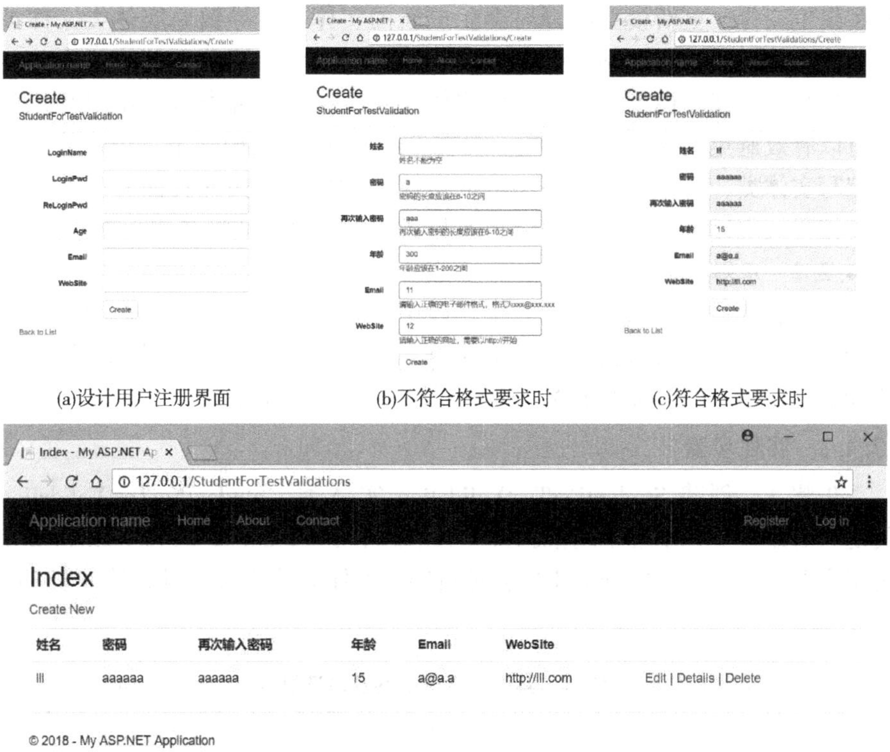

(a)设计用户注册界面　(b)不符合格式要求时　(c)符合格式要求时

(d)填写内容符合格式要求时完成创建用户

图 17-1　Model First 模式下页面验证

尚需效果（需求）描述如下：

（1）利用 MVC.net 创建增删改查页面，为实体类添加页面验证信息，使得页面具有验证功能。打开创建页，此时未填写任何信息，因此未激活页面验证机制，页面上不显示任何验证信息，如图 17-1（a）所示。

（2）用户填写表单时，若填写内容的格式不符合该字段的格式要求，则该字段后方页面给出红色提示信息，此时点击“Create”，数据不会被创建，如图 17-1（b）所示。

（3）用户填写表单时，若填写内容的格式符合字段的格式要求，则没有提示信息，如图 17-1（c）所示，此时点击“Create”，数据可以被创建，如图 17-1（d）所示。

17.4.2 知识详解

17.4.2.1 分部类

分部类的概念是使用两个类文件同时描述同一个类的信息，也就是将一个类分散在多个文件中描述。

在 Model First 开发模式下，实体类是由数据模型自动生成的。如果数据模型发生变化，更新模型编译时会生成新的实体类，导致原实体类文件被覆盖，写在原实体类文件中的页面验证语句将消失。因此不能将页面验证语句编写在数据库模型自动生成的实体类中。使用分部类编写用户验证代码可以有效避免上述问题的产生。而在 Code First 开发模式下，用户使用程序编写实体类，不存在根据模型生成实体类的操作，因此页面验证语句可以直接写入实体类中。Code First 开发模式下的页面验证将在后续章节介绍。

17.4.2.2 正则表达式

正则表达式的作用是判断一个字段中是否含有指定格式的内容，例如判断用户输入的邮箱信息是否符合 xxx@ xxx. xxx 格式。本章中使用正则表达式验证用户输入的 Email 和 WebSite 字段是否符合固定格式。

17.4.3 实现步骤

步骤 1：创建 StudentForTestValidation 实体类。StudentForTestValidation 类是为后续的页面验证而生成的，因此命名为“StudentForTestValidation”。为了说明后文中页面验证的不同验证机制，实体集的所有标量属性如表 17-1 所示。

表 17-1 实体集标量属性及验证机制

字段名称	待验证信息	待验证机制
LoginName	是否为空、页面显示中文名称	Required、DisplayName
LoginPwd	密码位数	StringLength
ReloginPwd	两次输入是否相同	Compare
Age	限制数字范围	Range
Email	固定格式	RegularExpression
WebSite	固定格式	RegularExpression

创建 StudentForTestValidation 实体类的方法如图 17-2 所示。

步骤 2：根据模型更新数据库并连接，如图 17-3 所示。

步骤 3：编译整个项目，添加控制器及具有增删改查功能的页面。如图 17-4 所示。

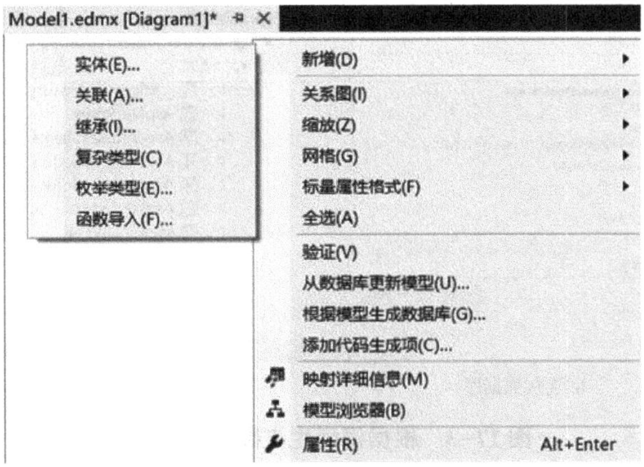

(a)新增实体

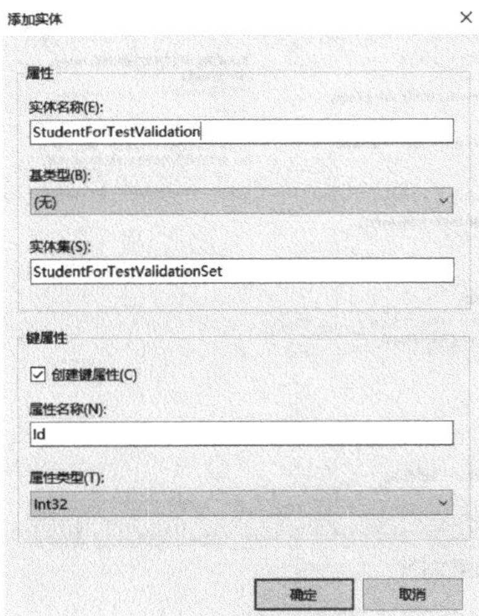

(b)添加实体

(c)为实体添加标量属性

图 17-2　创建 StudentForTestValidation 实体类

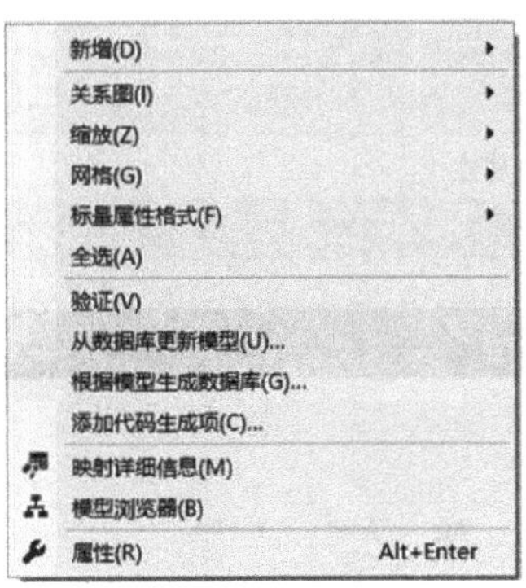

(a)根据模型生成数据库

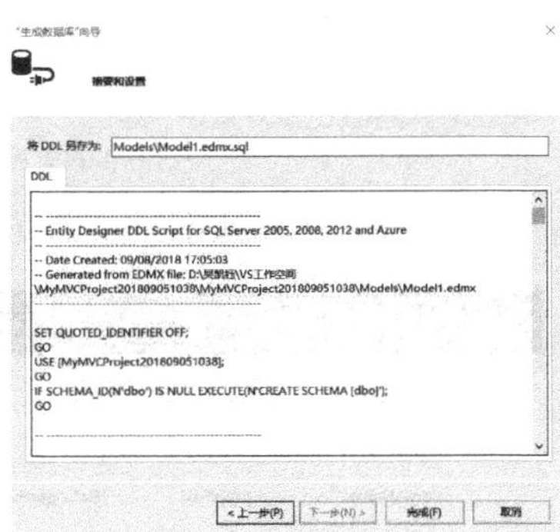

(b)生成数据库

图 17-3

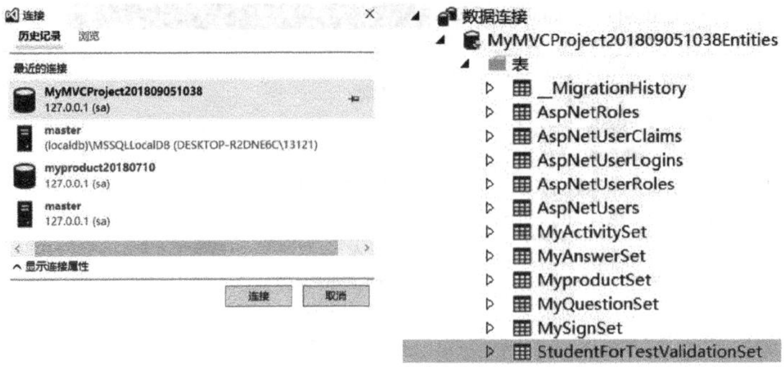

(c)连接数据库　　　　(d)更新后数据库中的表

图 17-3　根据模型生成数据库并连接

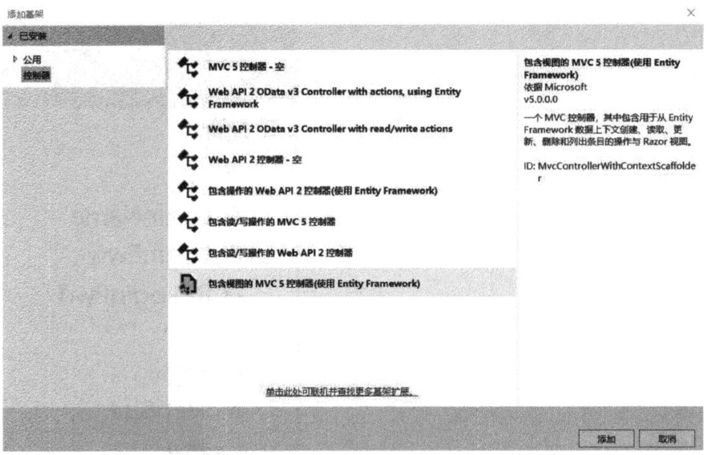

(a)添加控制器

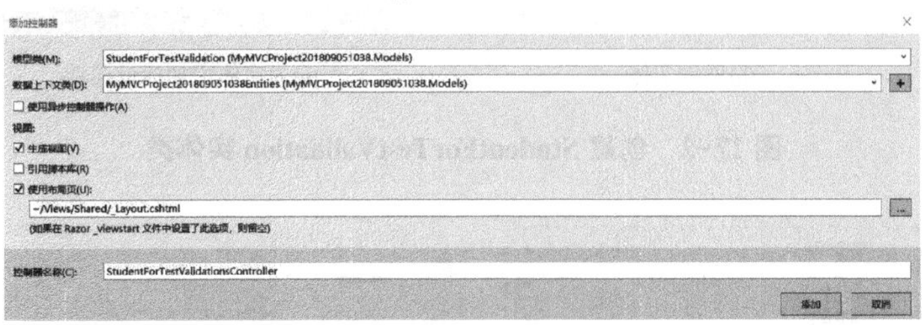

(b)设置控制器属性

(c)生成的页面

图 17-4　添加控制器及页面

步骤 4：创建 MyValidations 类，如图 17-5 所示。目的是后续可以将分部类及页面验证语句编写在 MyValidations 类中。

(a)添加新建项

(b)创建名为MyValidations的类

图 17-5　创建 MyValidations 类

步骤 5：编写 StudentForTestValidation 实体类的分部类 StudentForTestValidationMetaData。在 Model First 开发模式下，若数据模型发生变化，更新模型编译时会生成新的实体类，写在原实体类文件中的页面验证语句将会消失，因此要将页面验证语句写在分部类中。在编写分部类时，采用以下语法结构：

```
namespace 项目名称 . Models
{
    [MetadataType(typeof(分部类))] //声明分部类是对模型生成类的扩充
    public partial class 模型生成的类
    {
        class 分部类 {
        }
    }
}
```

其中 MetadataType 来自 System. ComponentModel. DataAnnotations 库，因此要在程序上方引用这个库，代码如图 17-6 所示。

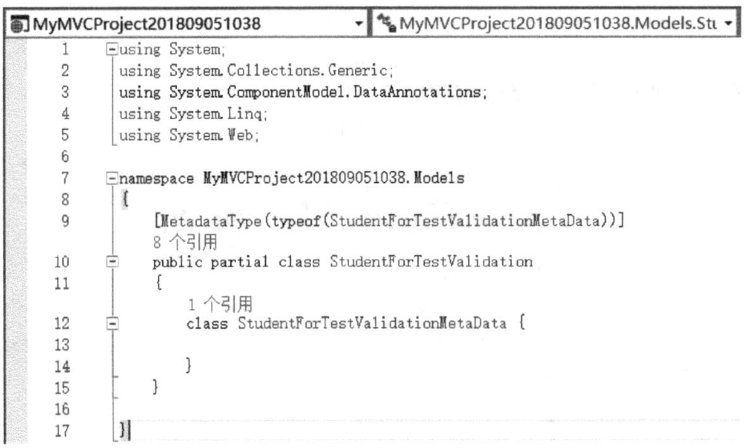

图 17-6 编写分部类

步骤 6：数据库中各字段名称是英文，直接生成页面，效果如图 17-7（a）所示。若希望页面中各字段显示名称与数据库中字段名称［如图 17-7（b）所示］相对应，则要使用 DisplayName 更改字段在页面上显示的名称。

在字段上方增加 DisplayName 验证机制，语法结构为：DisplayName("想要显示的名称")。若想使用 DisplayName 验证机制，需要引用 System. ComponentModel 库，如图 17-8 所示。

步骤 7：验证字段非空（Required），如图 17-9 所示。当需要验证字段不允许为空时，要在字段的上方加入[Required(ErrorMessage = "{0}不能为空")]。其中，ErrorMessage 是 Required 的一个参数，是当用户填写字段信

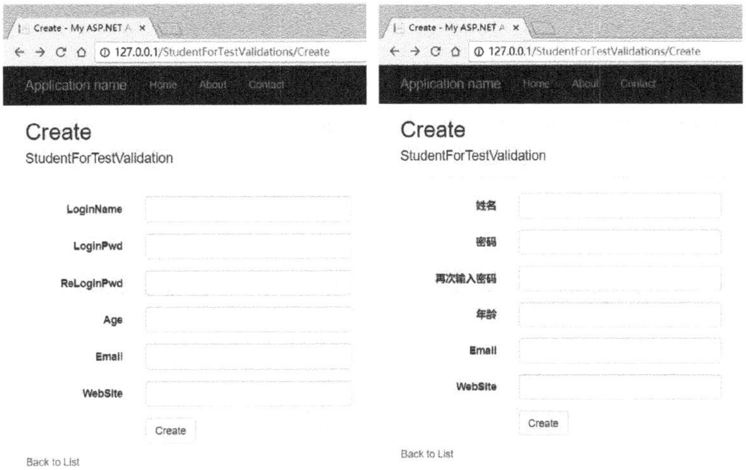

(a)修改字段名称前　　　　　　　　(b)修改字段名称后

图 17-7　更改页面上的字段名称

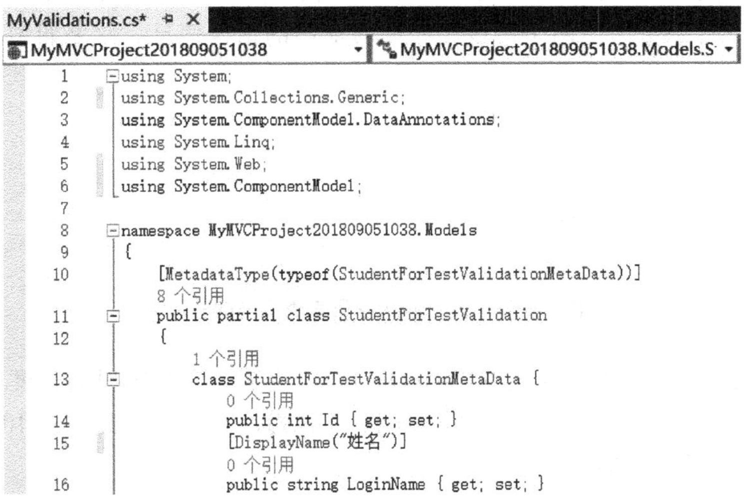

```
MyValidations.cs*
MyMVCProject201809051038          MyMVCProject201809051038.Models.S
using System;
using System.Collections.Generic;
using System.ComponentModel.DataAnnotations;
using System.Linq;
using System.Web;
using System.ComponentModel;

namespace MyMVCProject201809051038.Models
{
    [MetadataType(typeof(StudentForTestValidationMetaData))]
    8 个引用
    public partial class StudentForTestValidation
    {
        1 个引用
        class StudentForTestValidationMetaData {
            0 个引用
            public int Id { get; set; }
            [DisplayName("姓名")]
            0 个引用
            public string LoginName { get; set; }
```

图 17-8　DisplayName 修改页面上字段的显示名称

息为空时，在字段后方显示的错误提示信息。{0} 的作用为引用字段名。代码如图 17-9 所示。

“再次输入密码”字段为使用 ErrorMessage 参数，“年龄”字段为不使用 ErrorMessage 参数，效果如图 17-10 所示。

步骤 8：验证两次输入是否相同（Compare）。当需要验证两次输入字段是否相同时，要在字段的上方加入 Compare 验证机制，代码如图 17-11 所示。

```
[DisplayName("再次输入密码")]
[Required(ErrorMessage = "{0}不能为空")]
0 个引用
public string ReLoginPwd { get; set; }

[DisplayName("年龄")]
[Required]
0 个引用
public int Age { get; set; }
```

图 17-9 添加 Required 验证机制

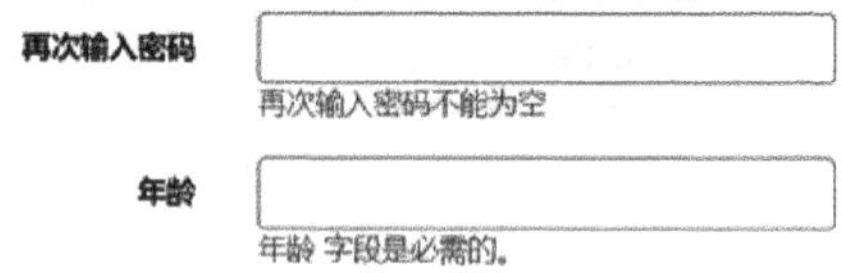

图 17-10 字段非空页面验证效果对比

```
[DisplayName("再次输入密码")]
[Required(ErrorMessage = "{0}不能为空")]
[Compare("LoginPwd",ErrorMessage ="两次输入的密码不一致")]
0 个引用
public string ReLoginPwd { get; set; }
```

图 17-11 添加 Compare 验证机制

Compare 的作用是对比两个字段是否相同。第一个参数为要比较的字段；第二个参数为当两个字段不相同时输出的错误信息。效果如图 17-12 所示。

图 17-12 两次输入密码是否相同的验证

步骤 9：限制字段长度（StringLength）。当需要限制字段的长度，需要在字段上方加入 StringLength 验证机制。如密码长度需要限制在 6~10 位时，代码如图 17-13 所示。

```
[DisplayName("密码")]
[Required(ErrorMessage = "{0}不能为空")]
[StringLength(10, MinimumLength = 6, ErrorMessage ="{0}的长度应该在{2}-{1}之间")]
0 个引用
public string LoginPwd { get; set; }
```

图 17-13 添加字段长度限制

StringLength 的作用是限制字段长度。第一个参数为最大长度；第二个参数为最小长度；第三个参数为当字段不符合长度规定时返回的错误信息。{1} 和 {2} 表示第一个位置的参数和第二个位置的参数。

步骤 10：限制数字范围（Range）。当需要限制数字大小范围时，需要在字段上方加入 Range 验证机制。如年龄大小需要限制在 1~200 岁时，代码如图 17-14 所示。

```
[DisplayName("年龄")]
[Required]
[Range(1,200,ErrorMessage ="{0}应该在{1}-{2}之间")]
0 个引用
public int Age { get; set; }
```

图 17-14　添加数字大小范围限制

Range 的作用是限制数字范围。第一个参数为最小值；第二个参数为最大值；第三个参数为当数字不符合大小范围规定时返回的错误信息。限制字段长度与限制数字范围的效果如图 17-15 所示。

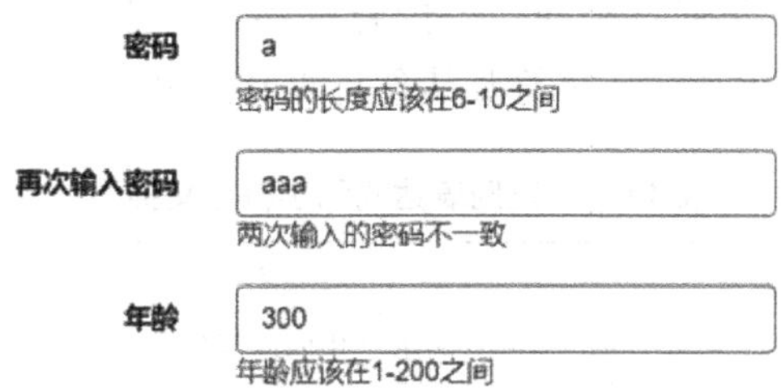

图 17-15　字段长度和数字范围的验证

步骤 11：页面验证——固定格式（RegularExpression）。当需要验证邮箱与网址的固定格式时，需要用到正则表达式，代码如图 17-16 所示。

```
[Required]
[RegularExpression((@"^[\w-]+(\.[\w-]+)*@([\w-]+\.)+[a-zA-Z]+$"),
    ErrorMessage ="请输入正确的电子邮件格式，格式为xxx@xxx.xxx")]
0 个引用
public string Email { get; set; }

[Required(ErrorMessage = "{0}不能为空")]
[RegularExpression(@"^http://([\w-]+\.)+[\w-]+(/[\w-./?%&=]*)?$",
    ErrorMessage = "请输入正确的网址，需要以http://开始")]
0 个引用
public string WebSite { get; set; }
```

图 17-16　Email 和 WebSite 格式验证代码

如果认为 Email 的正确格式为 xxx@ xxx. xxx，则正则表达式“@"^[\w-]+(\.[\w-]+)*@([\w-]+\.)+[a-zA-Z]+$"”中间的@符号将整体分成两部分。

第一部分是“^[\w-]+(\.[\w-]+)*”，“\w”表示任意字符，“-”表示 Email 中可能含有的起连接作用的“-”，因此“^[\w-]”表示必须以任一字符或“-”开头。“+”表示“^[\w-]”可以出现一次或多次，例如，abc-123@xxx.xxx。“\.[\w-]+”表示 Email 中可能出现的“.”和任意多个字符搭配出现，“()”表示“()”中的正则表达式是一个整体，“*”表示前面“()”中的整体可以出现任意次（包含 0 次），例如，abc-123.xyz@xxx.xxx（“.”在“@”前出现一次）或 abc-123xyz@xxx.xxx（“.”在“@”前不出现）都是符合规定的。

第二部分是“([\w-]+\.)+[a-zA-Z]+$”，“([\w-]+\.)+”表示任意多个字符后面一定有一个“.”，这样的组合可多次出现，“[a-zA-Z]+$”表示必须以多个字母结尾，例如，xxx@edu.com.cn（“@”后面的“edu.”和“com.”这样多个字符加“.”的组合一共出现两次，并以“cn”结尾）。

网址的验证规则与邮箱的验证规则类似，请读者自行解读。关于正则表达式的知识此处介绍不全面，若读者感兴趣，请在网上搜索相关知识。本章中用到的正则表达式元字符及其含义如表 17-2 所示。

表 17-2 正则表达式元字符含义描述

元字符	含义描述
@""	表示""中间的部分是正则表达式
^	表示可以匹配输入行首，即输入的字符必须是以^后面的字符开始
$	表示可以匹配输入行尾，即输入的字符必须是以 $ 前面的字符结尾
[ ]	表示可以匹配符合[ ]所包含模式的一位字符
\w	表示可以匹配包括下划线的任何单词字符。例如：a、b、c、1、2、3
+	表示可以匹配+前的子表达式一次或多次（大于等于 1 次）
( )	表示( )内部的表达式是一个整体
*	表示可以匹配前面的子表达式任意次（可以是 0 次）。
\.	\表示转义字符，\. 表示字符串之间包含“.”
?	表示可以匹配前面的子表达式零次或一次

邮箱与网址验证的效果如图 17-17 所示。

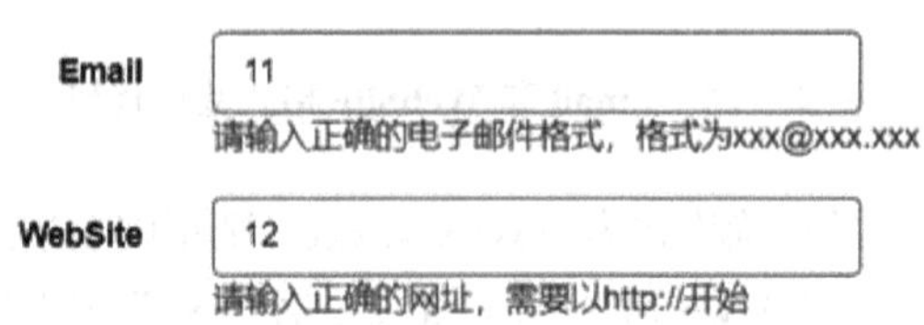

图 17-17 Email 和 WebSite 格式验证效果

完整代码为：

```
using System;
using System.Collections.Generic;
using System.ComponentModel;
using System.ComponentModel.DataAnnotations;
using System.Linq;
using System.Web;

namespace MyMVCProject201809051038.Models
{
    [MetadataType(typeof(StudentForTestValidationMetaData))]
    public partial class StudentForTestValidation
    {
        class StudentForTestValidationMetaData {
            public int Id { get; set; }
            [DisplayName("姓名")]
            [Required(ErrorMessage = "{0}不能为空")]
            public string LoginName { get; set; }

            [DisplayName("密码")]
            [Required(ErrorMessage = "{0}不能为空")]
            [StringLength(10, MinimumLength = 6, ErrorMessage ="{0}的长度应该在{2}-{1}之间")]
            public string LoginPwd { get; set; }

            [DisplayName("再次输入密码")]
            [Required(ErrorMessage = "{0}不能为空")]
            [Compare("LoginPwd",ErrorMessage ="两次输入的密码不一致")]
            [StringLength(10, MinimumLength = 6, ErrorMessage = "{0}的长度应该在{2}-{1}之间")]
            public string ReLoginPwd { get; set; }

            [DisplayName("年龄")]
            [Required]
            [Range(1,200,ErrorMessage ="{0}应该在{1}-{2}之间")]
            public int Age { get; set; }

            [Required]
            [RegularExpression((@"^[\w-]+(\.[\w-]+)*@([\w-]+\.)+[a-zA-Z]+$"), ErrorMessage ="请输入正确的电子邮件格式,格式为xxx@xxx.xxx")]
            public string Email { get; set; }
```

```
            [Required(ErrorMessage = "{0}不能为空")]
            [RegularExpression(@"^http://([\w-]+\.)+[\w-]+(/[\w-./?%&=]*)? $", ErrorMessage = "请输入正确的网址,需要以 http://开始")]
            public string WebSite { get; set; }
        }
    }
}
```

17.5 本章总结

本章实现的工作：在 Model First 模式下，根据数据模型为 StudentForTestValidation 实体类创建页面验证代码，使用分部类的方法实现以下 5 种验证机制：①字段非空；②两次输入相同；③限制字段长度；④限制数字范围；⑤固定格式。

本章掌握的技能：掌握 Model First 开发模式下①通过数据模型为 StudentForTestValidation 实体类生成控制器和视图；②为 StudentForTestValidation 实体类创建分部类 StudentForTestValidationMetaData；③使用 Required 验证机制，验证字段是否为空；④使用 Compare 验证机制，验证两次输入是否相同；⑤使用 StringLength 验证机制，限制字段长度；⑥使用 Range 验证机制，验证数字范围；⑦使用 RegularExpression（正则表达式）验证机制，验证字段是否符合固定格式。

17.6 本章作业

➢ 实现本章的案例，即创建 StudentForTestValidation 实体类，生成控制器和视图，并进行页面验证。

➢ 在上一章作业创建的活动满意度模型中，增加页面验证机制，包括但不限于以下字段的验证：活动名称、创建者 id、密码、再次确认密码、联系人手机号码、联系人邮箱、活动时间。

18　Code First 代码驱动开发

18.1　本章工作任务

使用 Code First 开发模式，建立学生和班级的模型，自动生成数据库表、实体类、增删改查页面，实现页面中可以添加班级、添加学生（学生信息可以选择已经添加的班级的功能）。

18.2　本章技能目标

- 掌握 Code First 模式下，实体类和对象（对应数据库表里一行）的创建方法。
- 掌握 Code First 模式下，实体集和对象（对应数据库里一张表）的创建方法。
- 掌握 Code First 模式下，根据实体类和实体集，自动创建数据库表的方法。
- 掌握 Code First 模式下，根据实体类和实体集，自动创建控制器的方法。
- 掌握 Code First 模式下，根据实体类和实体集，自动创建增删改查页面的方法。

18.3　本章简介

MVC. net 框架提供了两种经典的开发模式，通过绘制 ER 图或者写数据库中实体的代码即可生成数据库、表、模型层类、控制层类、视图层增删改查页面。

（1）在 Model First 模式下，开发者只需要绘制 ER 图（实体和联系）即可生成数据库中的表、编程中用到的实体类（Model 层）、控制器（Controllor 层）和增删改查页面（View 层）。

（2）在 Code First 模式下，开发者编写实体类（例如，Student<ID，学号，姓名，年龄……>，对应数据库里 StudentSet 表中的一行，含义是一个学生的信息），上下文（DbContext）类（包括如何连接数据库 Connection-

String、把实体封装为实体集，例如，StudentSet，对应数据库里的 StudentSet 表，表中是多个学生）。

本章的重点是 Code First 模式。

18.4 理论讲解部分

18.4.1 任务描述

需求描述如图 18-1 所示。

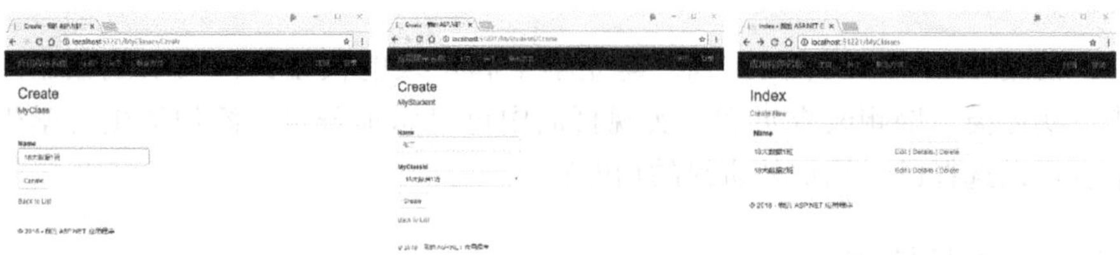

(a)创建班级　　(b)创建学生　　(c)显示结果

图 18-1 带下拉菜单的创建页面

尚需效果（需求）描述如下：

（1）用户在文本框中输入班级，点击 Create，数据被保存到数据库，如图 18-1（a）所示。

（2）用户在文本框中输入姓名，点击下拉菜单选择班级，点击 Create，数据被保存到数据库，如图 18-1（b）所示。

（3）返回 MyStudent 列表页面，可以显示学生详细信息，如图 18-1（c）所示。

18.4.2 知识详解

在整个项目中，Code First 开发模式是指：在开发过程中，直接用代码写出数据库中的表对应的类，然后直接生成数据库，之后直接生成控制器，并直接生成视图。上述过程可以分为以下步骤：①编写基础的类（这些类对应数据库中的表）；②代码直接驱动数据库产生表；③代码直接向数据库中填充数据；④代码可以直接生成控制器里的增删改查动作；⑤还可以直接生成增删改查页面。

首先，用 Code First 开发模式写下所有的实体类。例如老师类，就有 id、姓名的属性。例子代码如下：

```
public classMyTeacher
    {
        public int Id { get; set; }
```

```
        public string Name { get; set; }
        public int MyClassId { get; set; }
        public MyClass MyClass { get; set; }
    }
```

一个老师有多个选课方案，每个老师就有一个选课方案的列表，就是选课内容。同样课程也有一个表，有课程 id、课程名称的属性。对于课程也有一个这门课程会被好多人选的列表。对于老师和选课之间的多对多关系，通常情况下是通过第三张表——联系表来实现的。在这张表里有 id，每一个选课是一个老师和一个课程搭配，所以这里有两个外键——老师 id 和课程 id。

其次，用 Code First 开发模式实现导航属性。导航属性是创建视图 View 时出现下拉菜单使用的，这些导航属性不是创建数据库里的真实属性。在一多关系中，在 1 的一方有一个 list 的导航属性，因为每一条记录对应多个选课，在 n 的一方有外键，n 的一方每一条记录对应着 1 的一方的每一条记录。还要增加导航属性，例如，老师选课的时候每一条记录对应着唯一的老师的 id，在这个表中还能将一个具体的老师和一门具体的课选择出来。例子代码如下：

```
public class MyClass
    {
        public int Id { get; set; }
        public string Name { get; set; }
        public List< MyTeachers > myTeachers { get; set; }
    }
```

如果没有导航属性，在生成页面时无法显示下拉列表。每一条实体框代表的是一条记录，将所有的实体封装成实体集。每一个实体封装成实体集之后就是对应数据库的一张表，每一个数据库的实体是数据库的一行，很多的实体对应着数据库里的表。数据库里的表要对应增删改查功能。

再将实体封装成一个实体集。其中，一个实体对应的是数据库里的一条记录。为了实现增删改查功能，需要把这些实体集封装成 DbContext 的对象，这样 DbContext 里的 Teacher 表就增加了很多方法。在生成控制器里，用 MyDbContext 生成一个对象。上述例子中的 db 里面就有三张表，教师表、课程表、教师—课程关系表。例子代码如下：

```
public class MyDbContext:DbContext
    {
```

```
        public DbSet<MyTeacher> MyTeachers { get; set; }
        public DbSet<MyClass> MyClasses { get; set; }
    }
```

最后，Code First 开发模式与 Model First 开发模式相比，其优势表现在：Code First 开发模式可以直接在实体类中采用写页面验证语句。比如说某个字段不能为空，某个字段字符必须是 2~8 个。程序员不需要再在 partial class 中编写程序，程序的复杂性因此大大降低，程序也好控制。但是在 Model First 开发模式中不能直接在实体类中编写页面验证语句，因为 Model First 开发模式中的实体类是模型自动生成的，每一次修改数据库后生成模型，实体类都会被覆盖。因此，在 Model First 开发模式下，必须在 partial class（外部类）中编写页面验证语句。而 Code First 开发模式中的实体类是程序员自己编写的，不是自动生成的，因此不会被覆盖。

18.4.3 实现步骤

步骤 1：创建 ASP. NET Web 应用程序，在 Visual Studio 菜单栏中选择文件>新建>项目，如图 18-2 所示。

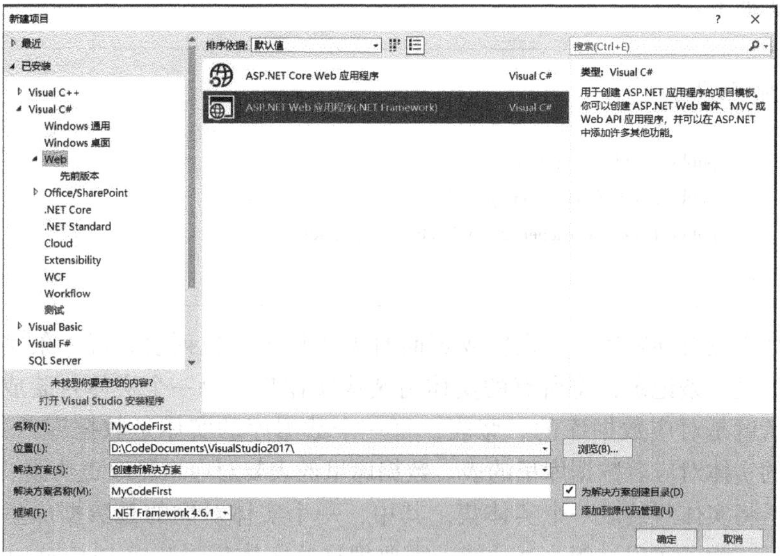

图 18-2 创建项目

步骤 2：选择项目的类型为 MVC，身份认证方式为默认的“个人”，如图 18-3 所示。

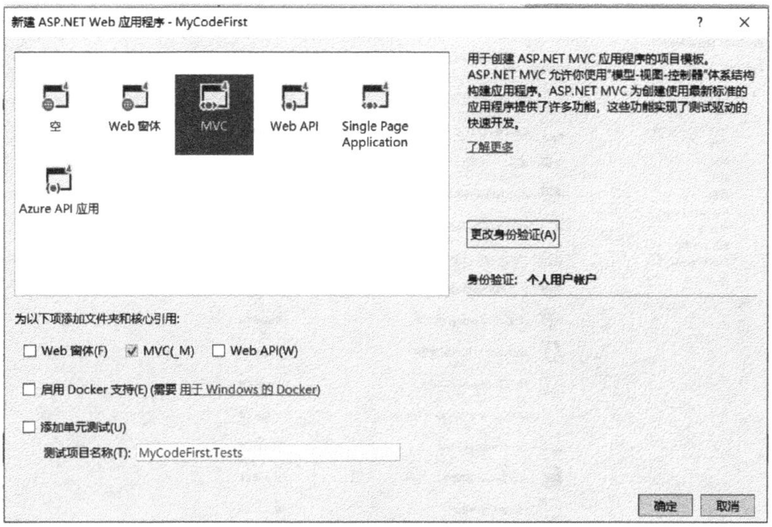

图 18-3 选择项目类型

步骤 3：创建 3 个类文件，分别为学生实体类（MyStudent. cs）、班级实体类（MyClass. cs）和上下文实体类（MyDbContext. cs），如图 18-4 所示。

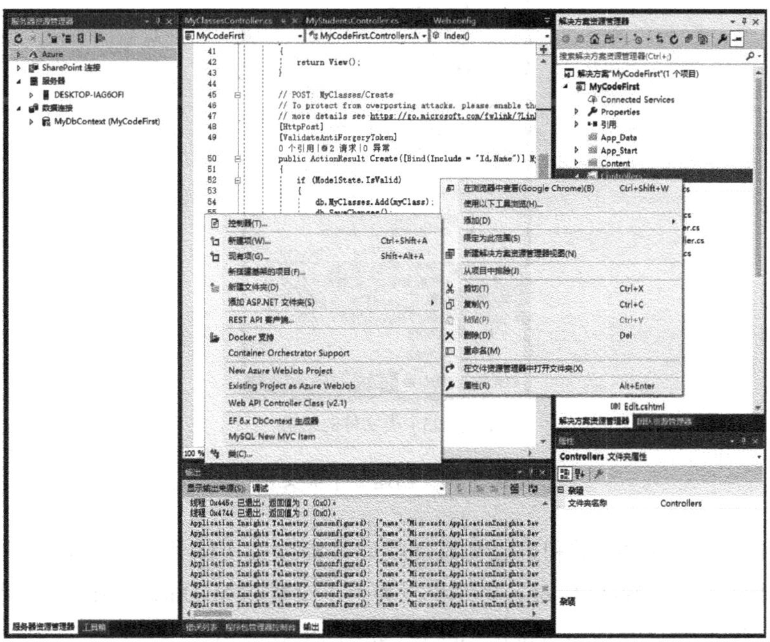

(a) 创建类文件

图 18-4

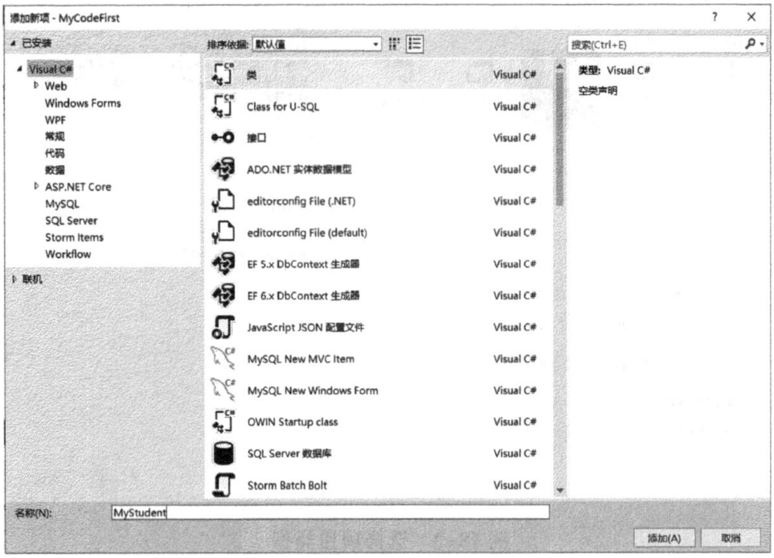

(b)为类文件取名

(c)添加3个类文件的结果

图 18-4　创建 3 个类文件

步骤 4：为学生类和班级类添加代码，即创建实体类，如图 18-5 所示。

步骤 5：在 Web. Config 文件中，为上下文类（MyDbContext. cs）配置链接数据库的信息（ConnectionString），如图 18-6 所示。

(a) MyStudent类　　(b) MyClass类

(c) MyDbContext类

图 18-5　实现 2 个实体类和 1 个上下文类

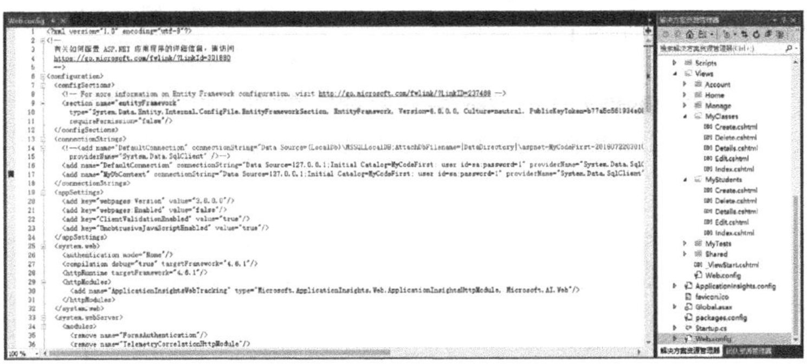

图 18-6　配置 Web. Config 文件中的 connectionStrings

代码如下：

<add name = " DefaultConnection " connectionString = " server = 127. 0. 0. 1; database = MyVideo-Teach201807191512; user id = sa; password = SqlServerSaPassword " providerName = " System. Data. SqlClient" />

< add name = " MyDbContext " connectionString = " server = 127. 0. 0. 1; database =

MyVideoTeach201807191512; user id = sa; password = SqlServerSaPassword " providerName = "System. Data. SqlClient"/>

其中配置了两个连接字符串：name = DefaultConnection 用于默认连接 SQL Server 的连接串（与我们建立的 MyDbContext 区别开，项目中会有很多个连接串，不同的访问可能使用不同的连接字符串）；name = MyDbContext 应该与步骤 4 中创建的 DbContext 类名（MyDbContext）一致，用于为 MyStudent 和 MyClass 连接数据库。

ConnectionString 中 Server 表示服务器地址或名称，database 表示数据库名称，user id 和 password 表示登录 SQL Server 使用的账号密码，请注意根据自己计算机上的信息更改输入值，providerName 表示连接数据库使用的系统 dll 文件。

步骤 6：编译项目，使得上述 3 个类生效，可以用于自动生成控制器和页面，如图 18-7 所示。

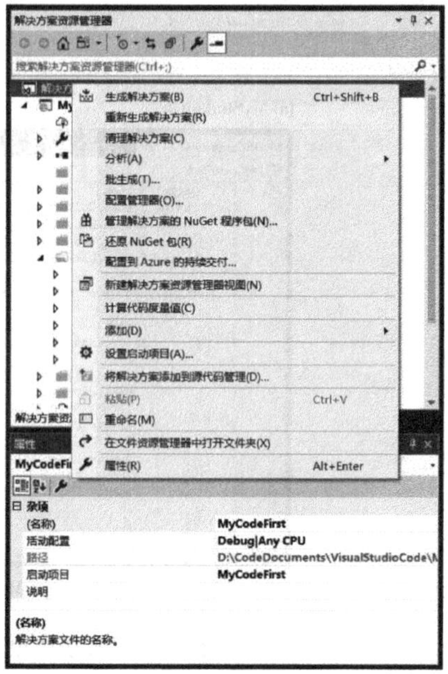

图 18-7 编译项目

步骤 7：根据上述 3 个类生成控制器和增删改查页面，如图 18-8 所示。

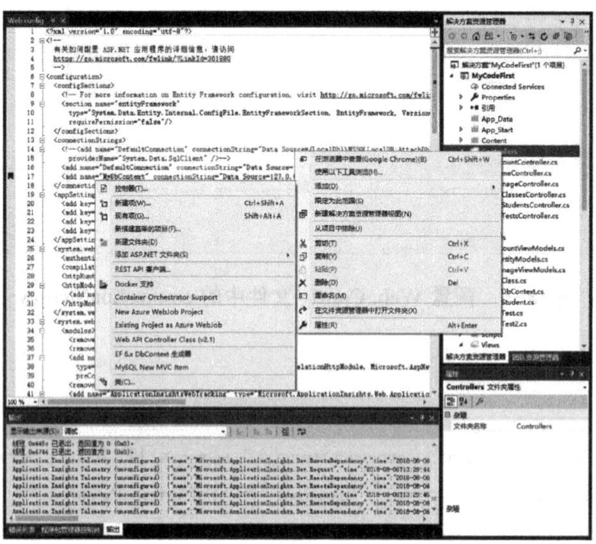

(a) 添加控制器

图 18-8

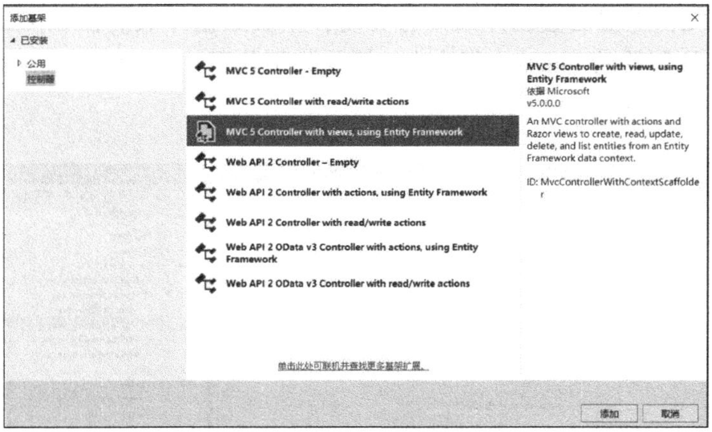

(b) 选择创建带有增删改查页面的控制器

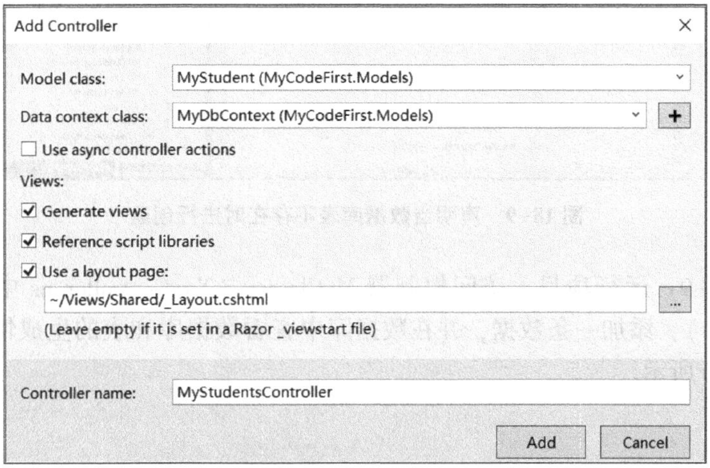

(c) 配置生成控制器的连接字符串、实体类和布局方案

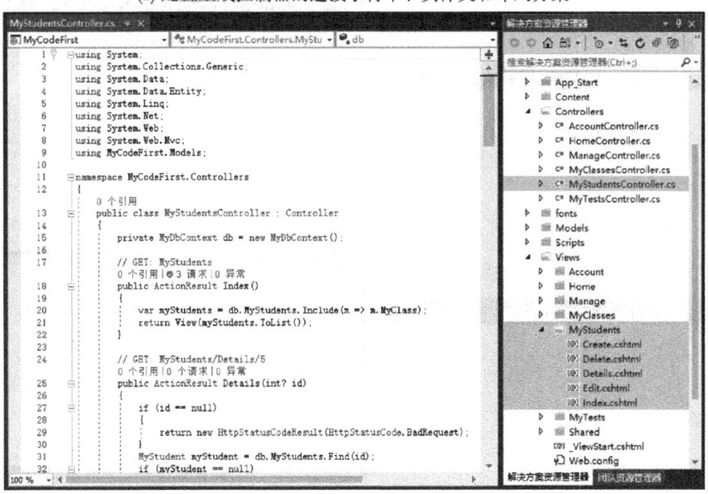

(d) 生成结果

图 18-8　生成控制器和页面

步骤 8：声明当数据库表不存在时，生成数据库表。在 MyClassesController. cs 控制器的 Index( )行为中，添加如下代码：db. Database. CreateIfNotExists( )，如图 18-9 所示。

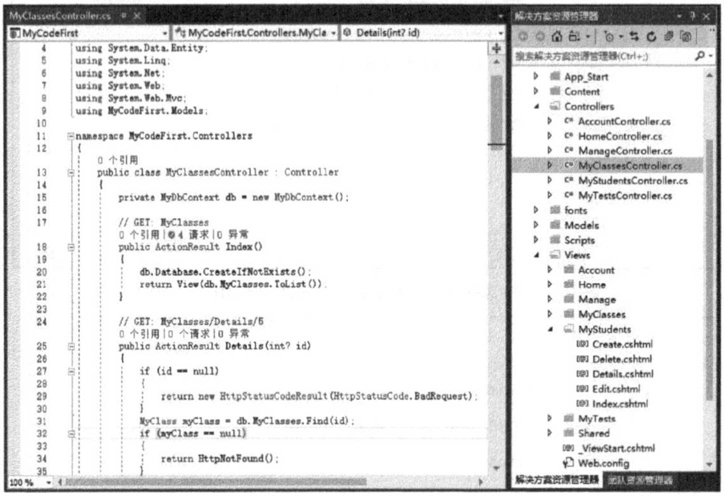

图 18-9　声明当数据库表不存在时进行创建

步骤 9：运行项目，访问控制器 MyClasses （XxxController. cs 中 Xxx 是控制器名），添加一条数据，并在数据库中查看数据库和表的生成情况，如图 18-10 所示。

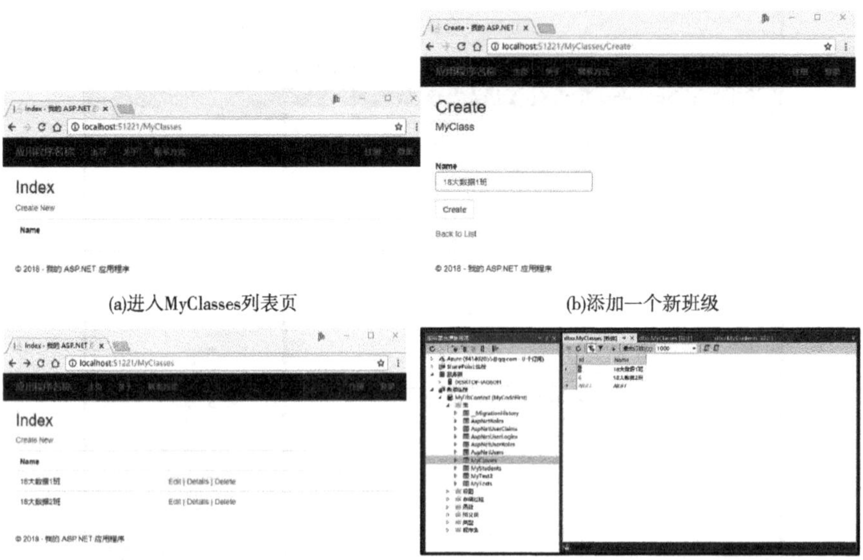

(a)进入MyClasses列表页　(b)添加一个新班级

(c)添加新班级后回到列表页　(d)检查数据库和表的生成情况

图 18-10　数据库、表、增删改查页面自动生成结果

步骤 10：采用同样的方法，生成 MyStudent. cs 对应的控制器和增删改查页面，实现可以添加学生，并可以选择班级，如图 18-11 所示。

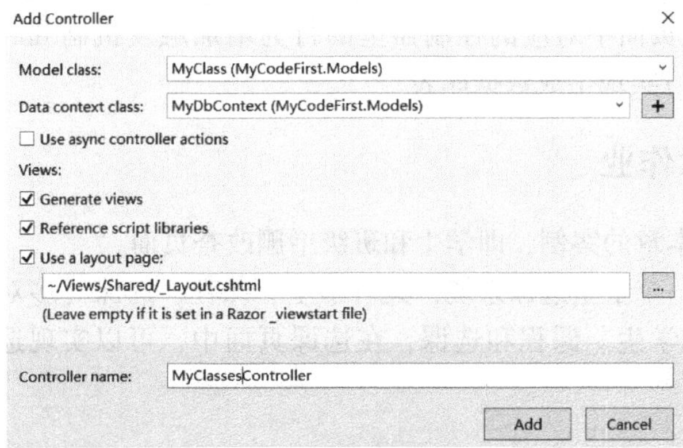

(a)为MyStudent创建控制器和页面

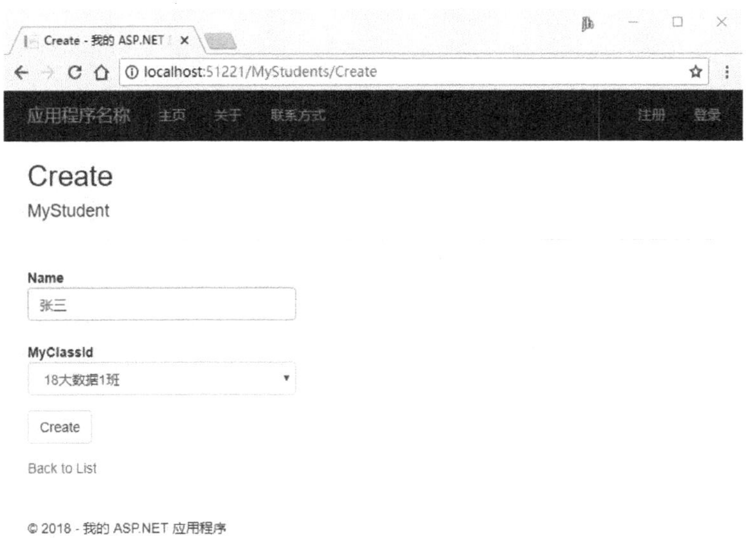

(b)生成的添加学生页面可以选择班级

图 18-11　为 Student 实体生成控制器和增删改查页面

18.5　本章总结

本章实现的工作：采用 Code First 模式对数据库、数据库表进行建模，实现学生和班级增删改查页面的功能，对应生成数据库、表、控制器和页面。

本章掌握的技能：①创建实体类，对应数据库表的数据结果；②创建上下文类，使得程序和数据库建立联系，实体类对象对应数据库表的一条记录（例如，一个学生的信息），将实体类封装成为实体集后，对应了数据库表的多行记录（例如，多个学生信息，即多行构成了表）；③基于上述实体类、上下文类（实体封装为实体集+连接数据库字符串），生成控制器和页面，通过在页面中对应的控制器里的行为增加触发机制 db.Database.CreateIfNotExists( )实现生成数据库表。

18.6 本章作业

➢ 实现本章的案例，即学生和班级增删改查页面。

➢ 设计一个学生选课系统，具有学生、课程、选课（多对多关系表），实现可以添加学生、课程和选课，在选课页面中，可以实现选择录入的学生和课程。

19 Code First 页面验证

19.1 本章工作任务

创建用户注册页面，包括姓名、年龄、身份证号、邮箱等信息，并为该页面添加页面验证功能，使得填写上述信息时，若格式不符合要求，则弹出提示信息。例如，输入的身份证号的位数是否达到指定位数，输入的邮箱是否带有@符号；如果不符合要求，那么在点击“创建”按钮时会提示用户格式不正确。

19.2 本章技能目标

- 掌握在模型层中的实体类中引入验证机制，从而实现前端验证的方法。
- 掌握 Required 验证机制，验证用户输入是否为空。
- 掌握 StringLength 验证机制，验证字符串长度是否在规定范围内。
- 掌握 Compare 验证机制，验证两次输入的密码是否一致。
- 掌握 Range 验证机制，验证年龄是否在规定的范围内。
- 掌握正则表达式验证机制，验证输入的 Email 是否符合格式。

19.3 本章简介

页面验证指的是在 Code First 模式下，开发者通过编写代码，实现对用户注册界面填写信息格式正确性的验证项目的开发过程。本章中，在用户输入注册信息的时候，页面可以验证用户输入的姓名、年龄、身份证号码、邮箱等是否符合规定。例如，输入的邮箱是否带有@符号，如果不符合要求，那么在点击“创建”按钮时会提示用户“请输入正确的 Email 格式，格式为 xxx@xxx.xxx”。

页面验证通过以下方法实现：用 Required 验证用户输入不能为空；用 StringLength 限制字符串长度，用 Compare 比较两次密码的一致性，用 Range 规定年龄的范围，用正则表达式验证是否匹配 Email 格式。

本章的重点是 Code First 模式下页面验证功能的实现。

19.4 理论讲解部分

19.4.1 任务描述

需求描述如图 19-1 所示。

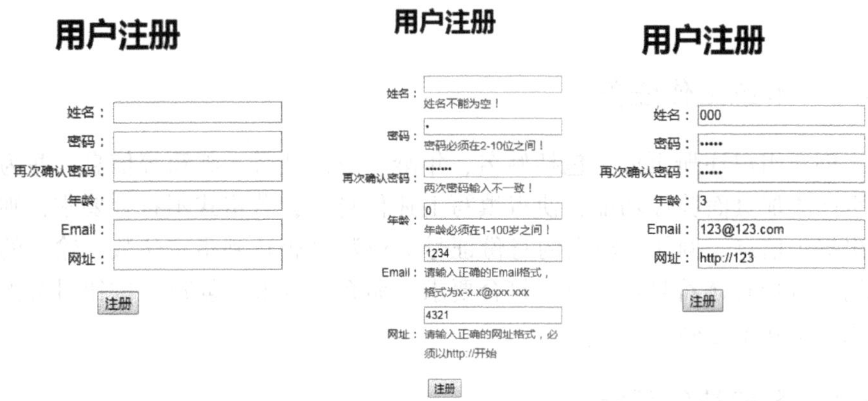

(a)设计用户注册界面　　(b)填写不符合格式要求的字段　　(c)正确填写所有字段

图 19-1　具有页面验证功能的页面

尚需效果（需求）描述如下：

（1）创建用户注册页面（从实体类生成），如图 19-1（a）所示。

（2）如果字段填写不符合格式，页面给出红色提示信息，如图 19-1（b）所示。

（3）字段填写内容符合要求，红色提示信息消失，如图 19-1（c）所示。

19.4.2 知识详解

页面验证功能指的是，在用户进行注册的过程中，验证用户输入信息是否为空、字段是否符合格式等；使注册信息更加完善，并且符合标准的定义格式。例如，在填写 Email 时没有填写标准的 Email 格式，那么在点击“创建”按钮时会提示“格式不正确”，使得用户信息的格式一定是正确的。

19.4.2.1 *在准备加验证的实体类的 CS 文件中引用命名空间的方法*

在准备加验证的实体类的 CS 文件中引用命名空间“using System.ComponentModel”，以便引用 DisplayName 改变数据库字段在页面中的显示。例如，数据库中表头字段名为“name”，想要在网页中显示“姓名”而非

“name”，就在类里显示名称的语句前输入 DisplayName("姓名")，如图 19-2 所示。

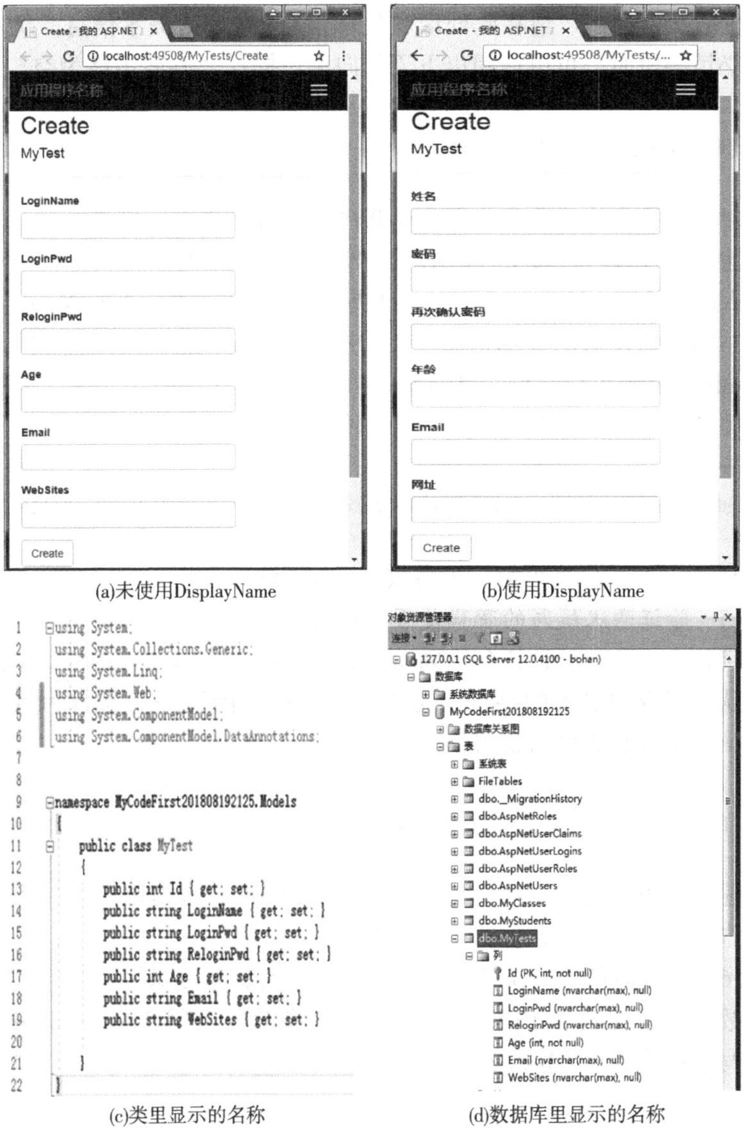

(a)未使用DisplayName　　(b)使用DisplayName

(c)类里显示的名称　　(d)数据库里显示的名称

图 19-2　DisplayName 应用前后的页面显示

19.4.2.2　在准备加验证的实体类的 CS 文件中引用数据验证包的方法

①用 Required 验证机制，验证用户输入是否为空；②用 StringLength 验证机制，验证字符串长度是否在规定范围内；③用 Compare 验证机制，验证两次输入的密码是否一致；④用 Range 验证机制，验证年龄是否在规定的范

围内；⑤用正则表达式验证机制，验证输入的 Email 是否符合格式。

19.4.2.3 对填写的字段是否为空的验证方法

用[Required(ErrorMessage = "")语句来验证要填写的姓名栏是否有输入，用 ErrorMessage = "请在此处填写提示信息"来发送提示信息。例如，当字段为必填字段时，可以使用以下语句向用户提示“姓名不能为空”。

```
[Required(ErrorMessage = "{0}姓名不能为空")]
```

19.4.2.4 对填写的字符串长度是否在规定范围内的验证方法

在验证输入密码的长度时，用字符串长度验证语句。MaxinumLength：请再次输入最大长度，MininumLength = 请再次输入最小长度，ErrorMessage = "请在此填写输入错误时的提示信息"。其中 MaxinumLength 表示最大值，MininumLength 表示最小值，ErrorMessage 表示提示信息。例如，输入的用户名的长度要在 2~10 个字符之间，否则就显示红色警告信息。

```
[StringLength(maxinumLength:10,MininumLength = 2,ErrorMessage = "{0}必须在{2}-{3}之间")]
```

特别注意：{x} 代表第 x 个参数，x 为任意自然数。

19.4.2.5 验证两次填写的密码是否一致的方法

用字符串一致性验证语句[Compare("",ErrorMessage = "")]，验证密码框和确认密码框中输入的字符串是否一致。括号内第一个参数为待比较的字段，第二个参数为填写警告信息。例如：

```
Compare("LoginPwd",ErrorMessage = "两次密码输入不一致!")]
```

上述例子语句表示与数据库名称为 LoginPwd 的值相比较，如果不一致显示警告信息“两次密码输入不一致!”。

19.4.2.6 对填写的年龄是否在规定的范围内的验证方法

用数字范围控制语句[Range(minimum:在此处填写最大值,maximum:在此处填写最小值,ErrorMessage = "")]。例如：

```
[Range(minimum:1,maximum:200,ErrorMessage = "{0}输入数值在{1}-{2}之间")]
```

上述例子语句表示该值的取值范围是从 1~200（注：{x} 代表第 x 个参数，x 为任意自然数)，如果不在 1~200 范围内，就会提示“输入的数值在 1-200 之间”。

19.4.2.7 对填写的邮箱是否符合规定格式的验证方法

使用正则表达式 [RegularExpression (,)] 验证是否符合电子邮件的命名规则，符合规则通过验证，否则页面给出提示信息。例如：

```
[RegularExpression(@"^[\w]+[\w-]*(\.[\w-]+)*@([\w]+[\w-]*\.)+[a-zA-Z]+$",ErrorMessage="请输入正确的 Email 格式,格式为 xxx@ xxx. xxx")]
```

其中@""表示正则表达式的开始；@"^[\w]"表示必须以数字或者小写、大写字母开始（[ ] 表示一个字母位，其中可以写多个内容，从中任选一个内容满足即可。例如，[\w-+]，表示这个位置上可以是数字、大小写字母、-、+，满足其中任意一个条件则通过验证）；[\w-] 表示字母数字或横线；+号表示前面的字符必须至少出现 1 次（1 次或多次）；* 号表示前面的字符可以不出现，也可以出现 1 次或者多次（0 次或 1 次或多次）；( ) 表示一个子表达式的开始和结束位置；$ 表示输入字符串的结尾位置。

19.4.3 实现步骤

步骤 1：创建 ASP. NET Web 应用程序，在 Visual Studio 菜单栏中选择文件>新建>项目，如图 19-3（a）所示。选择项目的类型为 MVC，身份认证方式为默认的“个人”，如图 19-3（b）所示。

步骤 2：新建类文件。为验证实体类，稍后在其中添加程序（MyTest. cs），如图 19-4 所示。

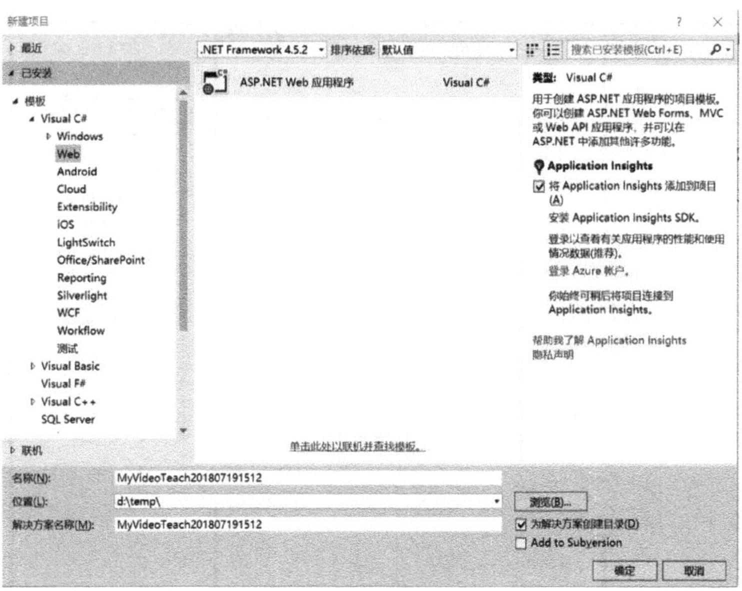

(a)设定项目名称

图 19-3

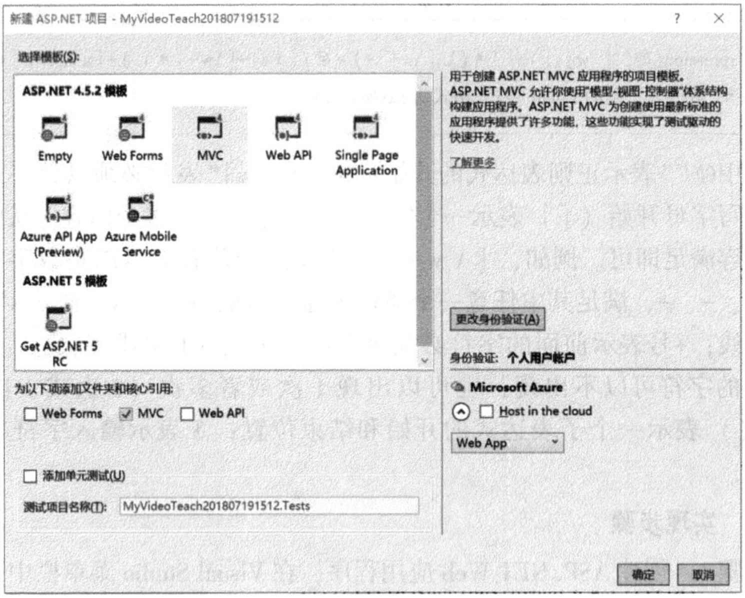

(b)选择项目类型

图 19-3　创建项目

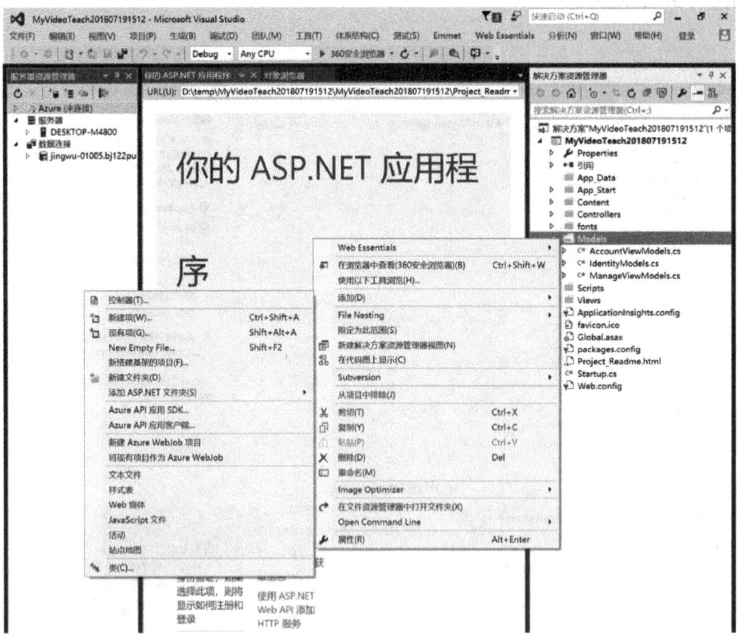

(a)创建一个新的类

图 19-4

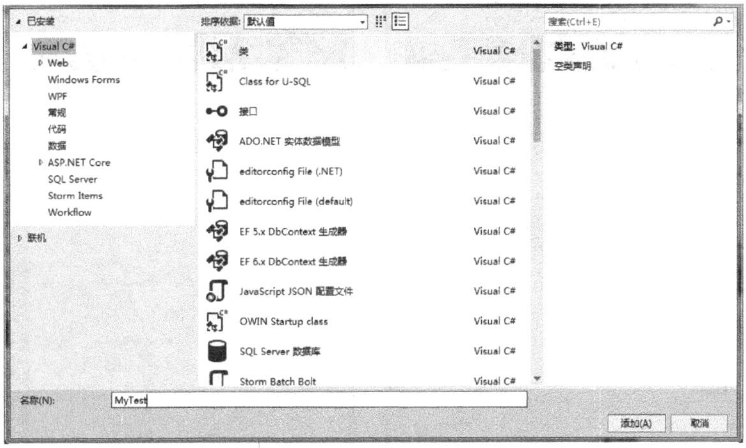

(b)为类文件取名

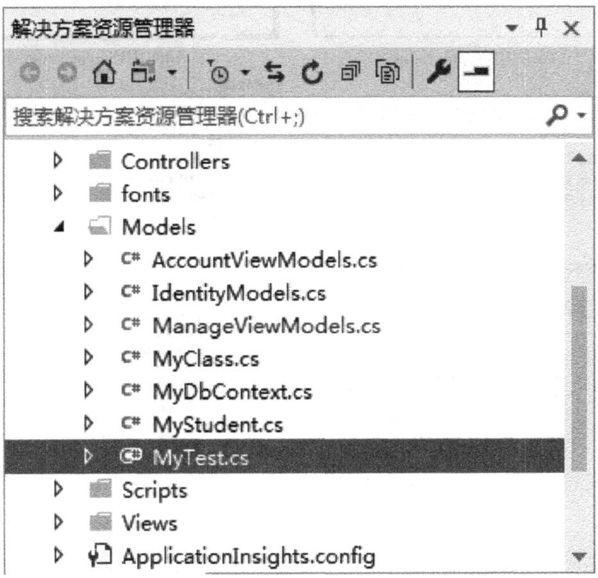

(c)完成添加类文件的结果

图 19-4 创建类文件

步骤 3：更改各实体字段在增删改查页面上的名称。在 MyTest. cs 中首先增添命名空间，用 DisplayName 语句，更改数据库里添加的某张表的表头字段信息在增删改查页面上的名称。

未使用 DisplayName 语句页面显示结果如图 19-5（a）所示，使用 DisplayName 语句页面显示结果如图 19-5（b）所示。

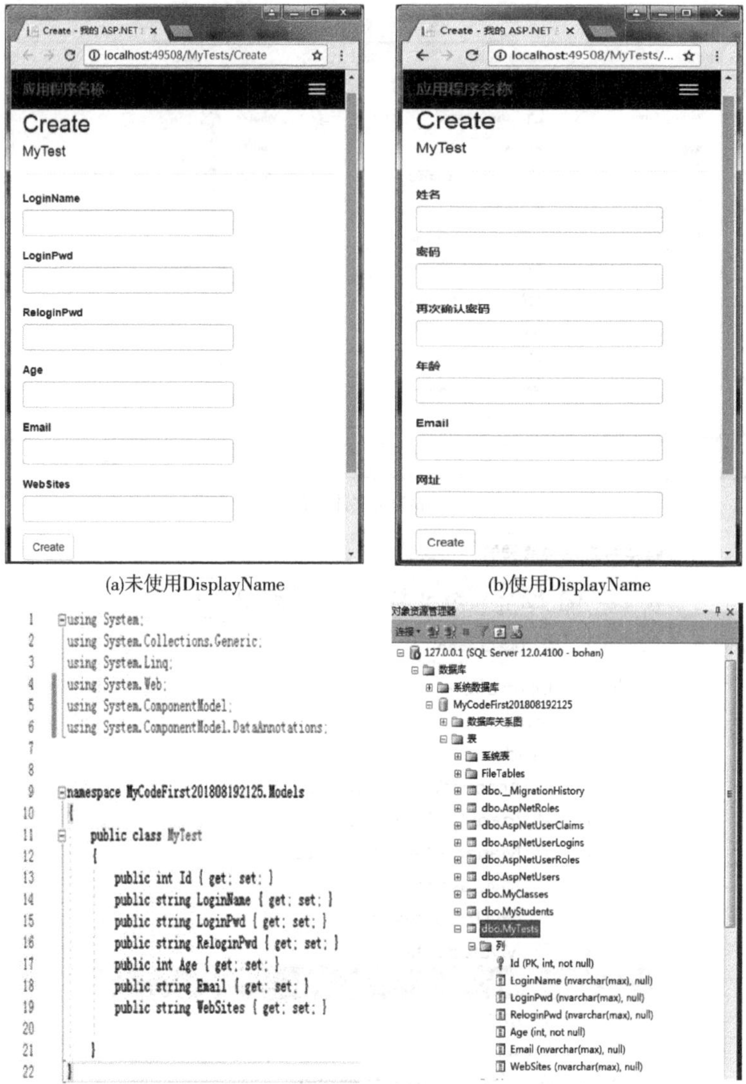

(a)未使用DisplayName (b)使用DisplayName

(c)类里显示的名称 (d)数据库里显示的名称

图 19-5 DisplayName 的使用前后页面显示

添加命名空间：

```
using System. ComponentModel;
```

DisplayName 的应用关键代码：

```
Public class MyTest
{
```

```
    Public int Id{get;set;}
    [DisplayName("姓名")]
    Public string LoginName{get;set;}
    [DisplayName("密码")]
    Public string LoginPwd{get;set;}
    [DisplayName("再次确认密码")]
    Public string ReloginPwd{get;set;}
    [DisplayName("年龄")]
    Public string Age{get;set;}
    [DisplayName("Email")]
    Public string Email{get;set;}
    [DisplayName("网址")]
    Public string WebSite{get;set;}
}
```

步骤4：给实体类添加验证代码。在 MyTest. cs 中引用数据验证包，输入验证语句实现相关信息填写的验证功能。应用验证语句 Required、字符串长度限制语句 StringLength、字符串长度比较语句 Compare、数字范围控制语句 Range、验证匹配用的正则表达式 RegularExpression。

在程序最开始引用数据验证：

```
using System.ComponentModel.DataAnnotations;
```

完整总代码如下：

```
using System;
using System.Collections.Generic;
using System.Linq;
using System.Web;
using System.ComponentModel;
using System.ComponentModel.DataAnnotations;

namespace MyCodeFirst201808192125.Models
{
    public class MyTest
    {
        public int Id { get; set; }

        [DisplayName("姓名")]
        [Required(ErrorMessage = "{0} 姓名不能为空")]
        public string LoginName { get; set; }
```

```
        [DisplayName("密码")]
        [Required(ErrorMessage = "{0}密码不能为空")]
        [StringLength(maximumLength: 10, MinimumLength = 2, ErrorMessage = "{0}必须在{2}-
{3}之间")]
        public string LoginPwd { get; set; }

        [DisplayName("再次确认密码")]
        [Required(ErrorMessage = "{0}再次确认密码不能为空")]
        [StringLength(maximumLength: 10, MinimumLength = 2, ErrorMessage = "{0}必须在{2}-
{3}之间")]
        [Compare("LoginPwd", ErrorMessage = "两次密码输入不一致!")]
        public string ReloginPwd { get; set; }

        [DisplayName("年龄")]
        [Range(minimum: 1, maximum: 200, ErrorMessage = "{0}输入的数值在{1}-{2}之间")]
        public int Age { get; set; }

        [DisplayName("Email")] [RegularExpression(@"^[\w]+[\w-]*(\.[\w-])*@([\w])+
[\w-]*\.)+[a-zA-Z]+$", ErrorMessage = "请输入正确的Email格式,格式为x-x.x@xxx.xxx")]
        public string Email { get; set; }

        [DisplayName("网址")]
        [RegularExpression(@"http://[\w]+([\w-]*\.)[\w-\.]+$", ErrorMessage = "请输入
正确的网址,必须以http://开始")]
        public string WebSites { get; set; }
    }
}
```

注意：上述代码中的 {0} 代表 DisplayName，{x} 代表第 x 个参数。

步骤 5：运行项目实现页面验证功能。①当填写密码为空时提示“密码必须在 2~10 位之间”，如图 19-6（a）所示；②当两次密码填写不一致时提示“两次密码输入不一致”，如图 19-6（b）所示；③当填写的年龄不在范围内时提示“年龄必须在 1-200 岁之间”，如图 19-6（c）所示；④当填写的邮箱格式不正确时提示“请正确输入 Email 格式，格式为 xxx@xxx.xxx”，如图 19-6（d）所示；⑤当填写输入网址不符合格式时提示“请输入正确的网址，必须以 http://开始”，如图 19-6（e）所示；⑥输入全部正确时，无提示信息显示，如图 19-6（f）。

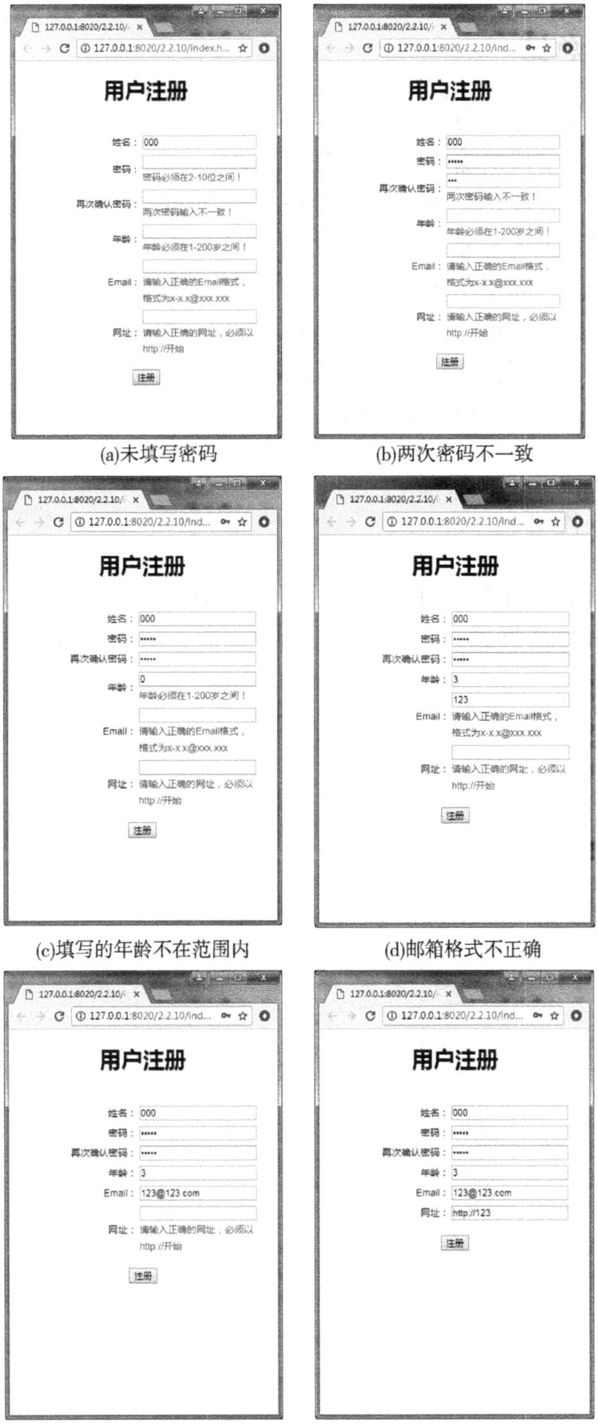

(a)未填写密码 (b)两次密码不一致

(c)填写的年龄不在范围内 (d)邮箱格式不正确

(e)输入网址不符合格式 (f)输入全部正确

图 19-6 运行结果显示

19.5 本章总结

本章实现的工作：对实体类的各字段添加页面验证代码，实现其增删改查页面中对各字段的输入具备各类验证功能。

本章掌握的技能：①在实体类中添加［DisplayName］可以改变数据库字段名称在网页上的显示名称；②使用 Required 的验证机制对用户输入是否为空进行验证；③使用 StringLength 的验证机制对输入的字符串长度是否在规定范围内进行验证；④使用 Compare 的验证机制对输入的密码和确认密码是否一致进行验证；⑤使用 Range 的验证机制对输入的年龄是否在规定的范围内进行验证；⑥使用正则表达式的验证机制对输入的 Email 是否符合格式进行验证。

19.6 本章作业

- 实现本章的案例，即在用户注册界面中增加页面验证功能。
- 仿照 12306 网站，制作一个带有页面验证功能的用户注册页面。

20　MVC. net 搜索功能

20.1　本章工作任务

在列表页面中实现根据关键词搜索“包含关键词的记录”的功能。在活动列表页面的搜索框内输入活动名称的关键词，即可搜索出带有该关键词的活动记录。

20.2　本章技能目标

- 掌握如何从前端 form 表单中得到 url 参数，并将参数传递到控制器行为中的方法。
- 掌握如何在后端控制器收到参数后，根据参数按照业务逻辑处理数据的方法。
- 掌握将控制器的行为处理好的数据传递给前端页面，前端页面收到处理好的数据之后，在前端显示的方法。

20.3　本章简介

在网站开发中，搜索功能是一个十分重要的功能。例如，在百度中搜索“MCV”，搜索页面会将所有带有关键词“MVC”的记录显示在列表页面中。搜索功能指的是，用户希望搜索出某些信息时，需要在页面上提供一个或多个关键词，网站将输入的关键词传递到数据库中，在数据库中检索相关记录，再将带有关键词的记录传递回前端页面显示。

本章重点是在前端页面输入数据，将数据通过参数的方式传递到控制器的行为；控制器的行为根据收到的参数，按照业务逻辑在数据库中进行检索；将控制器的行为处理好的数据传递给前端页面，前端页面收到处理好的数据之后，将其在前端显示。

20.4　理论讲解部分

20.4.1　任务描述

需求描述如图 20-1 所示。

(a)打开活动列表页　　(b)使用活动列表页的搜索功能

图 20-1　搜索功能

尚需效果（需求）描述如下：

（1）在活动列表页面，没有执行搜索功能时显示全部结果，如图 20-1（a）所示。

（2）在文本框中输入活动名称的关键词，点击搜索按钮之后，显示只含有关键词的结果，如图 20-1（b）所示。

20.4.2　知识详解

（1）在前端页面使用 form 标签，通过 submit 方法将前端网页中获取的数据传回后端的控制器中。使用 using(Html.BeginForm("MySearch","MyProducts",FormMethod.Post))语句，在前端代码中放置一个输入框，将数据传递到下一个 html 地址。该输入框具有向后端传递参数的功能。其中，第一个参数是跳转到某一个方法上；第二个参数是跳转到某一个控制器上；第三个参数是传递方法，通常这里选择的是 post 方法。

（2）后端收到参数后，根据关键词从数据库中筛选记录。使用 from m in db.MyActivitySet select m 和 searchResult.Where(d => d.ActivityName.Contains(mySearchValue))语句，检索出所有符合的数据。from…in…select…语句和 Where 方法是 LinQ 表达式的部分功能。第一个和第三个参数是具体的检索出的记录，第二个参数是数据库中具体的数据库的表名。LinQ 语句在 C#中类似于 SQL 语句，可以在 C#中直接对数据库进行查询。Where 方法的参数是对检索出来的记录进行筛选的条件，其中使用到了“Lambda 表达式”。

"Lambda 表达式"是一个匿名函数，是一种高效的类似于函数式编程的表达式，Lambda 减少了开发中需要编写的代码量，它可以包含表达式和语句。所有 Lambda 表达式都使用 Lambda 运算符=>，该运算符读作“成为”。Lambda 运算符的左边是输入参数（如果有），右边是表达式或语句块。Lambda 表达式 x => x *x 读作“x 成为 x 乘 x”。

（3）由控制器将数据库中检索到的记录传递回前端。使用 RedirectAction (" Index" , " MyActivities") 方法，将检索并筛选的数据返回到指定的控制器的行为，再传回到前端页面。其中第一个参数为某个控制器中的方法名；第二个参数为控制器名，该参数可选择不填写，不填写时为默认值。

20. 4. 3　实现步骤

步骤 1：在之前的任务中，已经建立了 MyActivities 实体类。根据 MyActivities 实体类，在 Controller 中创建 MyActivities 控制器，如图 20 – 2 所示。

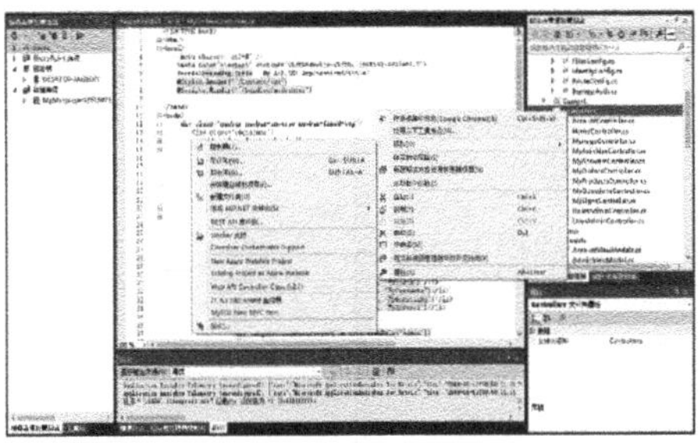

(a)添加控制器

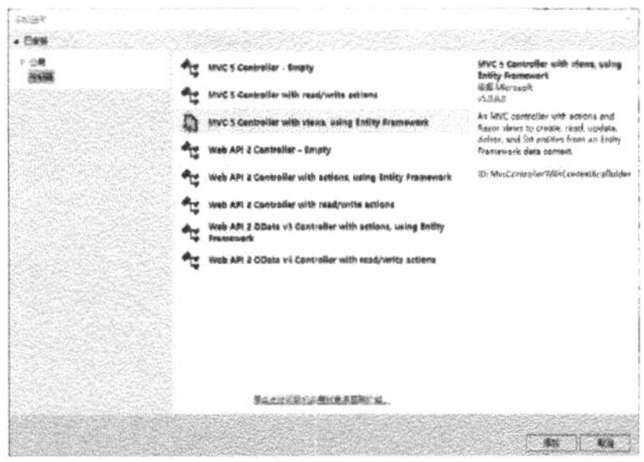

(b)选择带有模板的MVC控制器

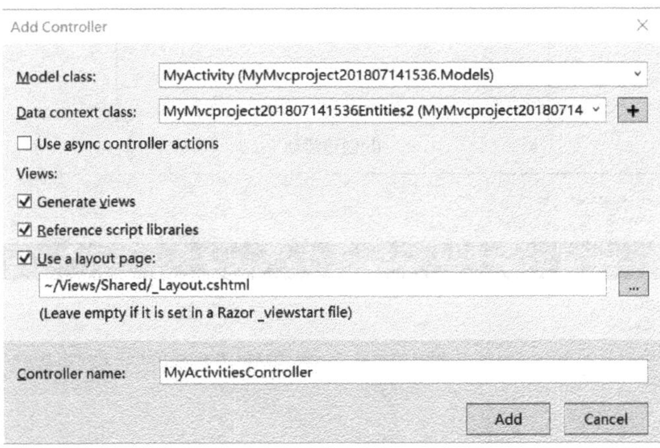

(c)创建控制器

图 20–2　创建 MyProducts 控制器

步骤 2：运行项目，如图 20–3 所示。访问控制器 MyActivities（XxxController. cs 中 Xxx 是控制器名），添加多条数据；在 Index 页面，点击 Creat New 按钮，跳转到创建页面，填写相关信息；最后点击 Create。

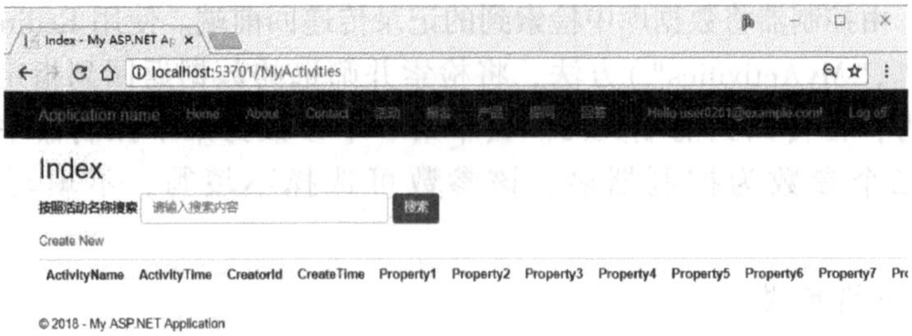

(a)访问MyActivities控制器

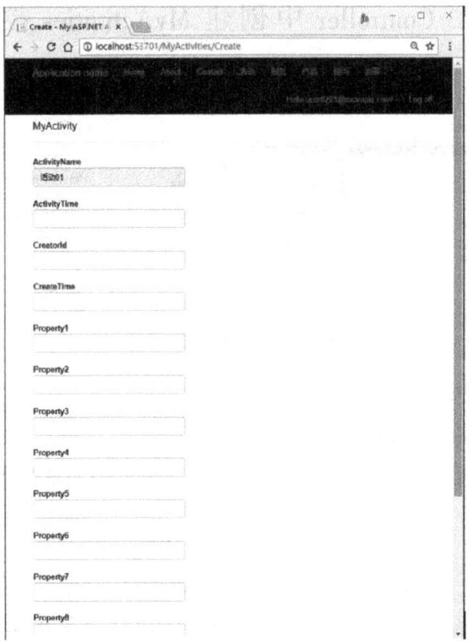

(b)创建活动

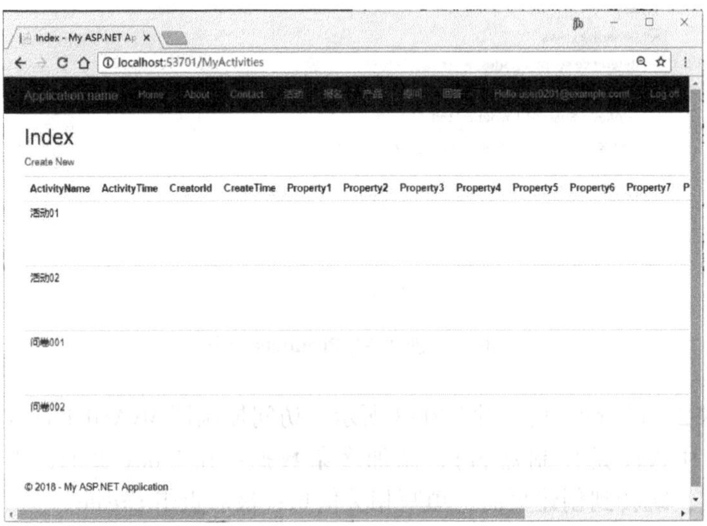

(c)创建活动结果

图 20-3　插入多条数据

步骤 3：在前端活动列表页面中添加搜索框，如图 20-4 所示。在路径为/Views/MyActivities/Index. cshtml 的页面中添加代码。

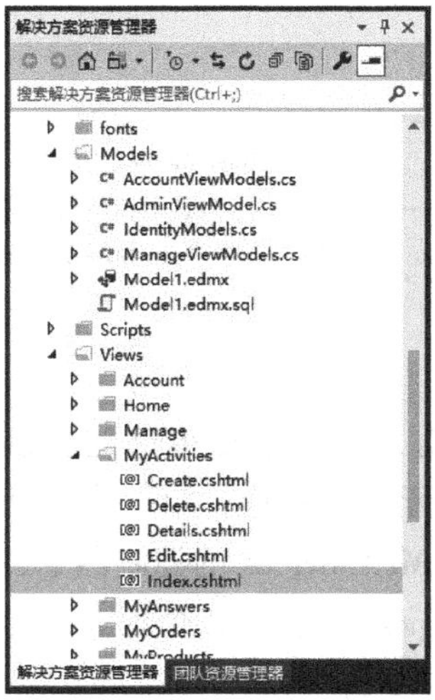

(a)打开Index.cshtml文件

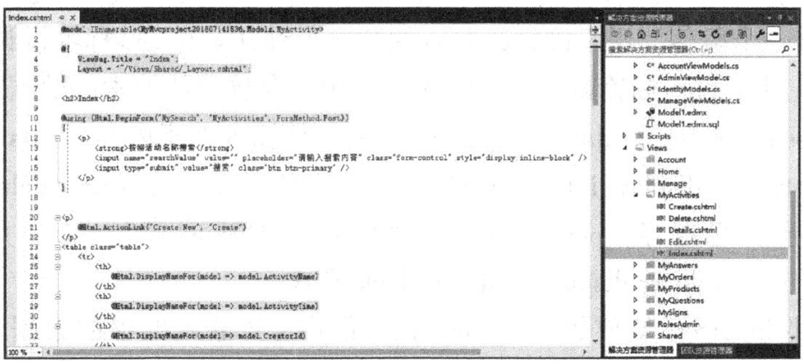

(b)添加前端代码

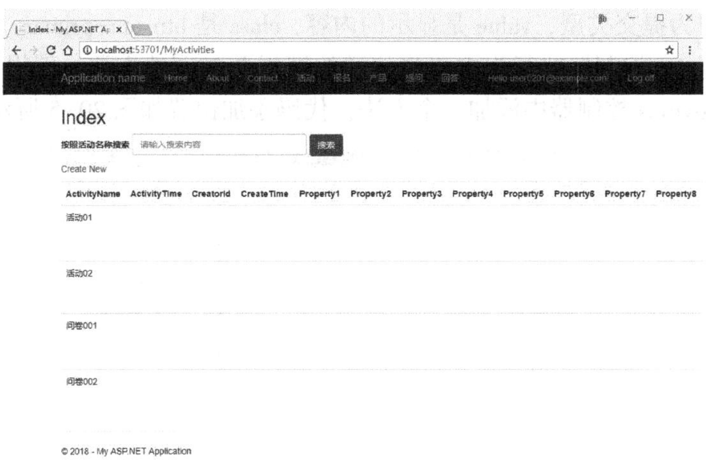

(c)运行结果

图 20-4　前端页面添加搜索项

代码如下：

```
@ using ( Html. BeginForm( " MySearch" , " MyActivities" , FormMethod. Post) )
{
    <p>
        <strong>按照活动名称搜索</strong>
        <input name = " searchValue"  value = " "  placeholder = " 请输入搜索内容"
                    class = " form-control"  style = " display : inline-block"  />
        <input type = " submit"  value = " 搜索"  class = " btn btn-primary"  />
    </p>
}
```

（1）添加 form 标签对，指定数据传送的控制器和行为。使用@ using (Html. BeginForm( ))方法形成语句块，第一个参数是跳转到 MySearch 方法上；第二个参数是跳转到 MyActivities 的控制器上；第三个参数是传递方法，这里选择的是 post 方法。post 方法是传值时，在地址栏里不会显示任何信息，这是一种加密的传递方式。

（2）添加 input 输入框和设置 Button 按钮。在 HTML 代码中，使用<p>标签设计一个段落，用于接收读取后的数据。使用<strong>标签设计一个提示语。使用<input>标签设计一个输入框，用于存放等待搜索的数据，<input name = " searchValue" value = " " placeholder = " 请输入搜索内容" class = " form-control" style = " display : inline-block" />。其中，name 是 searchValue 变量，value 是显示的内容，placeholder 是“请输入搜索内容”，class 是 form-control 样式，style 是 display：inline-block 样式。

使用<input>标签放置一个 Button，用于提交输入框中的数据。<input type = " submit" value = " 搜索" class = " btn btn-primary" />。其中 type 表示此按钮为提交类型，value 是显示的内容，class 是 btn btn-primary 样式。

步骤 4：控制器的行为中接收传递的搜索关键词的方法。编辑控制器，在 MyActivities 控制器中添加一个方法，代码添加位置如图 20-5 所示。

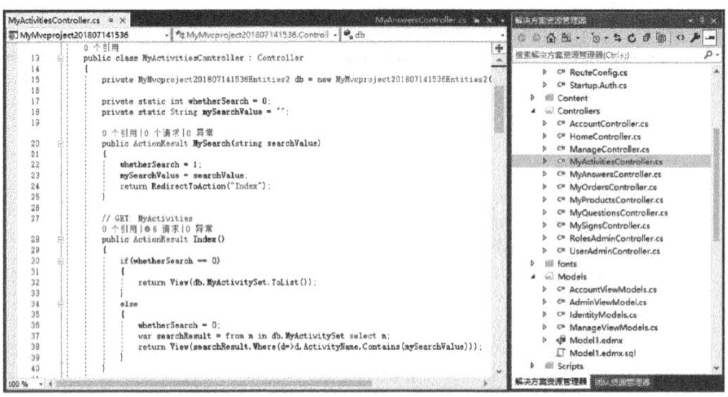

图 20-5　编辑控制器

代码如下：

```
private static int whetherSearch = 0;
private static String mySearchValue = "";
public ActionResult MySearch(string searchValue)
{
    whetherSearch = 1;
    mySearchValue = searchValue;
    return RedirectToAction("Index");
}
// GET: MyActivities
public ActionResult Index()
{
    if(whetherSearch == 0)
    {
        return View(db. MyActivitySet. ToList());
    }
    else
    {
        whetherSearch = 0;
        var searchResult = from m in db. MyActivitySet select m;
        return
View(searchResult. Where(d=>d. ActivityName. Contains(mySearchValue)));
    }
}
```

此时 Index 方法被复用。第一种情况是，用户没有进行搜索操作，而直接进入 Index 页面。第二种情况是用户直接进入 Index 页面后进行搜索操作。搜索完毕后，Index 页面仅显示搜索结果。当第二种情况发生时，控制器中的搜索流程为：①search 方法接收到从前端传递的关键词；②启动 whetherSearch 标志，开启 search 行为；③进入 Index 方法，根据后端接收到的关键词在数据库中进行检索；④将检索结果返回到前端页面。

关键代码详解如下：

(1) 在控制器中创建方法 MySearch，用于接收前端页面传递来的关键词。在 MyActivitiesController 中创建一个新的 MySearch 方法，并接收前端页面传递的关键词 searchValue，使用 return RedirectToAction("Index")返回到 Index 页面。值得注意的是，MySearch 方法不能直接 return View，因为如果 MySearch 方法直接 return View，会跳转到一个 Mysearch 同名的 View 页面(并没有这个页面)，实际需要返回的页面应该是列表页 Index 页面，因此应当跳转到 Index 行为。

(2) 创建全局变量，保存不同方法共用的关键词。定义全局变量

private static String mySearchValue = " "，并在 MySearch 方法中把 searchValue 赋给 mySearchValue。值得注意的是，必须创建静态变量，否则无法在不同的动作中传递。

创建一个全局变量 private static int whetherSearch = 0，在 Index 动作中添加 if 语句进行判断，如果 whetherSearch == 0，直接返回所有数据集；如果不是 0，先将 searchValue 改回 0，再使用 LinQ 表达式数据库访问语句，将所有数据从数据库中取出（searchResult = from m in db. MyActivitySet select m）。值得注意的是，前端和后端的 searchValue 名称应当保持一致。

使用 searchResult. Where( )方法，where 子句对数据集进行筛选，d => d. ActivityName. Contains(mySearchValue) 让 ActivityName 包含传递过来的 mySearchValue，再将符合条件的数据返回到 View。其中 d 是前文 in 后面的对象，代表数据库中的一张表。

20.5 本章总结

本章实现的工作：在活动列表页面中添加根据关键词搜索的搜索功能，从而实现在搜索框中输入关键词便可搜索出带有关键词的活动。首先在前端页面使用 HTML（添加 form，input）标签语句制作搜索功能的输入框，再将用户在搜索框中输入的关键词传递到后端，由后端在数据库中查询筛选相应的数据，再传递回前端进行显示。

本章掌握的技能：①掌握如何从前端得到参数，传递参数到控制器的方法；②掌握如何在后端收到参数后，根据参数从数据库中检索记录的方法；③掌握如何由控制器将数据库中检索到的记录传递回前端的方法。

20.6 本章作业

➢ 实现本章的案例，即在活动列表页面添加一个搜索功能（根据关键词搜索含有关键词的记录）。

➢ 如图 20－6 所示，在 MyProducts 中，实现一个根据产品制造者姓名搜索的搜索功能。

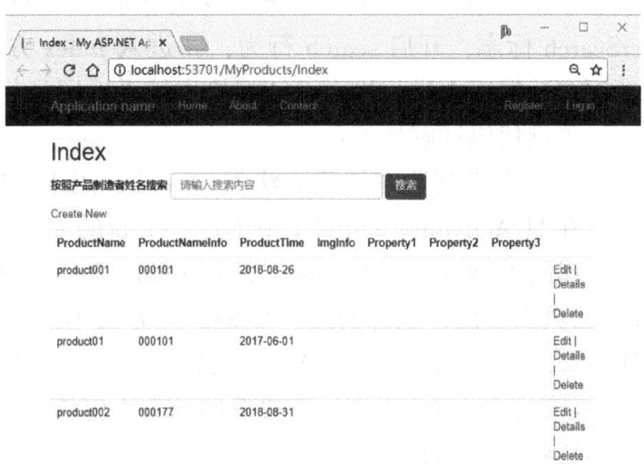

图 20-6 作业样图

21 用户角色权限功能实现

21.1 本章工作任务

为项目添加角色与用户权限系统，使活动只能由“教师”角色创建，“学生”没有创建活动的权限。

21.2 本章技能目标

- 掌握前端使用权限验证，只有登录用户才可以看到签到、产品、提问以及回答等选项。
- 掌握后端使用权限验证，只有角色为教师的用户才能创建活动，其他角色的用户不能创建活动。

21.3 本章简介

用户权限系统指的是用户在系统中根据其角色来决定能或者不能实现某种功能，或者该用户对某个页面的内容的某个区域是否有权限进行操作。

前端权限指的是只有指定角色的用户才能在网页中看见相应的内容，具有其他角色的用户看不见这些内容；后端权限指的是用户必须通过登录指定角色才能访问页面，否则不能访问。

在系统中，通过用户权限系统对每种角色的操作进行授权，可以防止数据泄露和非法操作。

本章的重点是前端和后端权限的实现。

21.4 理论讲解部分

21.4.1 任务描述

需求描述如图 21-1 所示。

尚需效果（需求）描述如下：

(1) 在没有用户登录的情况下，无法显示签到、产品、提问、回答等选项，如图 21-1 (a) 所示。

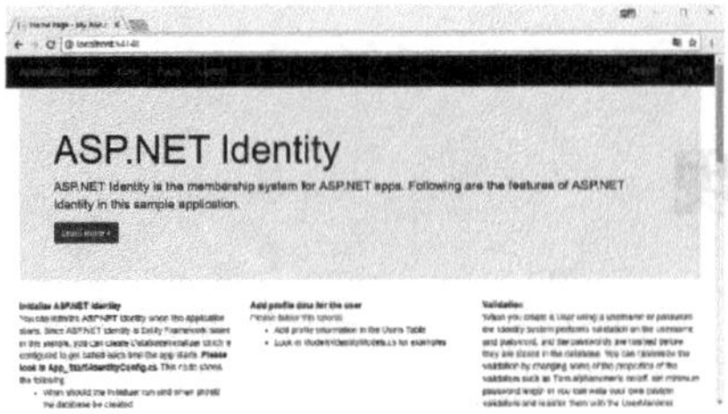

(a)没有登录不显示选项

(b)用学生账户登录

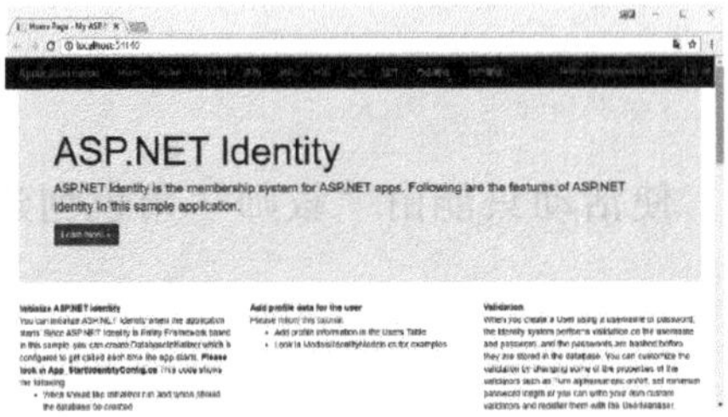

(c)账户登录后显示选项

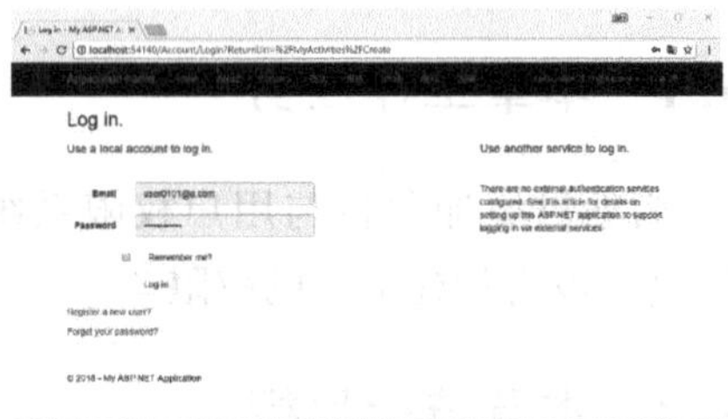

(d)学生没有创建活动权限

(e)教师角色创建活动

图 21-1　用户权限系统

（2）点击登录按钮，在输入框中填写学生的用户名及密码，点击登录，如图 21-1（b）所示。

（3）在有账户登录的情况下，显示出签到、产品、提问、回答等选项，如图 21-1（c）所示。

（4）使用角色为学生的账户登录，点击创建活动按钮，无法创建活动，如图 21-1（d）所示。

（5）使用角色为教师的账户登录，点击创建活动按钮，可以创建活动，如图 21-1（e）所示。

21.4.2 知识详解

21.4.2.1 前端权限的实现

在_ Layout. cshtml 文件中添加 if 条件语句（语句如下所示）控制显示页面的内容，区分不同角色拥有的权限从而实现只有指定角色的用户才能在网页中看见相应的内容，而其他角色的用户看不见这些内容。

```
@ if ( Request. IsAuthenticated && User. IsInRole( "角色 1" ) )
{
<li>@ Html. ActionLink( "功能 1" , "Index" , "功能 1" ) </li>
        <li>@ Html. ActionLink( "功能 2" , "Index" , "功能 2" ) </li>
}
```

21.4.2.2 后端权限如何实现

通过控制器 Contoller 中的以 . cs 为后缀的文件，并在相应的函数之前添加代码[Authorize(Roles = "角色1")]，如在 create 函数前，实现用户必须通过登录指定角色才能创建，否则不能创建的功能。

21.4.3 实现步骤

实现以下步骤的核心方法分为前端的实现方法和后端的实现方法。

前端的实现是通过在_ Layout. cshtml 文件的导航栏相应的前端代码中添加语句（语句如下所示），实现用户登录之后才能看见活动、报名、产品、提问、回答的选项卡，管理员登录后才能看见角色管理、用户管理的选项卡的功能。

```
@ if ( Request. IsAuthenticated)
{
<li>@ Html. ActionLink( "活动" , "Index" , "MyActivities" ) </li>
        <li>@ Html. ActionLink( "报名" , "Index" , "MySigns" ) </li>
        <li>@ Html. ActionLink( "产品" , "Index" , "MyProducts" ) </li>
        <li>@ Html. ActionLink( "提问" , "Index" , "MyQuestions" ) </li>
        <li>@ Html. ActionLink( "回答" , "Index" , "MyAnswers" ) </li>
}
@ if ( Request. IsAuthenticated && User. IsInRole( "Admin" ) )
{
<li>@ Html. ActionLink( "角色管理" , "Index" , "RolesAdmin" ) </li>
        <li>@ Html. ActionLink( "用户管理" , "Index" , "UsersAdmin" ) </li>
}
```

后端的实现是通过控制器 Contoller 中的以 . cs 为后缀的文件，并在相应的 create 函数之前添加代码[Authorize(Roles = "myTeacher")]，实现后端中只有教师才能创建活动的功能。

具体步骤如下：

步骤 1：在解决方案资源管理器的~/Views/Shared 的路径下找到_ Layout. cshtml 文件，如图 21-2 所示。

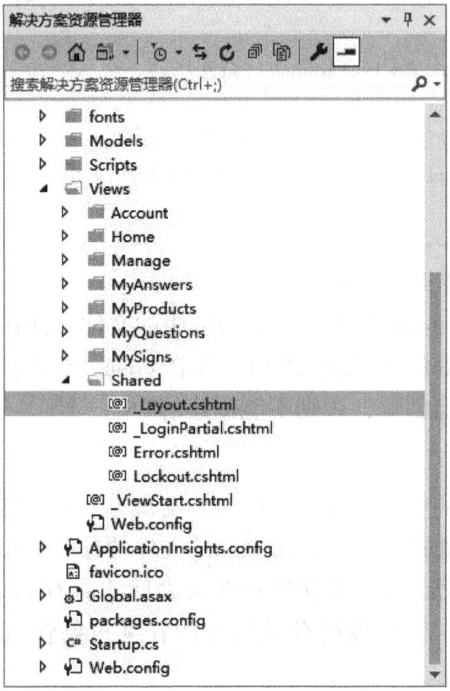

图 21-2　打开_ Layout. cshtml 文件

步骤 2：在_ Layout. cshtml 文件中添加代码，实现在前端的用户权限系统，如图 21-3 所示。

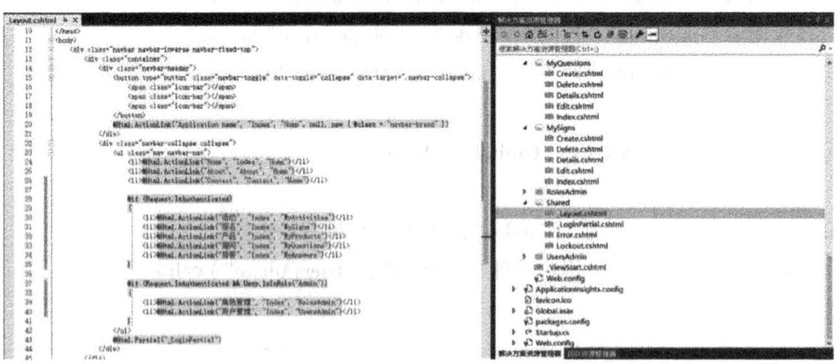

图 21-3　设置前端用户权限

代码如下：

```
@ if ( Request. IsAuthenticated)
{
<li>@ Html. ActionLink( "活动" , "Index" , "MyActivities" )</li>
          <li>@ Html. ActionLink( "报名" , "Index" , "MySigns" )</li>
          <li>@ Html. ActionLink( "产品" , "Index" , "MyProducts" )</li>
          <li>@ Html. ActionLink( "提问" , "Index" , "MyQuestions" )</li>
          <li>@ Html. ActionLink( "回答" , "Index" , "MyAnswers" )</li>
}
@ if ( Request. IsAuthenticated && User. IsInRole( "Admin" ) )
{
<li>@ Html. ActionLink( "角色管理" , "Index" , "RolesAdmin" )</li>
          <li>@ Html. ActionLink( "用户管理" , "Index" , "UsersAdmin" )</li>
}
```

其中 HTML. ActionLink 是超级链接，参数一是显示的内容，参数二是控制器对应的动作，参数三是控制器名称。如果用户是授权的，那么该用户界面中可以显示这些选项，并且可以跳转到控制器的动作上，如果用户是授权的并且是管理员，则其页面中会显示角色管理和用户管理。

步骤 3：运行项目，只有在有用户登录时显示选项卡，如图 21-4 所示。

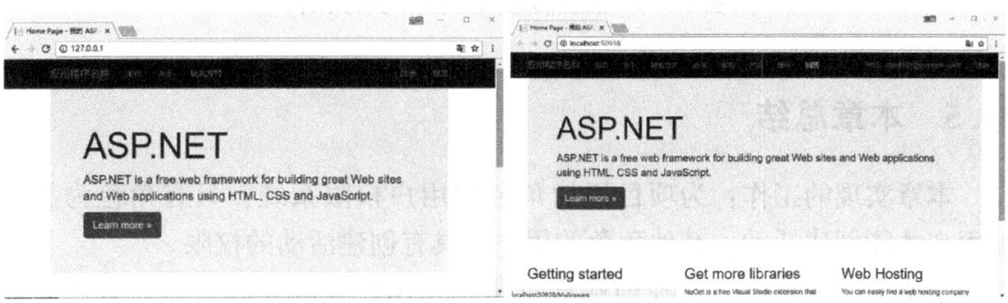

(a)没有登录不显示选项　　　　(b)账户登录后显示选项

图 21-4　前端用户权限结果

步骤 4：在控制器中添加用户权限。在 Contoller 中打开 MyActivities. cs 文件，并在 Create 动作之前添加代码，如图 21-5 所示。

代码如下：

```
[ Authorize( Roles = "myTeacher" ) ]
```

其中，myTeacher 为角色名称。只有角色为教师的用户才能创建活动。

图 21-5　设置后端用户权限系统

步骤 5：运行项目，如图 21-6 所示。

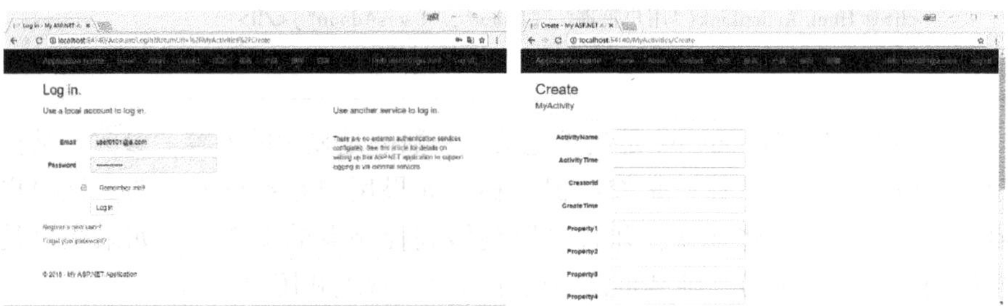

(a)学生角色没有创建活动权限　　(b)教师角色拥有创建活动权限

图 21-6　设置后端用户权限系统结果

21.5　本章总结

本章实现的工作：为项目添加角色与用户权限系统，只有角色为教师的用户才能创建活动，其他角色的用户不具有创建活动的权限。

本章掌握的技能：①在前端设置角色与用户权限；②只有在有用户登录的情况下才能显示活动、签到、产品、提问、回答等选项；③在后端设置角色与用户权限，只有角色为教师的用户才能创建活动，其他角色的用户不具有创建活动的权限。

21.6　本章作业

- 实现本章的案例，即活动的角色与用户权限系统。
- 设计一个签到的角色与用户权限系统，只有学生才能进行签到。

22　MVC. net 项目中 Bootstrap 响应式布局实现

22. 1　本章工作任务

在 Visual Studio 的 MVC. net 的框架下，设计软件研发中心首页，使其具有响应式布局。即当浏览器大小发生变化时，网页的内容和布局会根据浏览器大小自动调整。

22. 2　本章技能目标

- 掌握在 MVC. net 的框架下，使用 Bootstrap 中的组件和全局 CSS 样式实现响应式布局的方法。
- 掌握在 MVC. net 的框架下，使用 Bootstrap 的栅格系统实现响应式布局的方法。

22. 3　本章简介

在 MVC. net 框架下，Bootstrap 被直接集成到 MVC 的开发系统中，因此 MVC. net 框架下的所有网页都采用了响应式布局。

本章的重点是在 MVC. net 框架下，应用 Bootstrap 响应式布局。

22. 4　理论讲解部分

22. 4. 1　任务描述

需求描述如图 22-1 所示。

尚需效果（需求）描述如下：

（1）在大屏幕（≥1 200px），即 PC 浏览器全屏，网页显示效果如图 22-1（a）所示。

（2）在中等屏幕（≥992px），即 PC 浏览器全屏，网页显示效果如图 22-1（b）所示。

（3）在小屏幕（≥768px），即平板全屏，网页显示效果如图 22-1（c）所示。

（4）在超小屏幕（<768px），即手机全屏，网页显示效果如图 22-1（d）所示。

(a)大屏幕

(b)中等屏幕

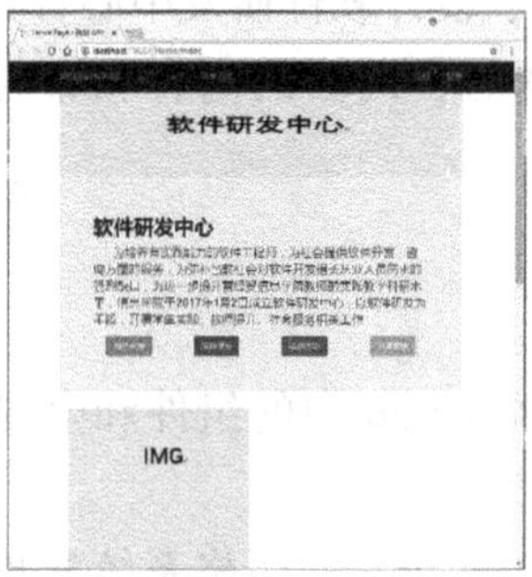

(c)小屏幕

(d)超小屏幕

图 22-1 响应式网页

22.4.2 知识详解

在 MVC. net 框架下，已经集成了 Bootstrap 文件包，不需要用户手动引用；并且 MVC. net 框架下的网页已经具有了基本的框架代码，这些框架代码使用了组建栅格系统的 low 类、col-＊类，因此能够自适应浏览器大小。因此，在 MVC. net 框架下要实现响应式布局只需要在原有的网页基础上改编。

22.4.3 实现步骤

步骤 1：打开 Views 文件夹，选择 Home 文件夹中 index. cshtml 的编辑页面。网页文件位置如图 22-2（a）所示，界面框架代码如图 22-2（b）所示，网页初始界面如图 22-2（c）所示。

(a)文件位置

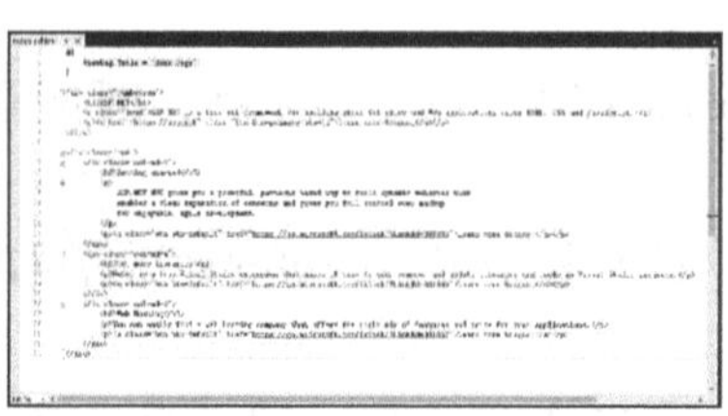

(b)框架代码

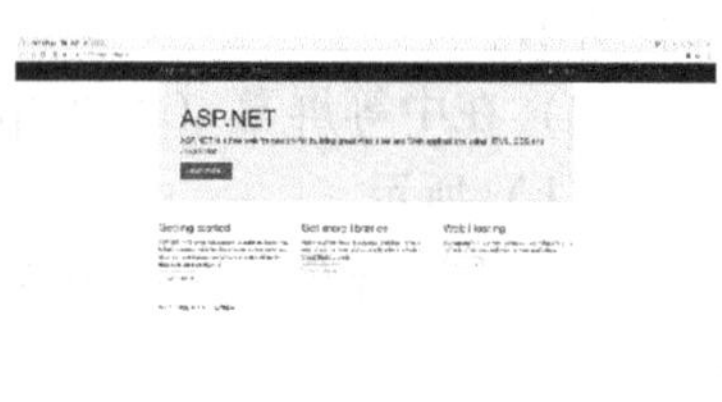

(c)网页初始界面

图 22-2 网页信息

步骤 2：将图片放入 Content 文件夹中。在解决方案资源管理器［如图 22-3（a）所示］中的 Content 文件夹下，点击右键选择“在文件资源管理器中打开文件夹”，将如图 22-3（b）所示图片所在 img 文件夹复制到 Content 文件夹内，内容如图 22-3（c）所示。

(a)解决方案资源管理器　　(b)图片位置　　(c)content文件夹内容

图 22-3　将图片放入 content 文件夹

步骤 3：将图片放入解决方案资源管理器中。在解决方案资源管理器中的“Content”文件夹下，点击右键选择“添加”，新建一个名为“img”的文件夹，如图 22-4（a）所示；然后选择“img”文件，右键选择“添加”选项下的“现有项”选项，将会跳出文件资源管理器页面，选择“Content”文件夹下的 img 文件夹中的所有图片后，界面如图 22-4（b）所示。

(a)“content”文件夹下添加“img”文件夹后　　(b)将图片添加至“img”文件夹后

图 22-4　将图片放入资源管理器

步骤 4：设计一张图片作为 banner 放置在导航栏下方。插入一个 div 用于放入图片，用 CSS 给 img 和 div 设计简单的样式。随后给图片加上一个 img-responsive 类，使图片能够响应浏览器大小变化，此时页面如图 22-5 所示。

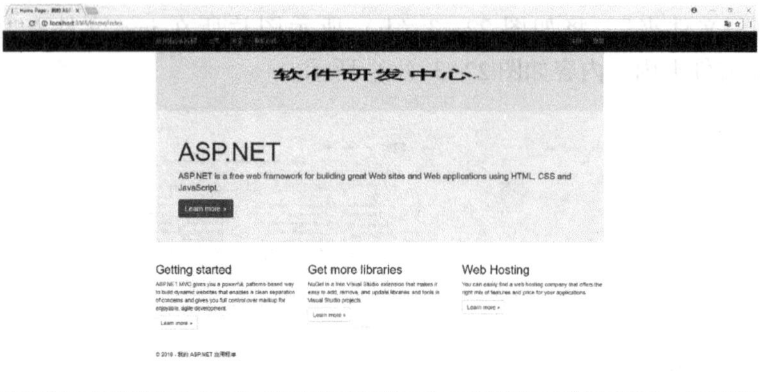

图 22-5　网页大屏幕页面

代码如下：

```
<div style="width: 100%;height: 100%;z-index: -1;">
    <img src=" ~/Content/img/界面.jpg" class=" img-responsive" style=" width: 100%; height: 150px;">
</div>
```

步骤 5：设计一个巨幕放置在图片下方。在图片下方插入一个 div 作为巨幕，用来放置文字和按钮。我们为它套用一个巨幕的 jumbotron 样式，可以在原有巨幕上改造，给文字套用一个强调文字的 lead 类，利用栅格系统放置四个按钮（在栅格系统中整个屏幕占 12 列构成），使它们在大网业尺寸情况下分别占 1 列，在中网业尺寸情况下分别占 2 列，在小网业尺寸情况下分别占 3 列，在超小屏幕中分别占 6 列，此时网页界面如图 22-6 所示。

代码如下：

```
<div class="jumbotron">
    <h1 style="font-size: 36px;font-weight: bold;">软件研发中心</h1>
    <p class="lead">      为培养有实践能力的软件工程师,为社会提供软件开发—咨询方面的服务,为弥补当前社会对软件开发相关从业人员需求的强烈缺口,为进一步提升首都经济贸易大学信息学院教师的实践、教学、科研水平,信息学院于 2017 年 1 月 2 日成立软件研发中心,以软件研发为手段,开展学生实践、教师提升、社会服务相关工作</p>
    <div class="row">
        <div class="col-lg-1 col-md-2 col-sm-3 col-xs-6">
            <p style="text-align: center;"><a href="#" class="btn btn-success btn-large">项目申报</a></p>
```

```
        </div>
        <div class="col-lg-1 col-md-2 col-sm-3 col-xs-6">
            <p style="text-align: center;"><a href="#" class="btn btn-primary btn-large">活动发布</a></p>
        </div>
        <div class="col-lg-1 col-md-2 col-sm-3 col-xs-6">
            <p style="text-align: center;"><a href="#" class="btn btn-danger btn-large">活动签到</a></p>
        </div>
        <div class="col-lg-1 col-md-2 col-sm-3 col-xs-6">
            <p style="text-align: center;"><a href="#" class="btn btn-warning btn-large">进度管理</a></p>
        </div>
    </div>
</div>
```

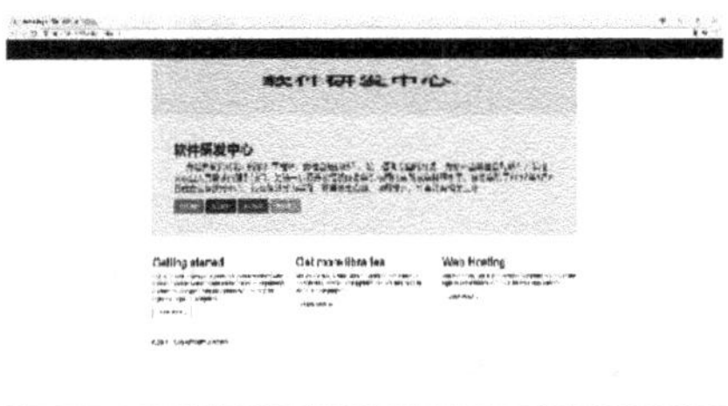

(a)大屏幕

(b)中屏幕

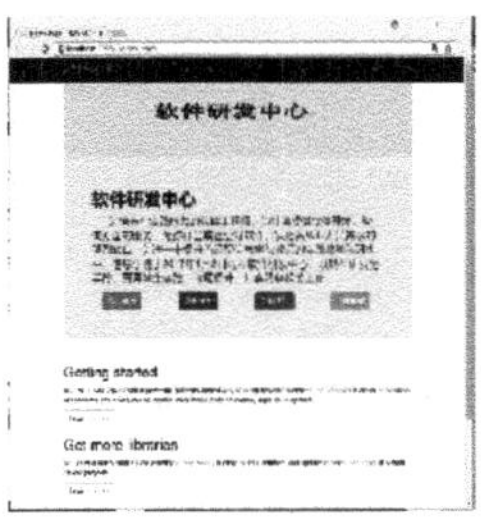

(c)小屏幕

(d)超小屏幕

图 22-6　网页页面

步骤 6：设计 3 个 div 信息块放置文字和图片信息，使得 3 个 div 信息块能够在中屏幕和大屏幕时同行显示；在小屏幕和超小屏幕时分 3 行显示。在 MVC. net 框架下，可以直接在框架代码的基础上修改。先为放置文字和图片的 div 设置一个 col-md-4 的类，它表明这个 div 在中屏幕和大屏幕时占 4 列，在小屏幕和超小屏幕时占满 12 列，其中图片套用响应屏幕大小的img-responsive 类，文字放置在<dl>列表中使用。这里只展示其中一个 div 信息块的写法，另外两个信息块可仿照此 div 信息块的写法，此时网页界面如图 22-7 所示。

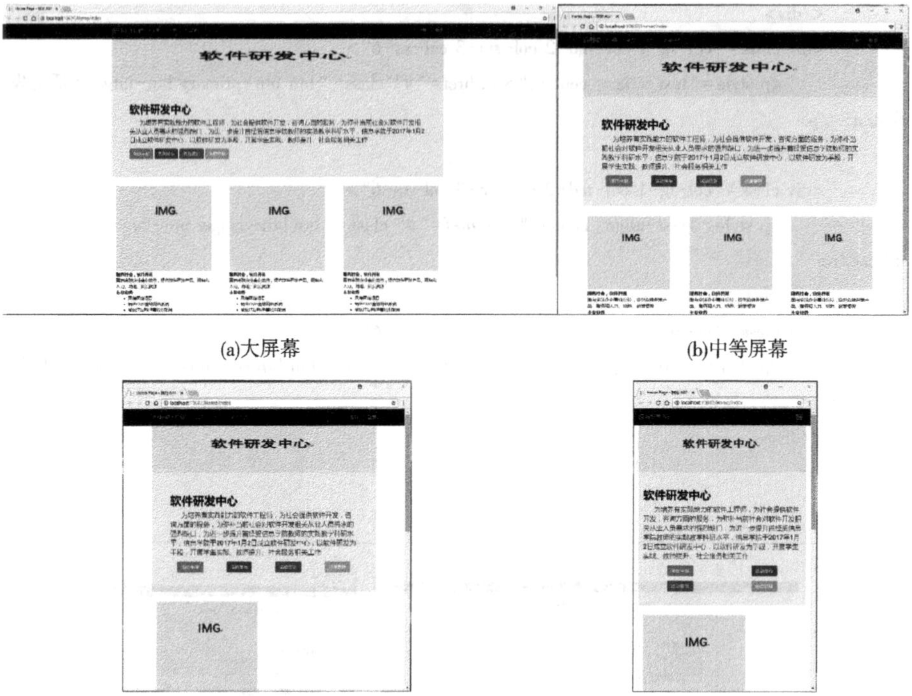

(a)大屏幕　(b)中等屏幕

(c)小屏幕　(d)超小屏幕

图 22-7　响应式网页

代码如下：

```
<div class="row">
    <div class="col-md-4">
        <div class="col-md-12">
            <img src="/Content/img/图片.jpg" class="img-responsive">
        </div>
        <div class="col-md-12">
            <dl>
                <dt>服务社会,软件开发</dt>
                <dd>
                    面向全球企业事业单位,提供软件开发产品、服务和人力、场地、研发资源<br>
                    <strong>主要业务</strong>
                    <ul>
                        <li>承接网络项目</li>
                        <li>销售 CMS 全球网络系统</li>
                        <li>承接 IT 与 PMP 等培训项目</li>
                        <li>提供机房和考试服务</li>
                    </ul>
```

```
                </dd>
            </dl>
        </div>
    </div>
</div>
```

22.5 本章总结

本章实现的工作：在 MVC. net 框架下，制作一个能够响应不同页面的软件研发中心首页，修改网页代码下的巨幕代码、3 列的 div 信息块代码以实现软件研发中心首页的要求。

本章掌握的技能：①将图片文件放入解决方案资源管理器也就是本项目中；②修改 MVC. net 框架下网页的框架代码，以实现 Bootstrap 响应式布局。

22.6 本章作业

➢ 实现本章涉及的 1 个示例，即实现软件研发中心首页的编写。

➢ 利用 MVC. net 网页框架，设计完成一个网页。当浏览器大小为桌面（大屏幕）时，网页显示如图 22-8（a）所示；当浏览器大小为手机（超小屏幕）时，网页显示如图 22-8（b）所示。

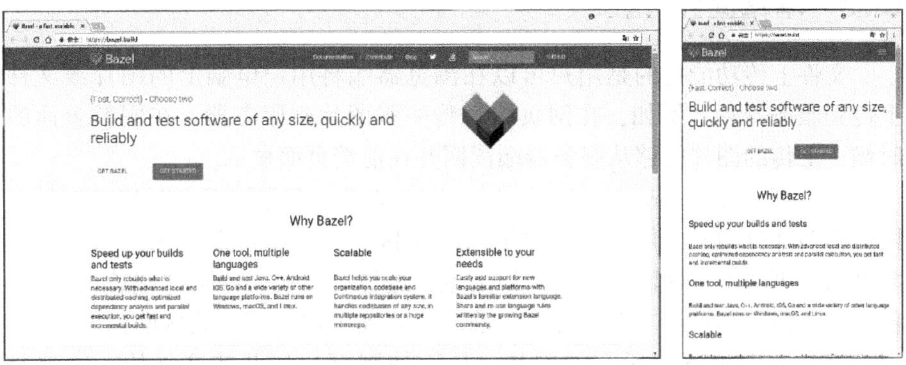

(a)大屏幕网页页面　　(b)超小网页页面

图 22-8　网页页面

23　Ajax 文件上传功能的实现

23.1　本章工作任务

创建商品上传的页面，页面上包括产品图片、产品类型、产品名称、产品库存等信息。在页面上分别设置一个“浏览”按钮和一个“上传”按钮，点击“浏览”按钮，可以实现对本地文件的浏览并选择想要上传的文件；再点击“上传”按钮，可以实现文件的上传功能。

23.2　本章技能目标

- 掌握在前端页面中，添加一个上传文件的控件的方法。
- 掌握在前端页面中，上传文件名信息到后端的方法。
- 掌握在后端，将前端上传的文件名进行上传并返回前端页面的方法。
- 掌握在前端页面中，显示文件上传结果的方法。

23.3　本章简介

文件上传功能指的是用户可以在浏览器端将用户电脑上的图片或文件上传到服务器端。例如，在网页中上传一张图片到服务器，在刷新页面的时候，上传的图片能够从服务器端读回并在前端页面显示。

Ajax 即“Asynchronous Javascript And XML”，也称局部更新技术，是指网页由多部分构成，例如，用户填写数据区、用户上传图片区，那么更新时可以只更新图片区而不更新其他区域，这样可以使得网页加载速度更快。例如，我们在浏览淘宝页面时，滚动浏览器到固定区间下载区间内的图片，而不是一次性地下载所有的图片，从而使网页的加载速度加快，这就是 Ajax 技术。

本章的重点是文件上传以及 Ajax 局部调用技术。

23.4　理论讲解部分

23.4.1　任务描述

需求如图 23-1。

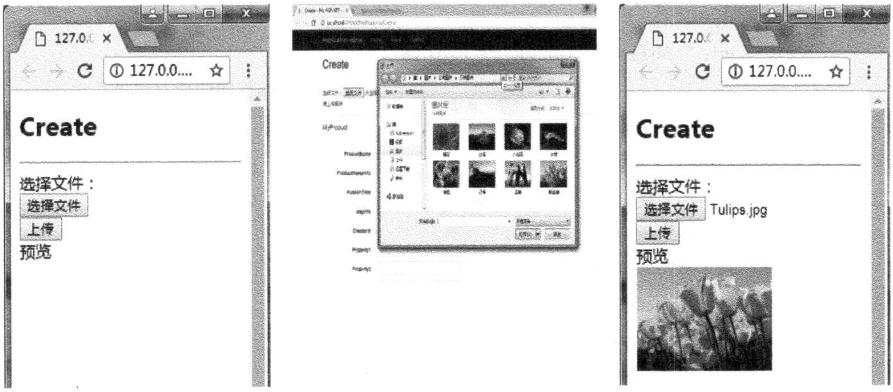

(a)构建文件上传页面　　(b)选择上传文件　　(c)显示上传后的图片

图 23-1　具有文件上传功能的页面

尚需效果（需求）描述如下：

（1）设计一个网页，在页面上放置“选择文件”和“上传”文件按钮，如图 23-1（a）所示。

（2）当点击“选择文件”按钮时，弹出图 23-1（b）所示的图。

（3）选择要上传的图片，点击“确认”按钮，跳转回前端页面，点击“上传”按钮，图片上传完成，如图 23-1（c）所示。

23.4.2　知识详解

首先是 file 控件的应用。file 控件用于确定<input>标签 type 属性的值。

（1）“选择文件”按钮，实现文件的浏览功能。用<input type = " file" >来应用 file 控件，可以定义文件选择字段和“浏览...”按钮，供文件上传。

（2）“上传”按钮，用<button>标签实现，可以实现文件向 form 表单指定的网址进行发送，发送的数据格式是 file 类对应的对象，前端页面中 file 对象随 form 一起向后端提交，在后端程序中使用 file 对象接收上述前端发送来的 file 对象。

前端代码示例：

```
<script type="text/javascript" language="javascript">  //
    $(function () {           //页面加载完成时,执行 function()函数
        $('#upload').click(function () {
            var formData = new FormData();
            var myFile = document.getAnonymousElementById("file1").files[0];
            formData.append("uploadFile", myFile);
```

```
            $ . ajax( {
                type: "POST",
                url: "/MyProducts/UploadImgeByAJAX",
                                                        //这是调用后端程序的相对地址
                data: formData,
                async: true,
                cache: false,
                contentType: false,
                processData: false,
                error: function () { alert("AJAX 请求失败"); },
                success: function (data) {
                     $ ('#myResultImg'). attr("src", "../myUploads/" + data);
                     $ ('#myResultImg'). css("display", "block");
                     $ ('#myResultDiv'). html("成功上传图片:.../myUploads/" + data);
                     $ ('#ImgInfo'). val(data);
                }
            });
        });
    });
</script>
```

后端代码示例:

```
Public ActionResult UploadImgesByAjax(HttpPostedFileBase uploadFile)
        {
            String result = "";
            if (uploadFile == null)
                    //如果前端传过来的文件为空,返回"uploadFile is null"
            {
                result = "uploadFile is null";
                return Content(result);
            }


            if (uploadFile. ContentLength <= 0)
    //如果前端传过来的文件<=0,返回" content. Request. Files. Count <=0"


            {
                result = "content. Request. Files. Count <=0";
                return Content(result);
            }
              var fileName = Path. Combine(Request. MapPath("~/myUploads/"), Path. GetFileName
(uploadFile. FileName));
```

```
        try
        {
            uploadFile.SaveAs(fileName);
            return Content(uploadFile.FileName);
        }
        catch
        {
            result = "上传失败";
            return Content(result);
        }
    }
```

其次是 Ajax 局部更新技术的应用。传统的网页（不使用 Ajax）如果需要更新内容，必须重新加载整个网页页面，从而会消耗大量的网络流量，并且造成网页的响应速度非常慢。而使用 Ajax 技术，通过在后台与服务器进行少量数据交换，便可以使网页实现异步更新，这意味着可以在不重新加载整个网页的情况下，对网页的某部分进行更新，从而提升网页的浏览速度。例如，网页中有 100 张图片，用户只想浏览前 20 张，那么应用 Ajax 技术进行网页的局部更新，只加载想要浏览的 20 张图片，使浏览速度加快。

（1）前端选择文件的上传。在点击“选择文件”按钮后，前端编写代码会向后端传数据，后端传回的数据直接放在这段代码中。这段代码直接控制网页中的一个 HTML 元素的变化，其他的 HTML 元素不变。

前端代码示例：

```
选择文件:<input type="file" id=" " style="display: inline;" />
<button type="button" id="upload" class="btn btn-prlmary">上传</button>
<br />
<img id="myResultImg" src="" style="width: 200px;display: none;" />
<div id="myResultDiv">请上传图片</div>
```

（2）后端文件上传更新。通过 Ajax 后端代码的编写，实现后端对前端上传文件的反馈，对页面进行局部更新。

后端代码示例：

```
<script type="text/javascript" language="javascript">  //
    $(function () {           //页面加载完成时,执行 function()函数
        $('#upload').click(function () {
//用选择器选中 id 为 upload 的"上传"按钮,当点击"上传"按钮时,执行 function ()函数
```

```
            var formData = new FormData( );
            var
myFile = document. getAnonymousElementById( "file1" ). files[ 0 ];
            formData. append( "uploadFile" , myFile);
             $ . ajax( {
                type: "POST" ,   //默认是 GBT
                url: "/MyProducts/UploadImgeByAJAX" , //AJAX 控制器
                data: formData,
                async: true,     //异步
                cache: false,  //不加载缓存
                contentType: false,
                processData: false,
                error: function ( ) { alert( "AJAX 请求失败" ); },
//AJAX 失败时,弹出警告框"上传请求失败"。
                success: function (data) {    //AJAX 成功时执行
                    $ ('#myResultImg'). attr( "src" , "../myUploads/" + data);
                    $ ('#myResultImg'). css( "display" , "block" );
                    $ ('#myResultDiv'). html( "成功上传图片:.../myUploads/" + data);
                    $ ('#ImgInfo'). val( data);
                }
            });
        });
    });
</script>
```

23.4.3 实现步骤

步骤 1：创建项目，选择类型。创建 ASP. NET Web 应用程序，在 Visual Studio 菜单栏中选择文件>新建>项目，如图 23-2（a）所示；选择项目的类型为 MVC，身份认证方式为默认的“个人”，如图 23-2（b）所示。

步骤 2：在整个项目中添加 Ajax 和 Jquery 程序包。

打开界面，选择解决方案资源管理器>Views 文件夹>MyProducts 文件夹>Create. cshtml，如图 23-3（a）所示。

在打开的页面中加载安装包，选择工具>NuGet 包管理器>程序包管理器控制台>输入加载安装包命令>回车，等待其为用户自动下载 Ajax 包，如图 23-3（b）和图 23-3（c）所示；最终效果如图 23-3（d）所示。

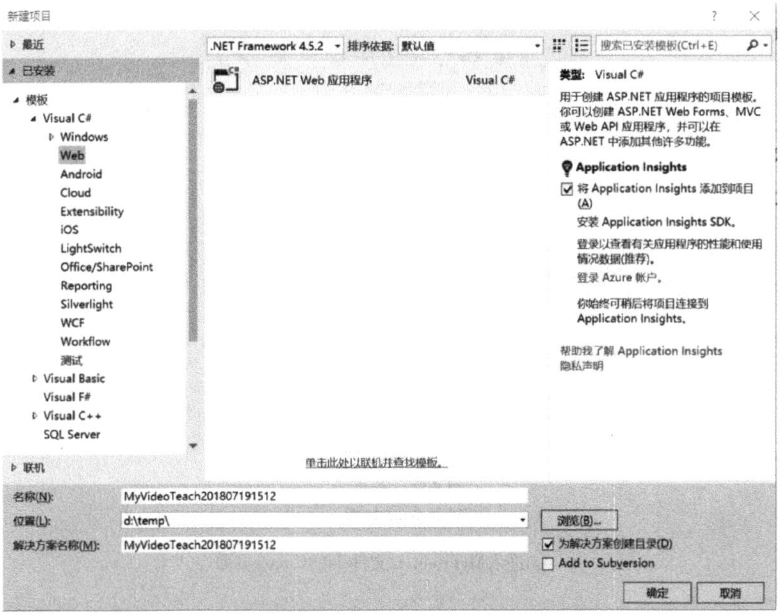

(a)设定项目名称和存储位置

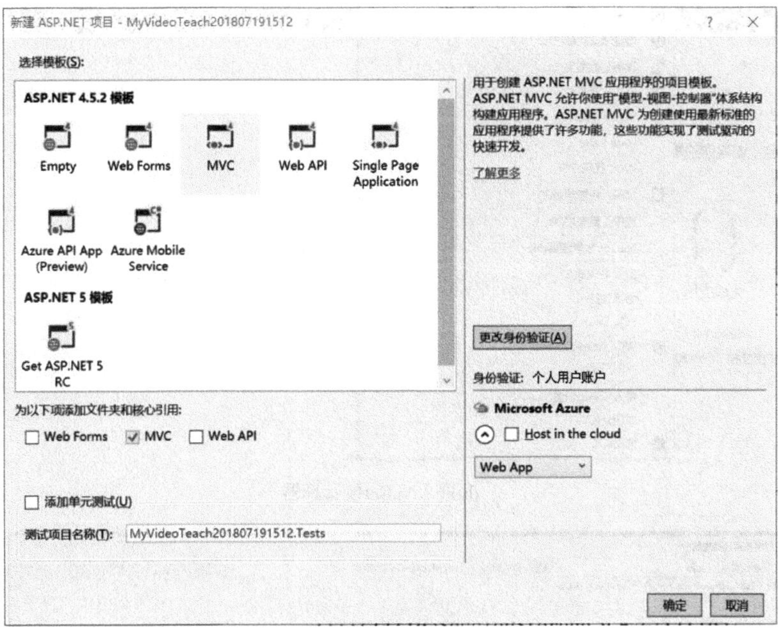

(b)选择项目类型

图 23-2 创建项目

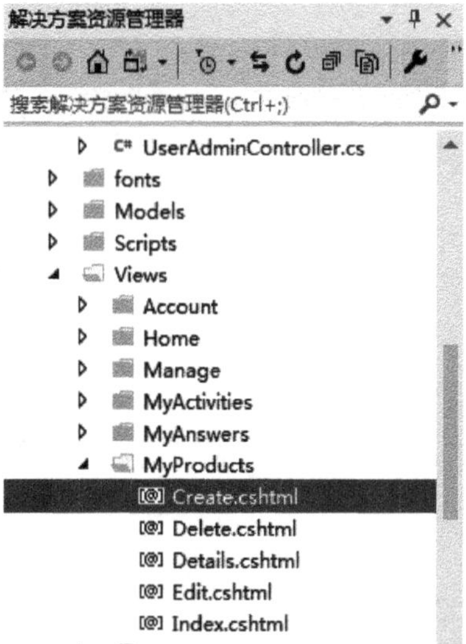

(a)进入MyProducts文件夹的Create页面

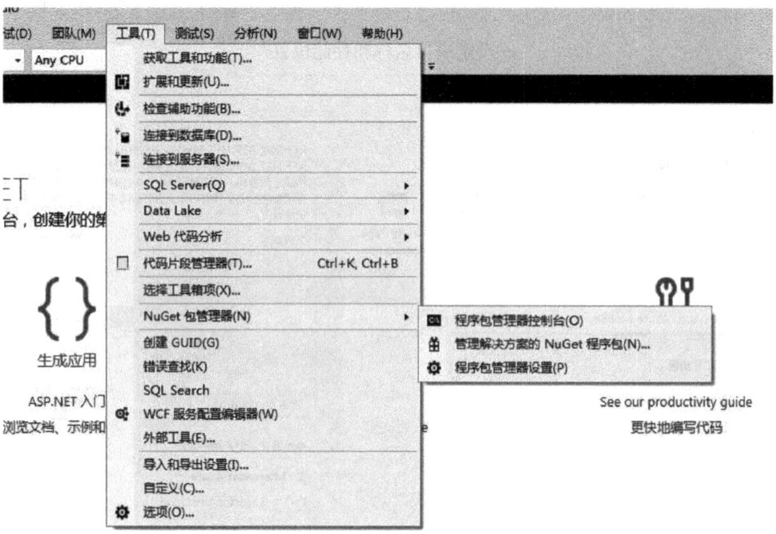

(b)进入NuGet包管理器

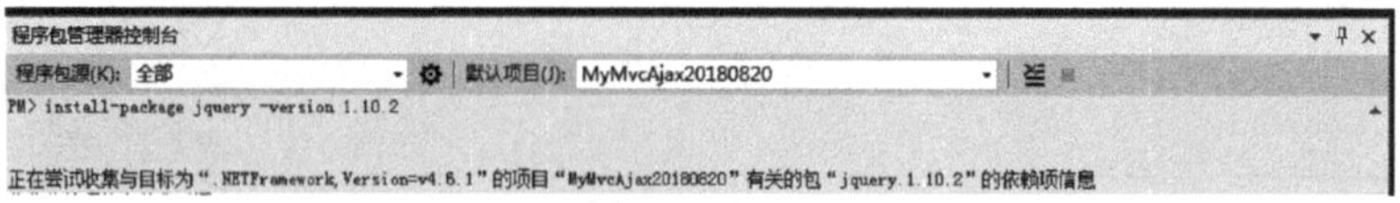

(c)输入加载安装包命令

图 23-3

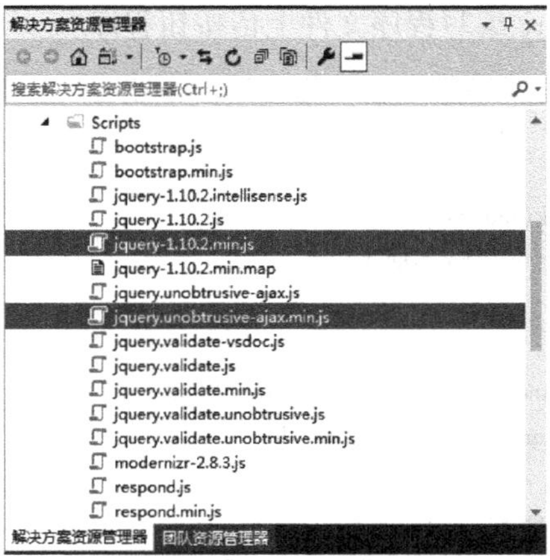

(d)加载完成结果

图 23-3 打开编程页面加载安装包

需输入的安装包命令如下：

安装 Ajax 包

```
Install-Package Microsoft.jQuery.Unobtrusive.Ajax-version 1. 10. 2
```

安装 JQuery 包

```
Install-Package jQuery-version 1. 10. 1
```

步骤 3：在前端页面中引入项目中刚刚引入的 JQuery 和 Ajax 程序包。在前端页面找到 MyProducts 文件夹中的 Create 文件，打开后开始输入代码：

```
<script src="@Url.Content("~/Scripts/jquery-1.10.2.min.js")" type="text/javascript"></script>
<script src="@Url.Content("~/Scripts/jquery.unobtrusive-ajax.
min.js")" type="text/javascript"></script>
```

步骤 4：在页面上放置一个按钮。在前端页面找到 MyProducts 文件夹中的 Create 文件，在 Create 网页中插入<button>标签，即在网页中放入一个按钮：

```
选择文件:<input type="file" id=" " style="display: inline;" />
<button type="button" id="upload" class="btn btn-prlmary">上传</button>
<br />
<img id="myResultImg" src="" style="width: 200px;display: none;" />
<div id="myResultDiv">请上传图片</div>
```

步骤 5：用 jQuery 编写程序文件上传按钮程序：

```
<script type="text/javascript" language="javascript">
    $ (function () {
        $ ('#upload').click(function () {
            var formData = new FormData();
            var
            myFile =
            document.getAnonymousElementById("file1").files[0];
            formData.append("uploadFile", myFile);
            $.ajax({
                type: "POST",
                url: "/MyProducts/UploadImgeByAJAX", //访问地址:后端响应该 AJAX 控制器里行为
                data: formData, //该 AJAX 是以 form 的形式向后端传输数据
                async: true, //值为"true"时为异步
                cache: false, //值为"false"时不加载缓存
                contentType: false,
                processData: false,
                error: function () { alert("Ajax 请求失败"); }
                success: function (data) { //AJAX 成功时执行
                    $ ('#myResultImg').attr("src", "../myUploads/" + data);
                    $ ('#myResultImg').css("display", "block");
                    $ ('#myResultDiv').html("成功上传图片:.../myUploads/" + data);
                    $ ('#ImgInfo').val(data);
                }
            });
        });
    });
</script>
```

上述 AJAX 的请求在后端访问的是 MyProducts 控制器（MyProductsController. cs）的 UploadImgeByAjax 行为，在后端的上述控制器的上述行为中，我们要编写代码响应前端的 AJAX 请求，具体代码如下：

```
public ActionResult UploadImgesByAjax(HttpPostedFileBase uploadFile)
    {
        String result = "";
        if (uploadFile == null)
        {
            result = "uploadFile is null";
            return Content(result);
        }
```

```
            if (uploadFile.ContentLength <= 0)
            {
                result = "content.Request.Files.Count <=0";
                return Content(result);
            }
            var fileName = Path.Combine(Request.MapPath("~/myUploads/"), Path.GetFileName(up-
loadFile.FileName));
            try
            {
                uploadFile.SaveAs(fileName);
                return Content(uploadFile.FileName);
                                    //将保存在服务器的文件名返回前端页面。
            }
            catch
            {
                result = "上传失败";
                return Content(result);
            }
        }
```

步骤 6：运行项目，查看结果。编译项目生成页面。文件上传前的界面如图 23-4（a）所示，点击想要上传的图片 [如图 23-4（b）所示]，效果如图 23-4（c）所示；点击“打开”按钮，完成上传图片的选择，如图 23-4（d）所示；点击“上传”按钮，图片上传完成，结果如图 23-4（e）所示。

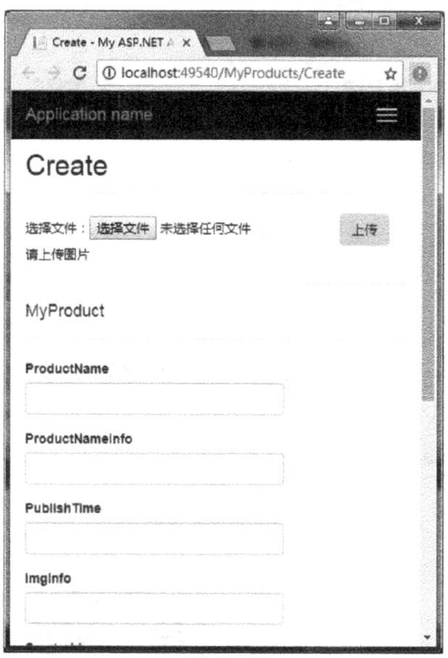

(a)运行显示

图 23-4

(b)点击按钮添加文件

(c)选择上传文件

(d)待上传图片选择完成

(e)最终效果

图 23-4 运行结果

23.5　本章总结

本章实现的工作：使用文件上传控件和 Ajax 技术，完成在网页中选择待上传文件，上传文件到服务器并且显示上传结果。

本章掌握的技能：①使用 file 控件进行待上传文件的选择；②使用 Ajax 编写，当点击“上传”按钮时，将 form 表单中的 file 对象上传到 MVC 服务器后端的行文中；③在后端行文中接收到前端传递的 form 表单，接收 form 表单中的 file 对象，并在服务器中保存该文件；④在后端中，将文件名通过 Ajax 代码的 return content 形式返回前端，准备进行局部更新；⑤在前端页面中，Ajax 响应后端页面中传过来的局部更新信息，并将信息结果显示。

23.6　本章作业

➢ 实现本章的案例，即使用文件上传控件与 Ajax 技术，实现商品图片信息的上传和对上传结果的显示。

➢ 仿照淘宝卖家中心的商品上传页面，设计制作一个有商品上传功能的页面。在页面中，可以选择文件进行上传，并可以添加多个附件，附件的类型可以是 docx，ppt，txt 等。

24 订单系统

24.1 本章工作任务

实现创建订单功能，包括在全部订单的列表页面创建新订单；在新订单页选择订购的产品，并填写其他信息，例如数量，最后成功创建订单。

24.2 本章技能目标

- 掌握在 Model First 模式下，根据 ER 图进行数据建模的方法。
- 掌握在 Model First 模式下，根据数据模型，自动生成数据库、数据库表的方法。
- 掌握在 Model First 模式下，根据 ER 图，编译项目自动生成实体、实体集的方法。
- 掌握在 Model First 模式下，根据实体类和实体集，自动创建控制器和增删改查页面的方法。

24.3 本章简介

MVC. net 框架通过绘制 ER 图生成数据库、表、模型层类、控制层类、视图层增删改查页面，这种方法叫作 Model First 开发模式。该模式可以让开发者只需要绘制 ER 图（实体和关联），即可生成数据库中的表、编程中用到的实体类（Model 层）、控制器（Controllor 层）和增删改查页面（View 层）。

本章重点：在 Model First 模式下开发一个订单系统。

24.4 理论讲解部分

24.4.1 任务描述

需求描述如图 24-1 所示。

尚需效果（需求）描述如下（什么是订单列表页，插入数据）：

（1）打开订单列表页面，运行项目，如图 24-1（a）所示。

（2）点击创建订单。进入创建订单页面，在文本框中输入信息，点击

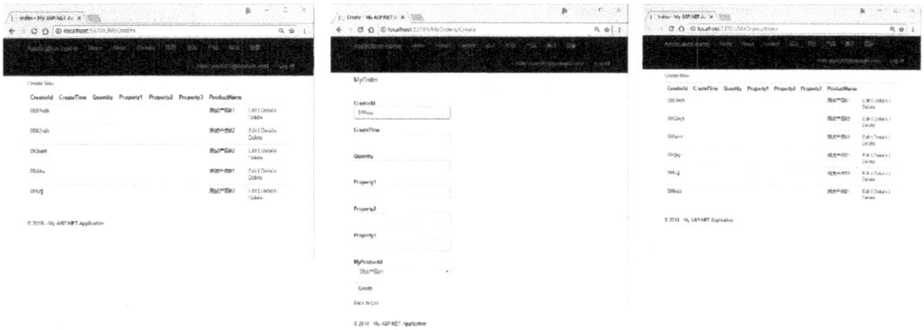

(a)订单页面　　(b)订单创建页面　　(c)创建结果

图 24-1　订单系统

创建订单，如图 24-1（b）所示。

（3）返回订单列表页面，创建订单结束，如图 24-1（c）所示。

24.4.2　知识详解

实体与实体之间的关系分为三类：一对一联系（1∶1），一对多联系（1∶n），多对多联系（m∶n）。

（1）一对一联系（1∶1）。如果对于实体集 A 中的每一个实体，实体集 B 中至多有一个（也可以没有）实体与之联系，反之亦然，则称实体集 A 与实体集 B 具有一对一联系，记为 1∶1。例如，在班级与班主任的联系中，一个班级只有一个班主任，一个班主任在一个班中任职。

（2）一对多联系（1∶n）。如果对于实体集 A 中的每一个实体，实体集 B 中有 n 个（$n \geqslant 0$）实体与之联系；反之，对于实体集 B 中的每一个实体，实体集 A 中至多只有一个实体与之联系，则称实体集 A 与实体集 B 有一对多联系，记为 1∶n。例如，在本章任务之一的产品和订单之间的联系中，一个产品可以被多个用户订购，因此一个产品对应多个订单。

（3）多对多联系（m∶n）。如果对于实体集 A 中的每一个实体，实体集 B 中有 n 个（$n \geqslant 0$）实体与之联系；反之，对于实体集 B 中的每一个实体，实体集 A 中有 m 个实体（$m \geqslant 0$）与之联系，则称实体集 A 与实体 B 具有多对多联系，记为 m∶n。例如，在用户和商品之间的联系中，一件商品可以被多个用户选购，一个用户也可以选购多件商品。

在本章创建订单之间联系的过程中，使用了一对多联系，即一个 MyProduct 实体对应多个 MyOrder 实体。

24.4.3　实现步骤

步骤 1：创建新的实体（MyOrder 实体）。打开 Models > Model1. edmx，在空白处点击右键创建实体（在之前的学习中已经创建三个实体：MyProduct，MyQusetion，MyAnswer），如图 24-2 所示。

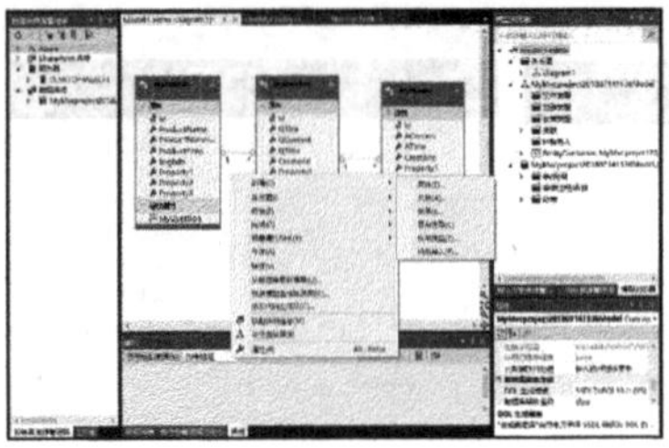

(a)在空白处右键点击建立实体

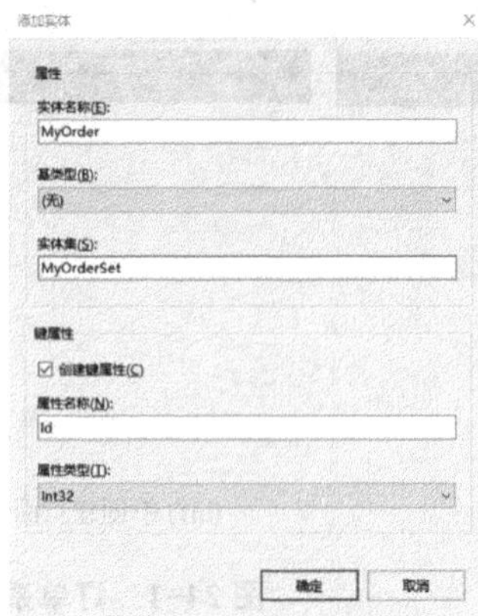

(b)建立MyOrder实体

(c)生成ER图

图 24-2　创建实体

步骤 2：添加实体 MyOrder 和 MyProduct 之间的关联。在空白处点击右键新增实体之间的关联，如图 24-3 所示。

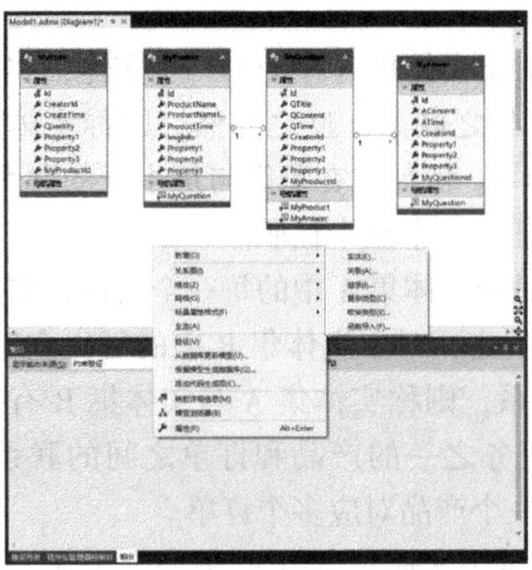

(a)

(b)

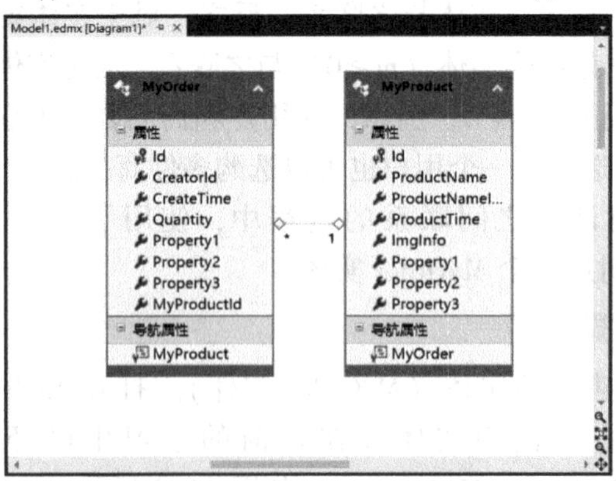

(c)

图 24-3　创建实体之间的关联

步骤 3：在根据新的模型重新生成数据库之前，保存已有的数据库表的 SQL 语句。在之前的章节中，数据库中已经存在数据，如果重新生成数据库，之前建立的数据库会被覆盖，即数据库的内容会失去，因此需要提前对数据库表中的数据进行备份（在 App_ Data 中添加现有项），如图 24-4 所示。

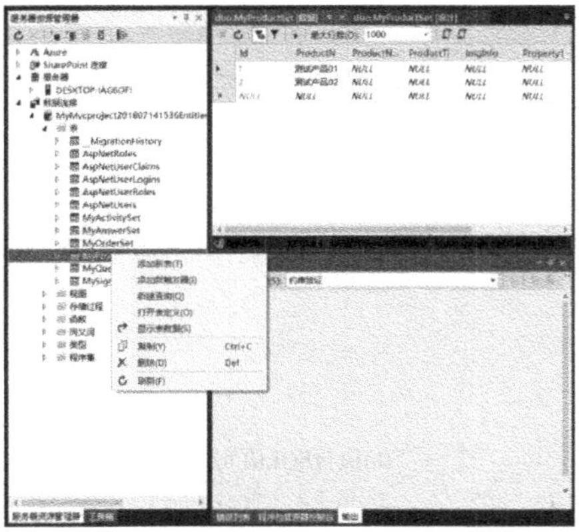

(a)显示表中已有数据

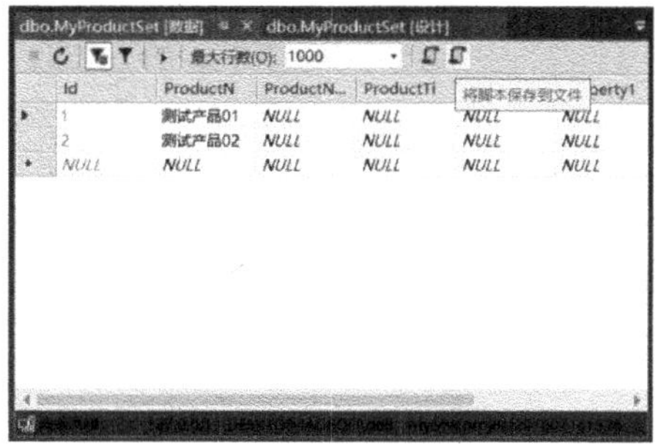

(b)为已有的数据生成SQL语句的文件

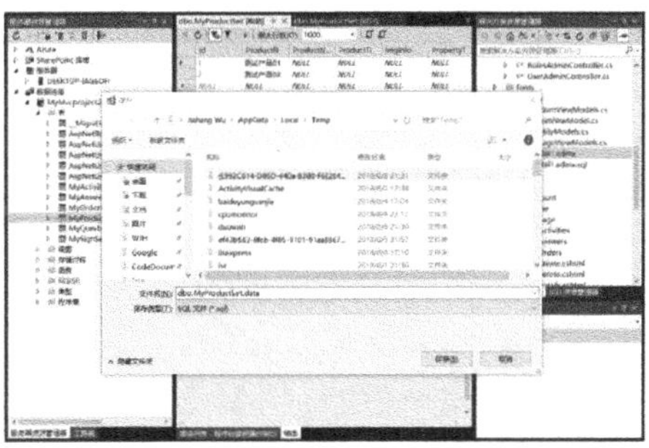

(c)为生成文件选择保存文件

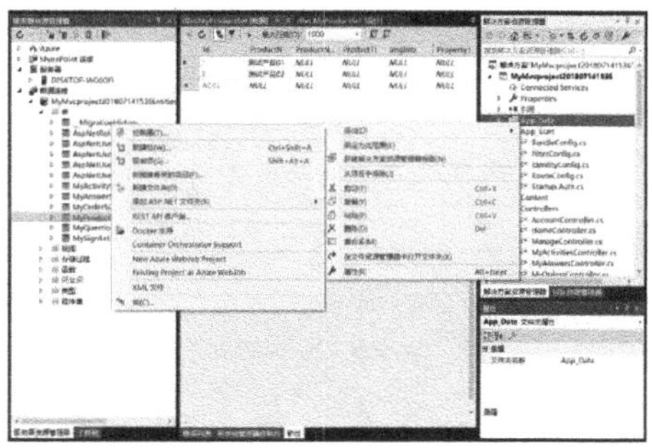

(d)添加现有项

图 24-4　备份数据库表中的数据，为之后更新数据库时表被删除做备份

步骤 4：根据模型生成数据库并执行。更新数据库的原理即是先删除原有数据库，再新建数据库，原有数据库中的数据丢失（注：当添加新的实体时，Visual Studio 将会自动编译，这时可能会报错。此时不用理会报错，先向数据库中生成表，再编译，错误就会消失），如图 24-5 所示。

步骤 5：恢复根据模型生成数据库时被删除的表中数据，如图 24-6 所示。

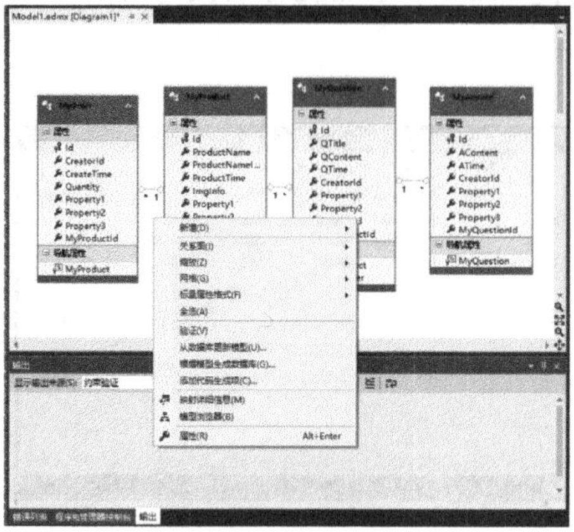

(a)根据模型生成数据库

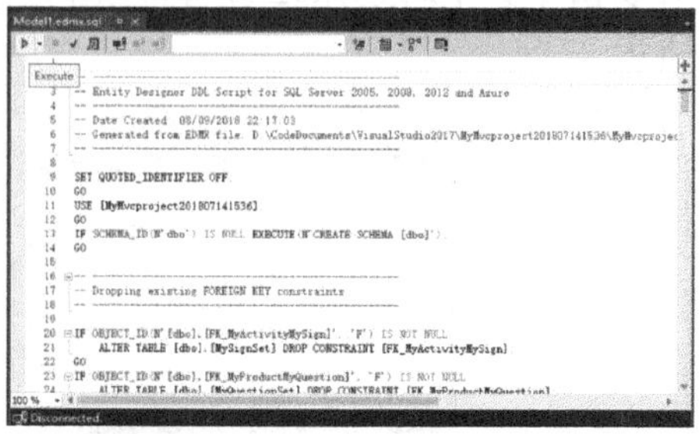

(b)执行SQL语句

(c)设置链接

图 24-5　根据模型在数据库中生成表

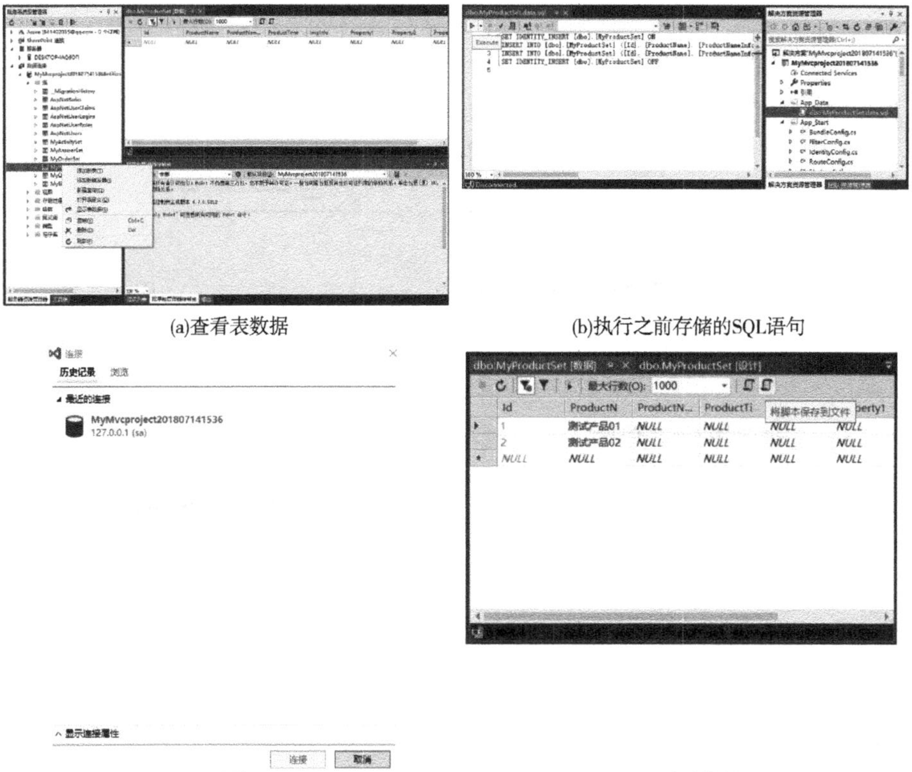

(a)查看表数据　(b)执行之前存储的SQL语句

(c)设置链接　(d)查看链接结果

图 24-6　恢复数据

步骤 6：编译项目。生成实体集和实体类，可以用于自动生成控制器和页面，如图 24-7 所示。

步骤 7：生成 MyOrder 控制器和增删改查页面，如图 24-8 所示。

步骤 8：运行该项目，访问 MyOrder 控制器的 Index 行为，如图 24-9 所示。

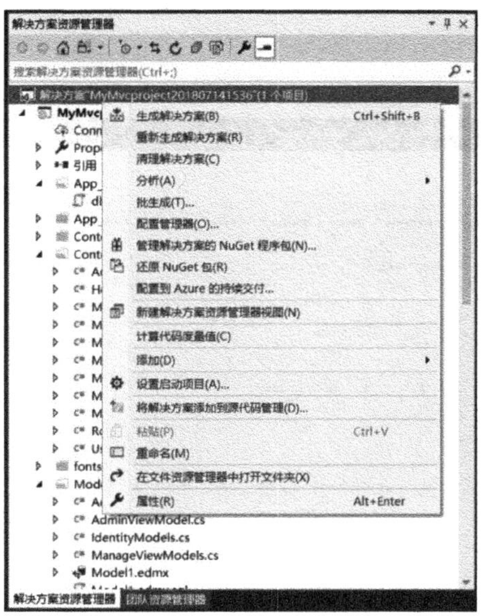

图 24-7　编译项目

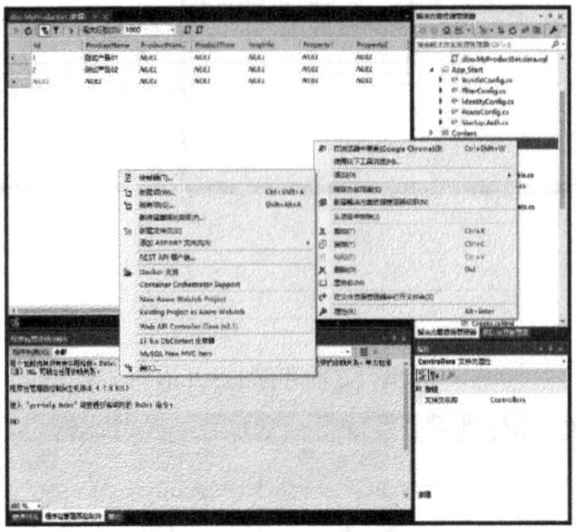

(a)添加控制器

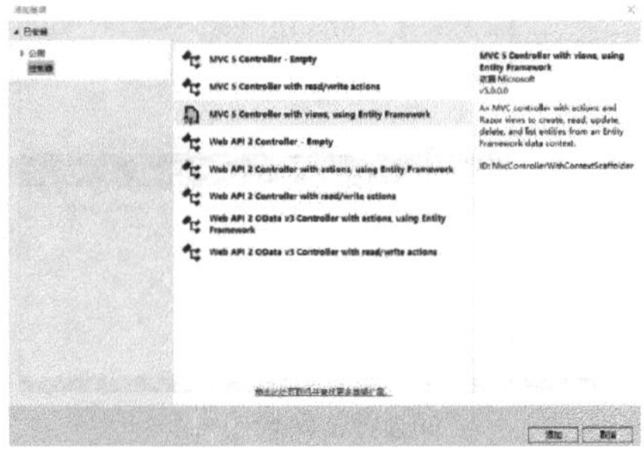

(b)选择创建带有增删改查页面的控制器

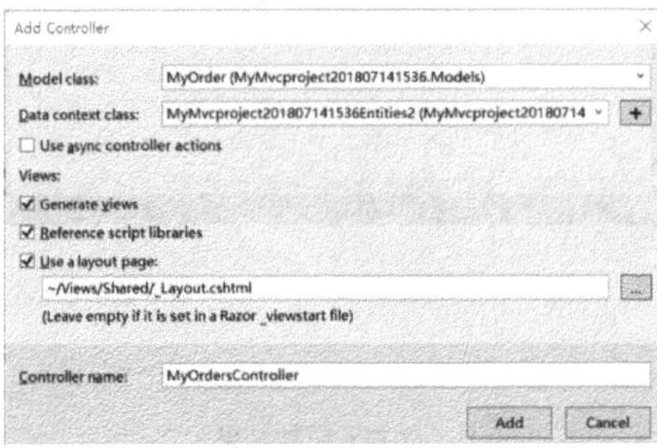

(c)配置生成控制器的链接字符串、实体类和布局方案

(d)生成结果

图 24-8　生成 MyOrder 控制器和页面

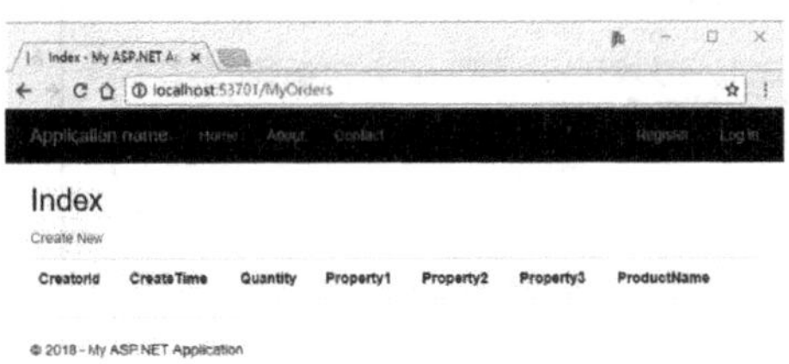

(a)查看生成页面

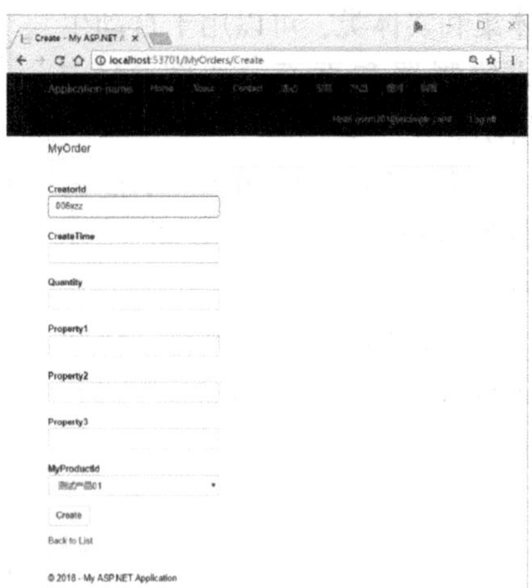

(b)创建一个订单

图 24-9　运行结果

24.5 本章总结

本章实现的工作：采用 Model First 模式，在 ER 图中增加 MyOrder 实体，并与 MyProduct 实体建立成一对多联系；根据建立好的数据模型重新生成数据库、表、模型层类；根据 MyOrder 实体类生成控制层类、视图层增删改查页面，以完成订单系统的实现。

本章掌握的技能：①在 Model First 模式下创建实体，并与其他实体创建一对多联系；②基于实体类生成控制器，通过在控制器中添加动作实现页面中的跳转；③根据实体类生成增删改查页面。

24.6 本章作业

➢ 实现本章的案例，即实现如何新增一个订单，并可以在该订单中选择相应的产品。

➢ 设计一个产品评价系统。其中，评价包含好评、中评、差评，并且只有选购过产品的用户才能对商品进行评价。

25 Python 大数据处理与 MVC. net 数据可视化整合

25.1 本章工作任务

生成样本数据（三只股票的时间序列股价变化信息）并另存为 csv 格式；对该数据进行数据预处理、时间序列预测；在数据处理工具和网站中实现数据列表显示和增删改查操作以及图标可视化。

25.2 本章技能目标

- 掌握 Python 或 Excel 模拟时间序列数据生成的方法。
- 掌握 Python 基本语法，利用 Python 读入数据并进行数据预处理。
- 掌握在 Python 中进行数学建模、数据预测及数据可视化的方法。
- 掌握 Python 连接数据库，并对数据库中数据进行增删改查的方法。
- 掌握 Model First 模式下，实体集和对象（对应数据库里一张表）的创建方法。
- 掌握 Model First 模式下，根据实体类和实体集，自动创建数据库表的方法。
- 掌握 Model First 模式下，根据实体类和实体集，自动创建控制器的方法。
- 掌握 Model First 模式下，根据实体类和实体集，自动创建增删改查页面的方法。
- 掌握 Model First 模式下，在视图中添加 Echarts 图表控件的方法。
- 掌握 Model First 模式下，利用控制器向前端 Echarts 图表控件推送数据的方法。

25.3 本章简介

数据分析是指利用适当的统计方法，对收集到的大量数据进行分析研究，通过对数据进行详细探究和总结概括，从而提取数据中的有效信息，进而得出有价值的结论的过程。而数据可视化是指借助图形化的手段，清晰有效地传达数据中所蕴含的信息。

本章将利用 Python 对生成的多元时间序列数据进行 VARMA 建模，提取多元时间序列中的有效信息并对数据未来的趋势进行预测，将预测结果借助数据库送入 MVC. net 网站中，借助 Echarts 图表控件绘制折线图，实现数据可视化。

本章重点：在 Python 中实现数据处理及在 MVC. net 网站中实现数据可视化。

25. 4 理论讲解部分

25. 4. 1 任务描述

需求描述如图 25-1，图 25-2 及图 25-3 所示。

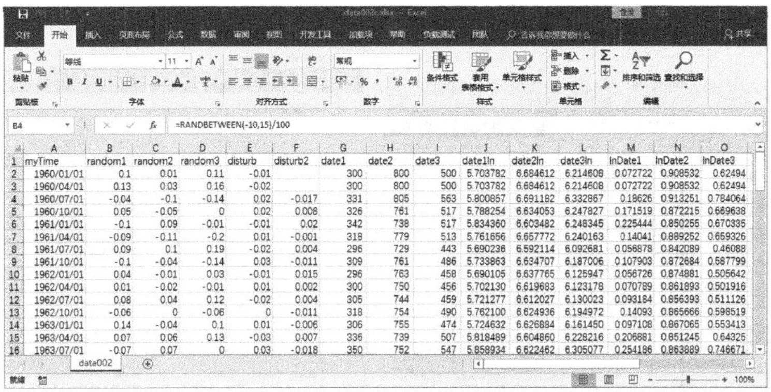

B4 =RANDBETWEEN(-10,15)/100

	A	B	C	D	E	F	G	H	I	J	K	L	M	N	O
1	myTime	random1	random2	random3	disturb	disturb2	date1	date2	date3	date1ln	date2ln	date3ln	lnDate1	lnDate2	lnDate3
2	1960/01/01	0.1	0.01	0.11	-0.01		300	800	500	5.703782	6.684612	6.214608	0.072722	0.908532	0.62494
3	1960/04/01	0.13	0.03	0.16	-0.02		300	800	500	5.703782	6.684612	6.214608	0.072722	0.908532	0.62494
4	1960/07/01	-0.04	-0.1	-0.14	0.02	-0.017	331	805	563	5.800857	6.691182	6.332867	0.18626	0.913251	0.784064
5	1960/10/01	0.05	-0.05	0	0.02	0.008	326	761	517	5.788254	6.634053	6.247827	0.171519	0.872215	0.669638
6	1961/01/01	-0.1	0.09	-0.01	-0.01	0.02	342	738	517	5.834360	6.603482	6.248345	0.225444	0.850255	0.670335
7	1961/04/01	-0.09	-0.11	-0.2	0.01	-0.001	318	779	513	5.761656	6.657772	6.240163	0.14041	0.889252	0.659326
8	1961/07/01	0.09	0.1	0.19	-0.02	0.004	296	729	443	5.690236	6.592114	6.092681	0.056878	0.842089	0.46088
9	1961/10/01	-0.1	-0.04	-0.14	0.03	-0.011	309	761	486	5.733863	6.634707	6.187006	0.107903	0.872684	0.587799
10	1962/01/01	0.04	-0.01	0.03	-0.01	0.015	296	763	458	5.690105	6.637765	6.125947	0.056726	0.874881	0.505642
11	1962/04/01	0.01	-0.02	-0.01	0.01	0.002	300	750	456	5.702130	6.619683	6.123178	0.070789	0.861893	0.501916
12	1962/07/01	0.08	0.04	0.12	-0.02	0.004	305	744	459	5.721277	6.612027	6.130023	0.093184	0.856393	0.511126
13	1962/10/01	-0.06	0	-0.06	0	-0.011	318	754	490	5.762100	6.624936	6.194972	0.14093	0.865666	0.598519
14	1963/01/01	0.14	-0.04	0.1	0.01	-0.006	306	755	474	5.724632	6.626884	6.161450	0.097108	0.867065	0.553413
15	1963/04/01	0.07	0.06	0.13	-0.03	0.007	336	739	507	5.818489	6.604860	6.228216	0.206881	0.851245	0.64325
16	1963/07/01	-0.07	0.07	0	0.03	-0.018	350	752	547	5.858934	6.622462	6.305077	0.254186	0.863889	0.746671

data002

图 25-1 生成向量时间序列模拟数据

```
=====所有数据形状=====
(70, 3)
=====样本数据形状=====
(60, 3)
=====样本数据前5行=====
            lnDate1   lnDate2   lnDate3
myTime
1960-07-01  0.045445  1.000000  0.823981
1960-10-01  0.111786  0.972014  0.832954
1961-01-01  0.074238  0.993996  0.843496
1961-04-01  0.000000  0.972568  0.788654
1961-07-01  0.026239  0.973104  0.793481
=====样本数据后5行=====
            lnDate1   lnDate2   lnDate3
myTime
1974-04-01  0.368654  0.126045  0.000000
1974-07-01  0.457297  0.124603  0.065994
1974-10-01  0.519171  0.183588  0.153300
1975-01-01  0.469723  0.133387  0.060969
1975-04-01  0.620375  0.148617  0.157956
```

(a)原始数据展示

```
                           Statespace Model Results
==========================================================================================
Dep. Variable:     ['lnDate1', 'lnDate2', 'lnDate3']   No. Observations:              59
Model:                                   VARMA(4,5)   Log Likelihood            388.659
                                        + intercept   AIC                      -597.319
Date:                              Mon, 20 Aug 2018   BIC                      -410.340
Time:                                      12:54:45   HQIC                     -524.330
Sample:                                  10-01-1960
                                       - 04-01-1975
Covariance Type:                                opg
===================================================================================
Ljung-Box (Q):           22.99, 22.86, 22.05   Jarque-Bera (JB):     3.63, 2.49, 3.54
Prob(Q):                    0.99, 0.99, 0.99   Prob(JB):             0.16, 0.29, 0.17
Heteroskedasticity (H):     1.65, 1.91, 1.94   Skew:               0.61, 0.50, -0.60
Prob(H) (two-sided):        0.27, 0.16, 0.15   Kurtosis:             2.99, 2.88, 3.00
```

(b)VARMA建模结果

图 25-2

	InDate1	InDate2	InDate3
1975-04-01	0.620375	0.148617	0.157956
1975-07-01	0.668291	0.189846	0.218321
1975-10-01	0.722991	0.104754	0.152233
1976-01-01	0.702834	0.038097	0.071503
1976-04-01	0.732510	0.052370	0.096213
1976-07-01	0.721767	0.024866	0.057406
1976-10-01	0.730280	0.005165	0.037554
1977-01-01	0.732875	0.007549	0.036720
1977-04-01	0.752371	-0.017185	0.021166
1977-07-01	0.749752	-0.041171	-0.006839
1977-10-01	0.755324	-0.056407	-0.022104

(c)预测未来10步数据

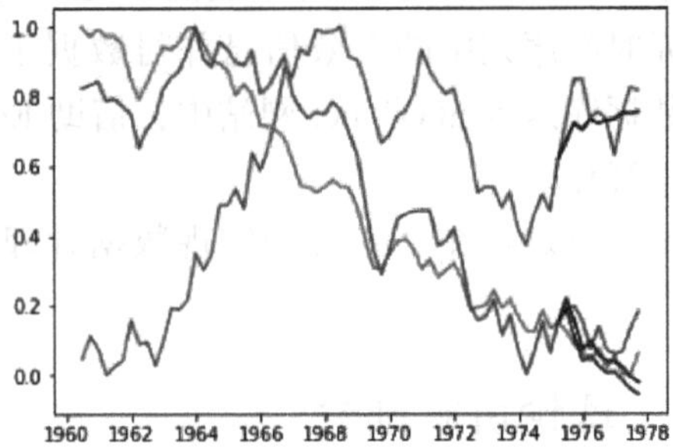

(d)原始数据和预测数据对比时序图

图 25-2　Python 数据处理过程

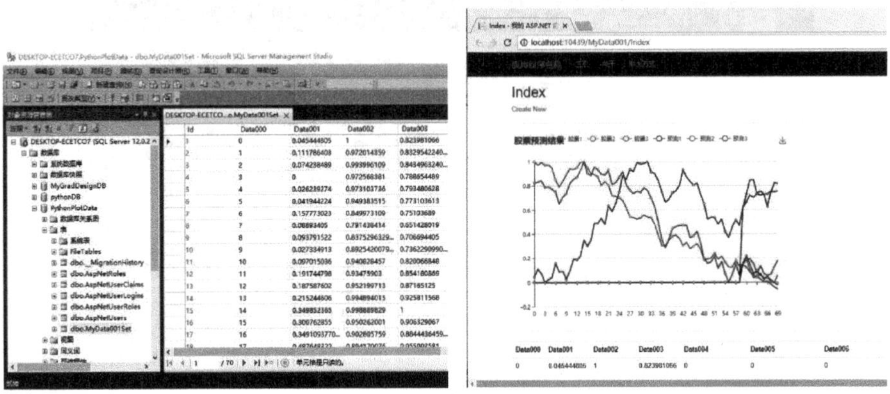

(a)将原始数据和预测数据存入数据库　　(b)在网站中绘制时序图

图 25-3　MVC. net 网站数据可视化

尚需效果（需求）描述如下：

（1）使用 Excel 生成向量时间序列模拟数据并存储为 csv 格式，如图 25-1 所示。

（2）对图 25-2（a）中数据进行数学建模，得到 VARMA（4，5）模型，如图 25-2（b）所示。

（3）通过已有模型对未来 10 步进行预测，得到预测结果，如图 25-2（c）所示。

（4）将原始数据和预测数据绘制折线图，如图 25-2（d）所示。

（5）在 Python 中将原始数据和预测结果存入数据库，数据库中结果如图 25-3（a）所示。

（6）利用 Echarts 图表控件，在网页中显示原始数据和预测数据时序图，如图 25-3（b）所示。

25.4.2 知识详解

25.4.2.1 向量时间序列生成原理

$V(n,t_m)$表示第 n 只股票在 t_m时刻的股价，$V(1,t_0)$、$V(2,t_0)$、$V(3,t_0)$表示 3 只股票在 t_0时刻的初始值。设 a 为股价的变化率，例如，a=Random(-0.05,+0.1)，则第 n 只股票在 t_{m+1}时刻的股价为 $V(n,t_{m+1})=V(n,t_m)x(1+a_m)$，由于 a 服从均匀分布，因此 $a>0$ 的概率大于 $a\leqslant 0$，因此股价的大趋势是上升的。

25.4.2.2 Python 读写文件（csv、Excel）、数据库（SQL Server）的原理

读取 . csv 格式的文件时，可调用 pandas 包中的 read_ csv( ) 函数，而在读取 . xlsx 格式的 Excel 文件时，可调用 pandas 包中的 read_ excel( ) 函数或调用 xlrd 包中的 open_ workbook( ) 函数。在 Python 读写 SQL sever 数据库时，调用 pymssql 包的 connect( ) 函数实现数据库连接，调用 executemany( ) 函数及 SQL 插入语句或删除语句，从而将数据逐行存入数据库或删除数据。

25.4.2.3 向量时间序列预处理原理

大多数时间序列分析方法都对数据有着严格的限定，不允许有缺失值，因此在进行时间序列分析之前需要对缺失值进行填补，常用的缺失值处理方法有：平均值填补、热卡填补、k 近邻法、回归填补、多重填补等。归一化是一种将数据转换为纯量的方法，即将有量纲的表达式经过变换转化为无量纲的表达式。归一化将数据转化为［0，1］区间的概率分布或［-1，1］之间的坐标分布，从而简化计算，加速算法的收敛性。此外，在进行时间序列分析时还要求数据是平稳的（即数据均值为 0，方差为常数），不能有递增或递减的趋势。对于不平稳的数据首先要进行平稳化处理，其中差分是比较常用的平稳化操作，能够有效地去除数据中存在的趋势。

25.4.2.4 向量时间序列预测的原理

本章采用 VARMA 模型进行多元时间序列分析，通过模型定阶和模型参数拟合确定具体模型，将已知数据带入模型即可得到预测值。例如，通过对本章中三只股票的时间序列股价变化数据进行分析和建模，得到 VARMA（4，5）模型，这样给定初始数据即可计算出未来值。

25.4.2.5 MVC. net 采用 Echart 实现数据可视化的原理

创建带视图的控制器 MyData001，通过操作控制器从数据库中读取所需数据，并由控制器向前端 Echarts 控件推送数据；在视图中接受控制器传来的数据并通过 Echarts 图表控件在网页中绘制折线图。

25.4.3 实现步骤

步骤 1：在 Excel 中生成样本数据，并保存为 . csv 格式，如图 25-4 所示。

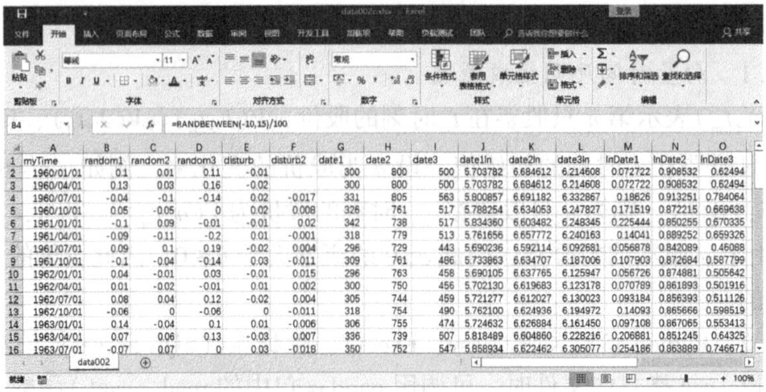

图 25-4　Excel 中生成样本数据

其中各单元格生成公式如表 25-1（以第 4 行为例）所示。

表 25-1　Excel 生成样本数据的公式

<table>
<tr><th>列名</th><th>公式</th><th>作用</th><th>列名</th><th>公式</th><th>作用</th></tr>
<tr><td>random1</td><td>=RANDBETWEEN(-10,15)/100</td><td rowspan="3">随机生成股票变化率</td><td>date1ln</td><td>=LN(G5)</td><td rowspan="3">对相应的原始数据取对数</td></tr>
<tr><td>random2</td><td>=RANDBETWEEN(-15,10)/100</td><td>date2ln</td><td>=LN(K5)</td></tr>
<tr><td>random3</td><td>=B4+C4</td><td>date3ln</td><td>=LN(L5)</td></tr>
<tr><td>disturb</td><td>=RANDBETWEEN(-3,3)/100</td><td>生成随机扰动</td><td>lnDate1</td><td>=(J4-J$74)/(J$75-J$74)</td><td rowspan="3">对数据进行归一化操作</td></tr>
<tr><td>disturb2</td><td>=E2*0.3+E3*0.7</td><td>生成本条数据的随机扰动（前两条数据扰动的加权）</td><td>lnDate2</td><td>=(K4-K$74)/(K$75-K$74)</td></tr>
<tr><td>date1</td><td>=(G2*(1+B2)*0.3+G3*(1+B3)*0.7)*(1+$F4)</td><td rowspan="3">生成本条数据（前两条数据值与趋势和随机扰动的加权函数）</td><td>lnDate3</td><td>=(L4-L$74)/(L$75-L$74)</td></tr>
<tr><td>date2</td><td>=(H2*(1+C2)*0.3+H3*(1+C3)*0.7)*(1+$F4)</td><td>第 74 行</td><td>=MIN(G2:G73)</td><td>计算该列最小值</td></tr>
<tr><td>date3</td><td>=(I2*(1+D2)*0.3+I3*(1+D3)*0.7)*(1+$F4)</td><td>第 75 行</td><td>=MAX(G2:G73)</td><td>计算该列最大值</td></tr>
</table>

步骤 2：Python 读取 csv 并进行 VARMA 建模。

（1）调用本文所需要的包并读入数据，如图 25-5 所示。

```
import pandas as pd
import numpy as np
import matplotlib. pyplot as plt
import statsmodels. api as sm
import pymssql
dta=pd. read_csv('D:/bookpub/data002d. csv')
dta. index = dta. myTime
endogall = dta. loc["1960-07-01":"1977-10-01", ['lnDate1', 'lnDate2', 'lnDate3']]
print("======所有数据形状======")
print(endogall. shape)
endog0 = endogall[0:60]
print("======样本数据形状======")
print(endog0. shape)
print("======样本数据前 5 行======")
print(endog0. head())
print("======样本数据后 5 行======")
print(endog0. tail())
```

```
=====所有数据形状=====
(70, 3)
=====样本数据形状=====
(60, 3)
=====样本数据前5行=====
             lnDate1   lnDate2   lnDate3
myTime
1960-07-01  0.045445  1.000000  0.823981
1960-10-01  0.111786  0.972014  0.832954
1961-01-01  0.074238  0.993996  0.843496
1961-04-01  0.000000  0.972568  0.788654
1961-07-01  0.026239  0.973104  0.793481
=====样本数据后5行=====
             lnDate1   lnDate2   lnDate3
myTime
1974-04-01  0.368654  0.126045  0.000000
1974-07-01  0.457297  0.124603  0.065994
1974-10-01  0.519171  0.183588  0.153300
1975-01-01  0.469723  0.133387  0.060969
1975-04-01  0.620375  0.148617  0.157956
```

图 25-5　原始数据形状及内容展示

（2）绘制时序图，如图 25-6 所示。

```
fig=plt. figure() #创建画布
ax=fig. add_subplot(111) #添加子图
```

```
ax. plot( endog0. iloc[ : ,0] ,'dodgerblue', endog0. iloc [ : , 1 ] ,'limegreen', endog0. iloc [ : , 2 ] ,'orangered',
label='original data')#绘制曲线
plt. show( )
```

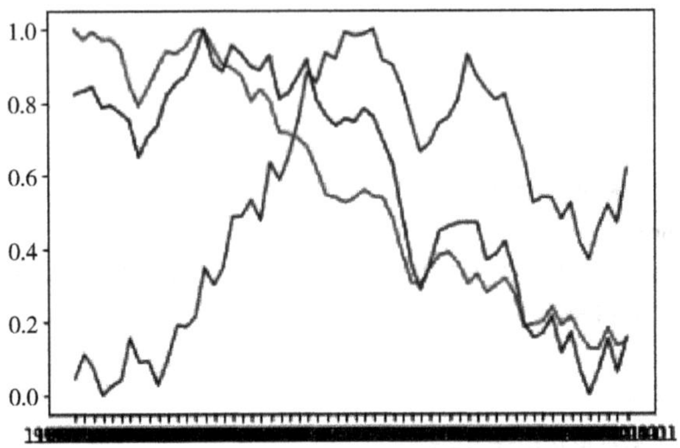

图 25-6 原始数据时序图

（3）对数据进行一阶差分，如图 25-7 所示。

```
endog=endog0. diff(1) #一阶差分
endog=endog. dropna( ) #去掉缺失值
endog. head(5)
```

myTime	InDate1	InDate2	InDate3
1960-10-01	0.066342	-0.027986	0.008973
1961-01-01	-0.037548	0.021982	0.010542
1961-04-01	-0.074238	-0.021428	-0.054842
1961-07-01	0.026239	0.000535	0.004826
1961-10-01	0.015705	-0.023720	-0.020377

图 25-7 一阶差分结果

（4）绘制一阶差分后数据的时序图，如图 25-8 所示。

```
fig=plt. figure( )
ax=fig. add_subplot(111)
ax. plot( endog. iloc[ : ,0] ,'dodgerblue',endog. iloc[ : ,1] ,'limegreen',endog. iloc[ : ,2] ,'orangered',label=
```

```
'original data')
plt. show( )
```

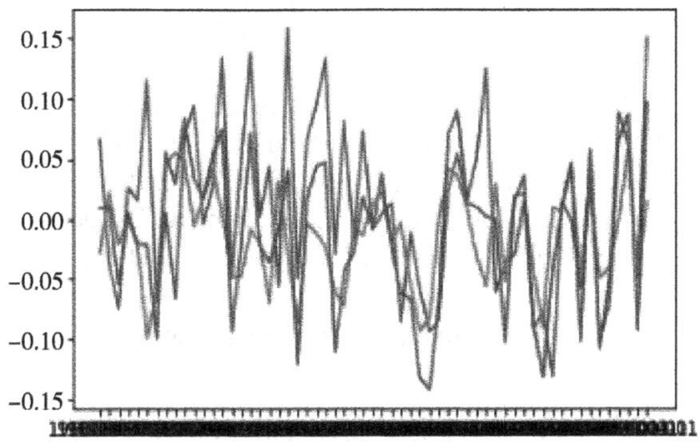

图 25-8 一阶差分后数据时序图

（5）对一阶差分后的数据进行 VARMA 建模，如图 25-9 所示。

```
mod= sm. tsa. VARMAX( endog, order=(4,5)) # VARMA 建模
res= mod. fit( maxiter=1000, disp=False) # 模型拟合
print( res. summary( ) )
```

```
                              Statespace Model Results
==========================================================================================
Dep. Variable:     ['lnDate1', 'lnDate2', 'lnDate3']   No. Observations:                59
Model:                                  VARMA(4,5)   Log Likelihood              388.659
                                       + intercept   AIC                        -597.319
Date:                             Mon, 20 Aug 2018   BIC                        -410.340
Time:                                     12:54:45   HQIC                       -524.330
Sample:                                 10-01-1960
                                      - 04-01-1975
Covariance Type:                               opg
===================================================================================
Ljung-Box (Q):             22.99, 22.86, 22.05   Jarque-Bera (JB):     3.63, 2.49, 3.54
Prob(Q):                      0.99, 0.99, 0.99   Prob(JB):             0.16, 0.29, 0.17
Heteroskedasticity (H):       1.65, 1.91, 1.94   Skew:                0.61, 0.50, -0.60
Prob(H) (two-sided):          0.27, 0.16, 0.15   Kurtosis:             2.99, 2.88, 3.00
```

图 25-9 VARMA 建模结果

（6）对未来 10 步进行预测，如图 25-10 所示。

```
myPredictResult001= res. forecast( steps=10)
print( myPredictResult001)
```

	lnDate1	lnDate2	lnDate3
1975-07-01	0.047915	0.041228	0.060365
1975-10-01	0.054700	-0.085092	-0.066089
1976-01-01	-0.020157	-0.066657	-0.080730
1976-04-01	0.029675	0.014273	0.024710
1976-07-01	-0.010743	-0.027504	-0.038807
1976-10-01	0.008513	-0.019700	-0.019851
1977-01-01	0.002596	0.002384	-0.000834
1977-04-01	0.019495	-0.024734	-0.015555
1977-07-01	-0.002619	-0.023986	-0.028005
1977-10-01	0.005572	-0.015236	-0.015265

图 25-10 未来 10 步预测结果

（7）实现预测结果的一阶差分还原，如图 25-11 所示。

```
myPredictResult002=pd.DataFrame(np.arange(0,33,1).reshape(11,3),columns= ['lnDate1', 'lnDate2',
'lnDate3']) #创建新的数据库
myPredictResult002.index=pd.date_range('1975/04/1', periods=11, freq='3MS') #设置索引
myPredictResult002.iloc[0,:]=endogall.iloc[59,0:3] #提取数据
for i in range(len(myPredictResult001)): #逐条还原
    myPredictResult002.iloc[i+1,0] = myPredictResult002.iloc[i,0]+myPredictResult001.iloc[i,0]
    myPredictResult002.iloc[i+1,1] = myPredictResult002.iloc[i,1]+myPredictResult001.iloc[i,1]
    myPredictResult002.iloc[i+1,2] = myPredictResult002.iloc[i,2]+myPredictResult001.iloc[i,2]
myPredictResult002
```

	lnDate1	lnDate2	lnDate3
1975-04-01	0.620375	0.148617	0.157956
1975-07-01	0.668291	0.189846	0.218321
1975-10-01	0.722991	0.104754	0.152233
1976-01-01	0.702834	0.038097	0.071503
1976-04-01	0.732510	0.052370	0.096213
1976-07-01	0.721767	0.024866	0.057406
1976-10-01	0.730280	0.005165	0.037554
1977-01-01	0.732875	0.007549	0.036720
1977-04-01	0.752371	-0.017185	0.021166
1977-07-01	0.749752	-0.041171	-0.006839
1977-10-01	0.755324	-0.056407	-0.022104

图 25-11 差分还原后的预测结果

（8）原始数据和预测数据时序图，如图 25-12 所示。

```
endogall. index=pd. date_range('1960/7/1', periods=70, freq='3MS')
fig=plt. figure()
ax=fig. add_subplot(111)
ax. plot(endogall. iloc[:,0],'dodgerblue',endogall. iloc[:,1],'limegreen',endogall. iloc[:,2],'orangered',
label='original data')
ax. plot(myPredictResult002. iloc[:,0],'darkblue',myPredictResult002. iloc[:,1],'darkgreen',myPredic-
tResult002. iloc[:,2],'darkred',label='Predict data')
plt. show()
```

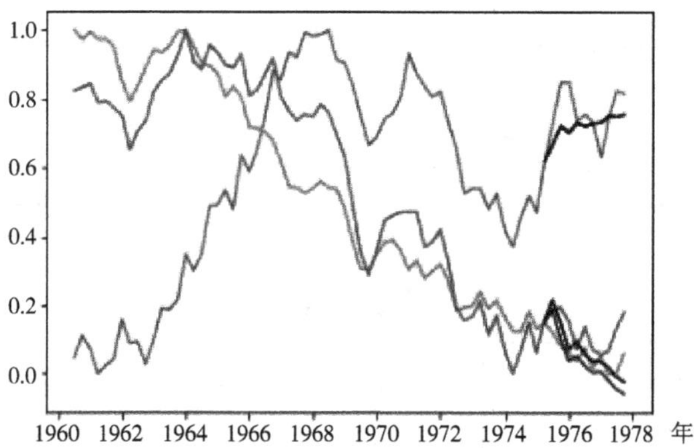

图 25-12　原始数据及预测结果时序图

步骤 3：基于 MVC. net，新建项目、模型、数据库和表 MyData001，如图 25-13 至图 25-16 所示。

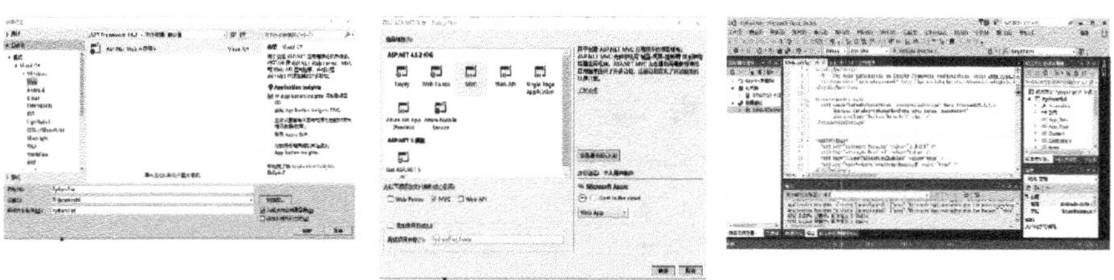

(a)创建项目　(b)选择项目类型　(c)修改Web.confin

图 25-13　新建项目

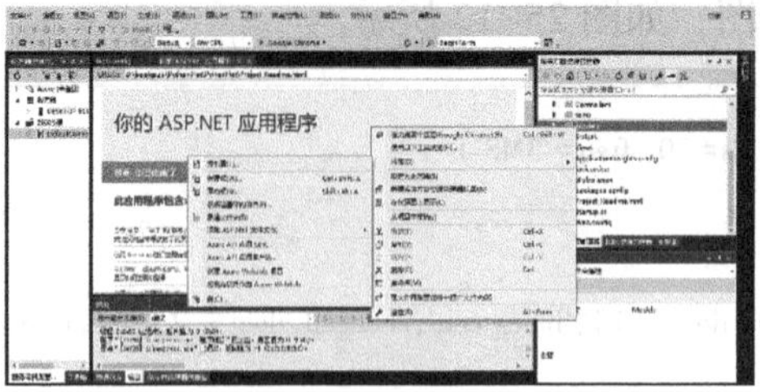

(a)新建模型

(b)选择模型类型

图 25-14 新建模型

(a)新增实体

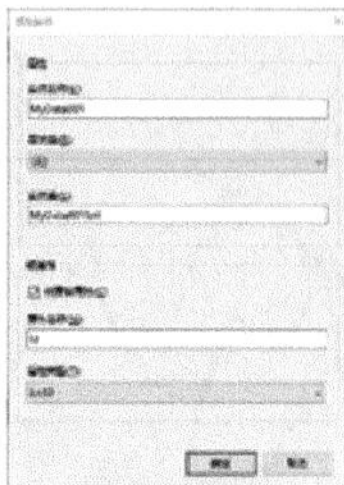

(b)实体信息

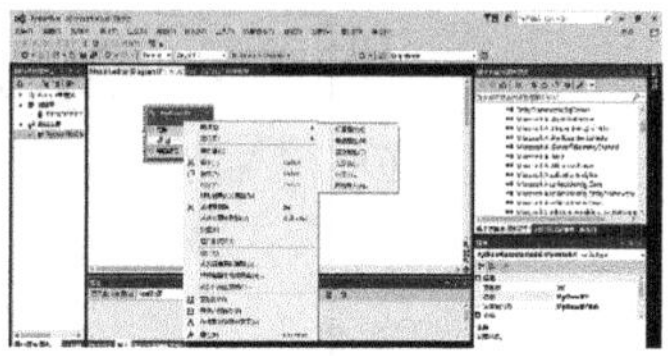

(c)新增实体标量

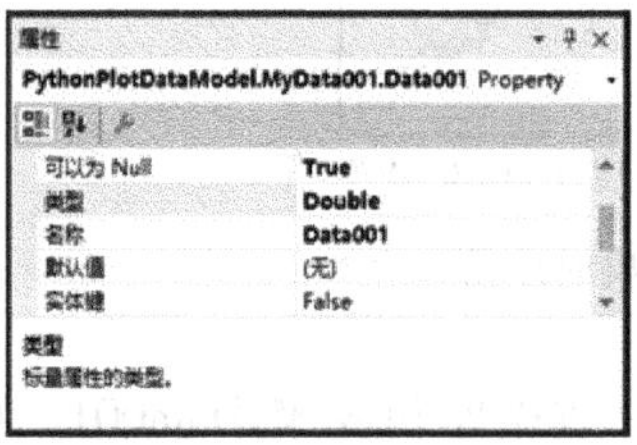

(d)Data实体标量信息

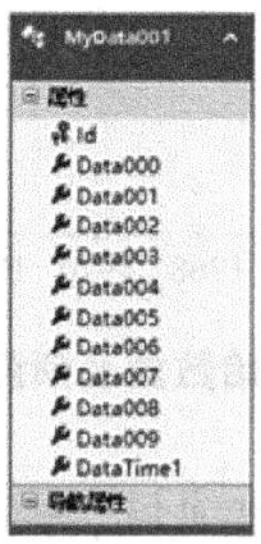

(e)实体结构

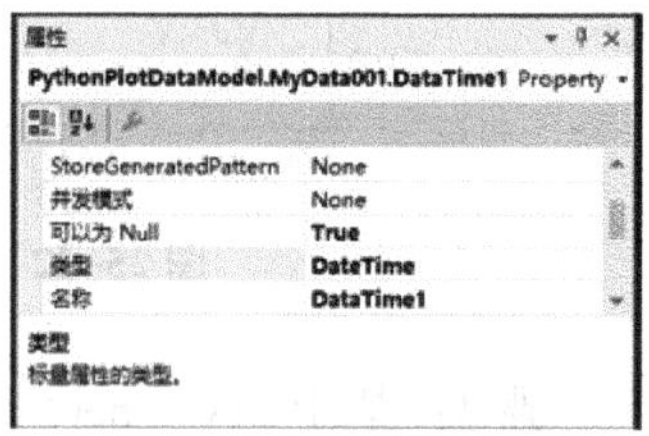

(f)DataTime实体标量信息

图 25-15 新建实体

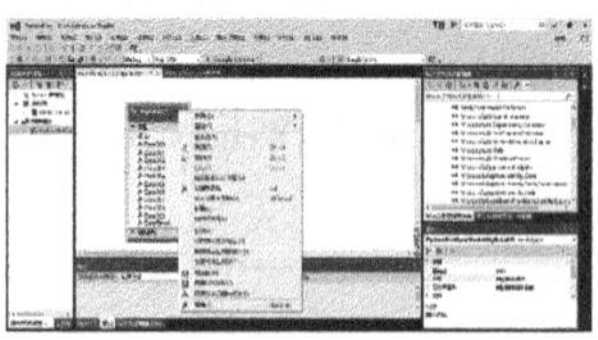

(a)从模型生成数据库

(b)生成数据库语句

(c)链接数据库

图 25-16 生成数据库

步骤 4：将 Python 中的预测结果存入 SQL Server 数据库表 MyData001。

(9) 整理数据的结构，使之便于存入数据库，如图 25-17 所示。

```
print("原始数据形状:")
print(endogall.shape)
print("预测数据形状:")
print(myPredictResult002.shape)
mySqlData001=endogall
mySqlData002=pd.DataFrame(np.arange(70).reshape((70,1)),columns=['myID']) #创建新的数据框
mySqlData003=pd.DataFrame(np.arange(177).reshape((59,3)),columns=['Forcast1', 'Forcast2', 'Forcast3'])
mySqlData003.iloc[:,:]=0
mySqlData003.index=pd.date_range('1960/7/1', periods=59, freq='3MS')
mySqlData003.columns=['Forcast1', 'Forcast2','Forcast3']# 修改列名
myPredictResult002b=myPredictResult002.copy()
myPredictResult002b.columns=['Forcast1','Forcast2','Forcast3']
print(myPredictResult002b.head())
myFrames=[mySqlData003,myPredictResult002b]
mySqlData003b=pd.concat(myFrames)
mySqlData001.index=pd.date_range('1960/7/1', periods=70, freq='3MS')
mySqlData002.index=pd.date_range('1960/7/1', periods=70, freq='3MS')
mySqlData003b.index=pd.date_range('1960/7/1', periods=70, freq='3MS')
mySqlDataFinall=pd.merge(mySqlData002,mySqlData001, left_index=True,right_index=True)
mySqlDataFinall=pd.merge(mySqlDataFinall,mySqlData003b, left_index=True,right_index=True)
mySqlDataFinall.head()
mySqlDataFinall2=mySqlDataFinall.copy()
mySqlDataFinall2.reset_index(inplace=True)
mySqlDataFinall2.head()
```

	index	myID	InDate1	InDate2	InDate3	Forcast1	Forcast2	Forcast3
0	1960-07-01	0	0.045445	1.000000	0.823981	0.0	0.0	0.0
1	1960-10-01	1	0.111786	0.972014	0.832954	0.0	0.0	0.0
2	1961-01-01	2	0.074238	0.993996	0.843496	0.0	0.0	0.0
3	1961-04-01	3	0.000000	0.972568	0.788654	0.0	0.0	0.0
4	1961-07-01	4	0.026239	0.973104	0.793481	0.0	0.0	0.0

图 25-17　数据整理结果

（10）Python 连接数据库，实现对数据的增删改查，如图 25-18 所示。

```
conn=pymssql. connect(host='127. 0. 0. 1',user='sa',password='1',database='PythonPlotData') # 连接数据库
cursor=conn. cursor()
#删除所有数据
cursor. executemany("DELETE FROM MyData001Set WHERE Id>%d",'0')
conn. commit()
for index, row in mySqlDataFinall2. iterrows(): #逐行插入数据
    cursor. executemany("INSERT INTO MyData001Set(Data000,Data001,Data002,Data003,Data004,Data005,Data006,DataTime1) VALUES (%d, %d, %d, %d, %d, %d, %d, %s)",[(row['myID'],row['lnDate1'],row['lnDate2'],row['lnDate3'],row['Forcast1'],row['Forcast2'],row['Forcast3'],row['index'])])
    conn. commit()
cursor. execute('select top 5 * from [dbo].[MyData001Set]') #查看前五行
print (cursor. fetchall())
cursor. close()
conn. close()
```

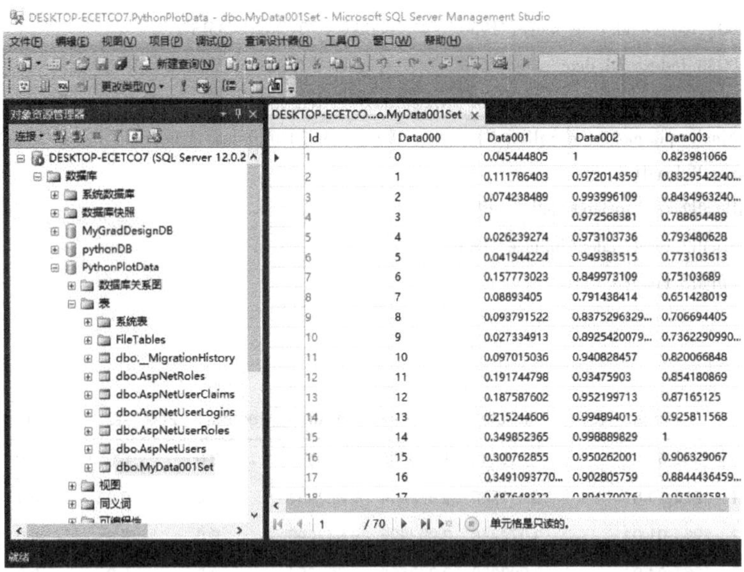

图 25-18　在 Python 中将数据存入 SQL sever 数据库

步骤 5：在 MVC. net 中生成 MyData001 对应的控制器和视图，如图 25-19 所示。

步骤 6：在视图中添加 Echarts 折线图控件。

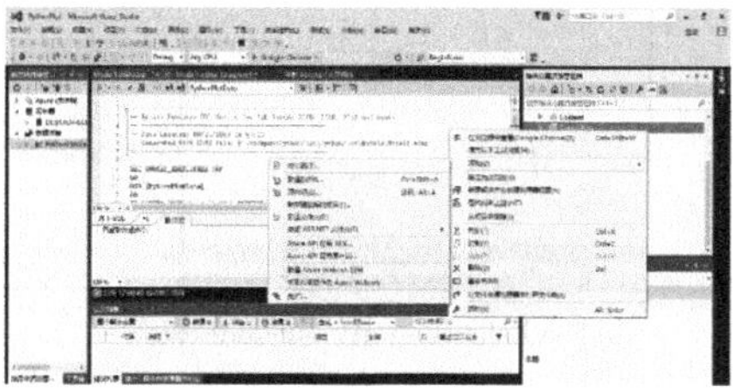

(a)添加控制器

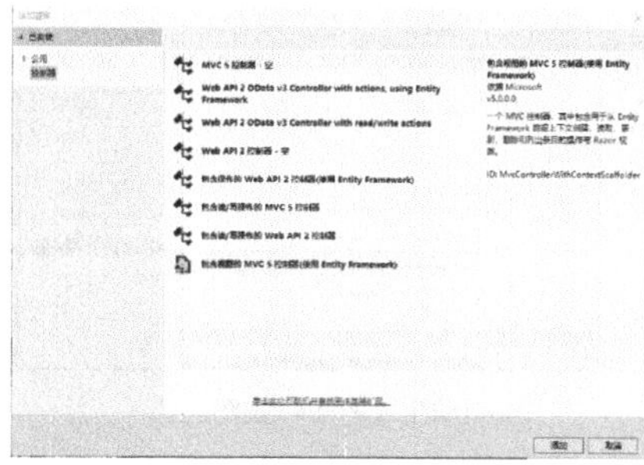

(b)控制器类型

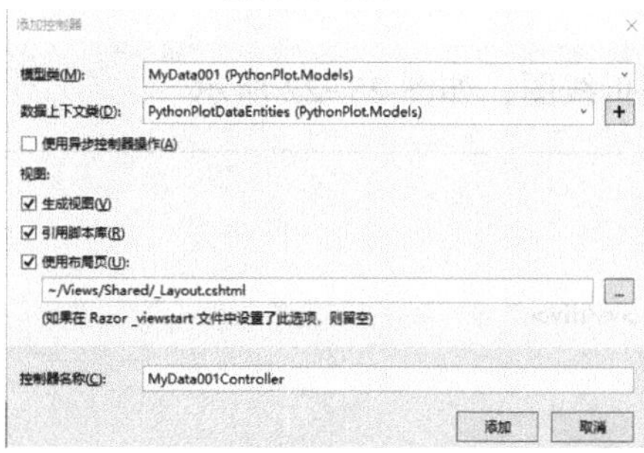

(c)控制器参数

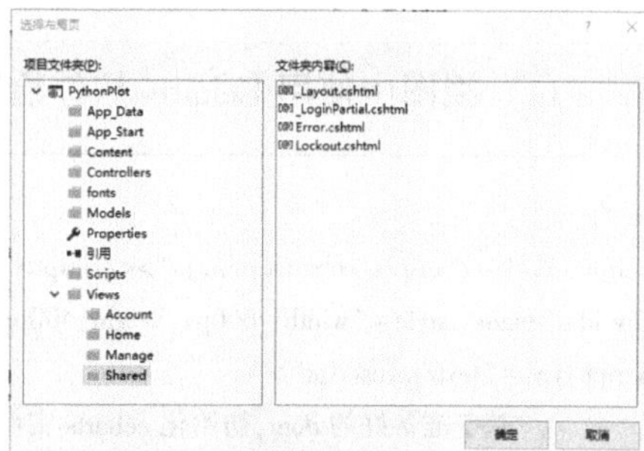

(d)选择布局页

图 25-19　生成带视图的控制器

首先，需要到 Echats 官网 http：//echarts. baidu. com/中下载需要的图表插件并放入 Scripts 文件夹中；其次，进入官网“实例”中，选择需要的图形类型，如图 25-20（a）所示，点击进入后，获取相应的代码，如图 25-20（b）所示，然后，按照数据结构将相应代码修改后放入视图中，这样即可在页面中绘制图形，如图 25-21 所示。

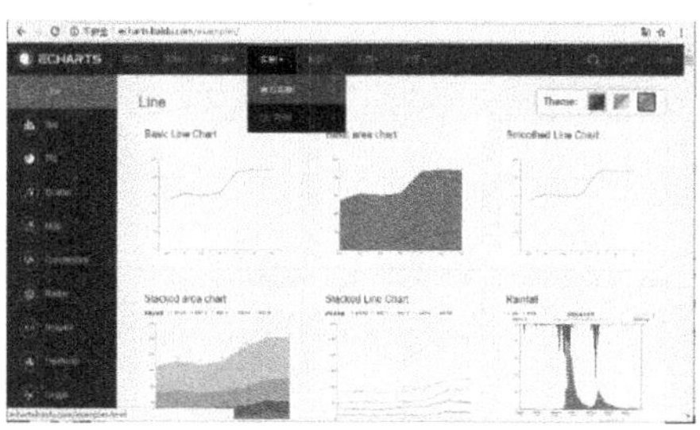

(a)Echarts官网实例

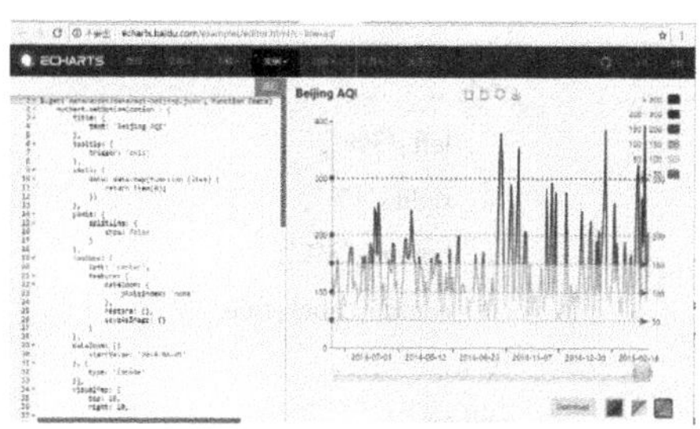

(b)Echarts代码及绘图演示

图 25-20　Echarts 代码获取

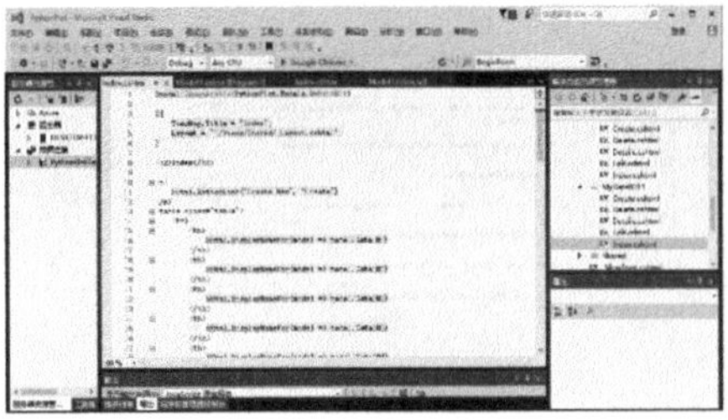
(a)自动生成的index视图

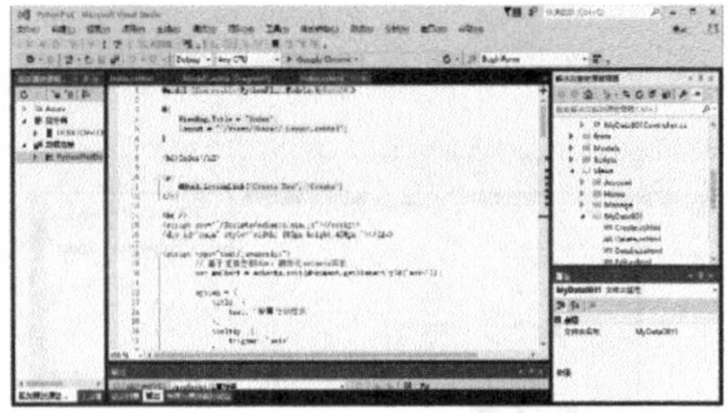
(b)加入Echarts绘图代码的index视图

图 25-21 在视图中添加 Echarts 控件

(11) 视图中使用 Echarts 控件绘制折线图，如图 25-22 所示。

```
<hr />
<script src=" ~/Scripts/echarts. min. js" ></script>
<div id=" main" style=" width: 600px;height:400px;" ></div>
<script type=" text/javascript" >
        //基于准备好的 dom,初始化 echarts 实例
        var myChart = echarts. init( document. getElementById('main') );

        option = {
            title: {
                text:'股票预测结果'
            },
            tooltip: {
                trigger:'axis'
            },
            legend: {
                data: ['股票 1', '股票 2', '股票 3', '预测 1', '预测 2', '预测 3']
            },
            grid: {
                left:'3%',
                right:'4%',
                bottom:'3%',
                containLabel:true
            },
            toolbox: {
                feature: {
                    saveAsImage: {}
                }
            },
            xAxis: {
```

```
        type:'category',
        boundaryGap:false,
        data:@ MvcHtmlString. Create(ViewBag. dateList0)
    },
    yAxis: {
        type:'value'
    },
    color:['blue','green','red','darkblue','darkgreen','darkred'],
    series: [
        {
            name:'股票 1',
            type:'line',
            stack:'总量 1',
            data:@ MvcHtmlString. Create(ViewBag. dateList1)
        },
        {
            name:'股票 2',
            type:'line',
            stack:'总量 2',
            data:@ MvcHtmlString. Create(ViewBag. dateList2)
        },
        {
            name:'股票 3',
            type:'line',
            stack:'总量 3',
            data:@ MvcHtmlString. Create(ViewBag. dateList3)
        },
        {
            name:'预测 1',
            type:'line',
            stack:'总量 4',
            data:@ MvcHtmlString. Create(ViewBag. dateList4)
        },
        {
            name:'预测 2',
            type:'line',
            stack:'总量 5',
            data:@ MvcHtmlString. Create(ViewBag. dateList5)
        },
        {
            name:'预测 3',
            type:'line',
            stack:'总量 6',
```

```
                    data:@ MvcHtmlString. Create( ViewBag. dateList6)
                }
            ]
        };
        // 使用刚指定的配置项和数据显示图表。
        myChart. setOption( option) ;
</script>
<hr />
```

步骤 7：修改控制器，使得控制器向前端 Echarts 控件推送 MyData001 中的数据，如图 25-22 所示。

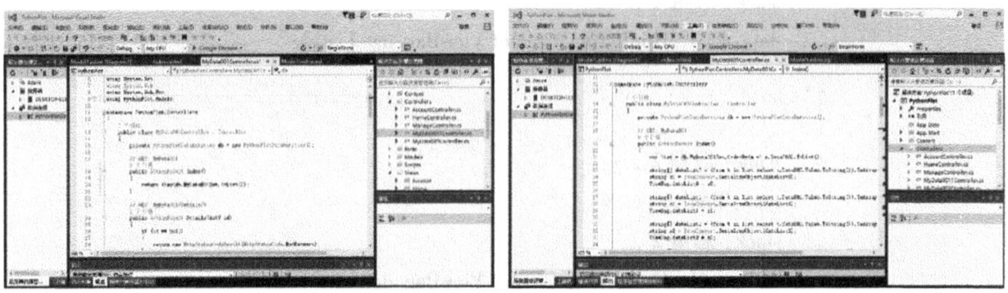

(a)创建的控制器　　(b)Index函数修改后的控制器

图 25-22　通过控制器从数据库获取数据

图 25-22（a）为创建控制器后自动生成的代码，通过修改代码中 Index() 函数，如图 25-22（b）所示，即可实现从 SQL Sever 数据库中取数。

（12）使用控制器从数据库读取数据：

```
public ActionResult Index( )
{
        var list = db. MyData001Set. OrderBy( m => m. Data000). ToList( ) ;
        string[ ] dateList0 = ( from t in list select t. Data000. Value. ToString( ) ). ToArray( ) ;
        string s0 = JsonConvert. SerializeObject( dateList0) ;
        ViewBag. dateList0 = s0;
        string[ ] dateList1 = ( from t in list select t. Data001. Value. ToString( ) ). ToArray( ) ;
        string s1 = JsonConvert. SerializeObject( dateList1) ;
         ViewBag. dateList1 = s1;
        string[ ] dateList2 = ( from t in list select t. Data002. Value. ToString( ) ). ToArray( ) ;
        string s2 = JsonConvert. SerializeObject( dateList2) ;
        ViewBag. dateList2 = s2;
        string[ ] dateList3 = ( from t in list select t. Data003. Value. ToString( ) ). ToArray( ) ;
        string s3 = JsonConvert. SerializeObject( dateList3) ;
        ViewBag. dateList3 = s3;
```

```
    string[ ] dateList4 = (from t in list select t. Data004. Value. ToString( )). ToArray( );
    string s4 = JsonConvert. SerializeObject( dateList4);
    ViewBag. dateList4 = s4;
    string[ ] dateList5 = (from t in list select t. Data005. Value. ToString( )). ToArray( );
    string s5 = JsonConvert. SerializeObject( dateList5);
    ViewBag. dateList5 = s5;
    string[ ] dateList6 = (from t in list select t. Data006. Value. ToString( )). ToArray( );
    string s6 = JsonConvert. SerializeObject( dateList6);
    ViewBag. dateList6 = s6;
    return View( db. MyData001Set. ToList( ));
}
```

25.5 本章总结

本章实现的工作：在 Excel 中生成样本数据并另存为 .csv 文件；在 Python 中读入数据并进行数据分析、预测和可视化，搭建 MVC. net 网站，建立模型、数据库、控制器和视图；在 Python 中将原始数据和预测结果存入 SQL Server 数据库；利用 Echarts 图表控件，在网站中绘制折线图。

本章掌握的技能：①使用 Excel 根据公式生成样本数据并另存为 csv 文件；②利用 Python 读入数据并进行数据分析、预测及可视化；③将 Python 与数据库连接，实现在 Python 中对数据库进行增删改查；④创建 MVC. net 网站，创建模型、数据库、控制器和视图；⑤在控制器和视图中添加 Echarts 控件，在页面中绘制折线图。

25.6 本章作业

➢ 实现本章的案例，即生成样本数据。使用 Python 进行数据分析及在 MVC. net 网站中实现数据可视化。

➢ 设计一套规则生成样本数据，例如，生成某城市中央行政区车辆流入量、流出量和城市拥堵指数。利用 Python 进行数据分析和预测，并尝试建立 MVC. net 网站，使用 Echarts 实现数据可视化。